国家社科基金
GUOJIA SHEKE JIJIN HOUQI ZIZHU XIANGMU
后期资助项目

国家社科基金后期资助项目（21FGLB087）

城乡产权融合共享治理研究

Research on the Governance of Integration and Sharing of Urban and Rural Property Rights

伍中信 等 著

中国财经出版传媒集团
中国财政经济出版社

国家社科基金后期资助项目
出版说明

后期资助项目是国家社科基金设立的一类重要项目，旨在鼓励广大社科研究者潜心治学，支持基础研究多出优秀成果。它是经过严格评审，从接近完成的科研成果中遴选立项的。为扩大后期资助项目的影响，更好地推动学术发展，促进成果转化，全国哲学社会科学工作办公室按照“统一设计、统一标识、统一版式、形成系列”的总体要求，组织出版国家社科基金后期资助项目成果。

全国哲学社会科学工作办公室

目　录

第二篇　国家治理下的乡村治理体系研究

第三篇　乡村股权共享治理模式研究

第四篇　城乡金融与财务共享治理模式研究

第一章 绪 论

一、研究背景

党的十八大以来，党中央把逐步实现全体人民共同富裕摆在更加重要的位置上。习近平总书记多次强调，要坚定不移走共同富裕的道路。习近平总书记在主持召开中央财经委员会第十次会议时强调，共同富裕是社会主义的本质要求，是中国式现代化的重要特征，要坚持以人民为中心的发展思想，在高质量发展中促进共同富裕。党的十九届五中全会明确提出，到2035年，全体人民共同富裕要取得更为明显的实质性进展。2021年3月，全国人大将“全体人民共同富裕迈出坚实步伐”列入“十四五”时期经济社会发展主要目标。习近平总书记在庆祝中国共产党成立100周年大会上庄严宣告我国已经全面建成了小康社会，接下来必须进一步推动人的全面发展、全体人民共同富裕取得更为明显的实质性进展。

2019年6月，习近平总书记就如何实现乡村振兴，提出要牢牢把握住“产业兴旺、生态宜居、乡风文明、治理有效、生活富裕”的总要求，并进一步明确“建立健全城乡融合发展体制机制和政策体系是制度保障”。2021年3月5日，李克强同志在政府工作报告中强调，全面实施乡村振兴战略，做好巩固拓展脱贫攻坚成果同乡村振兴有效衔接。2021年8月17日，中央财经委员会第十次会议指出：在高质量发展中促进共同富裕，扩大中等收入群体比重，增加低收入群体收入。如何围绕习近平总书记关于乡村振兴的“总要求”和中央财经委会议精神，巩固和拓展现有脱贫攻坚成果、促进乡村振兴战略持续推进，在高质量发展中实现共同富裕，成为目前亟待研究的重要内容。

在乡村振兴的总要求中，“产业兴旺、生态宜居、乡风文明”分别代表物质文明、生态文明和精神文明三个维度，“治理有效”是对这三个文明建设治理的综合考量，生活富裕是对乡村振兴战略实现的终极目标。为此，乡村治理在乡村振兴战略中是最综合的实施举措。

党的十九大报告首次提出要健全自治、法治、德治“三治”结合的乡村治理体系，基于国家治理现代化视角，乡村治理是国家治理体系的一部分，是国家治理的基石。习近平总书记指出：治理有效是乡村振兴的重要保障，从“管理民主”到“治理有效”，是要推进乡村治理能力和治理水平现代化。近年来，国家为推行国家治理现代化，从宏观、中观和微观多层面描绘了“高质量”发展战略目标，提出了包括“财会监督”在内的十大监督治理体系，为国家治理的全面铺开提供了可行性方案和制度保障。

在乡村振兴战略中，“产业兴旺”是其核心的物质内涵，建立健全城乡融合发展体制机制和政策体系是其根本手段和途径。因此，通过城乡资源融合达到“产业兴旺”的目的是乡村振兴的重中之重。城乡资源融合不外乎人、财、物三个要素，在这三个要素中，“财”和“物”是与产业兴旺直接相关的“产权”要素。在城乡产权融合治理中，“物”与“财”的流动往往又不是单一“行动”的，同样需要进行融合。为此，我们以产权理论为导向，以城乡产权融合为突破口，以界定清晰的农村土地、宅基地和林地为对象研究城乡资源融合中的涉及“物”的股权融合与共享，以共享金融、共享财务为对象研究城乡资源融合中的涉及“财”的金融共享与财务共享治理，实现城乡产权融合共享治理创新，最终达到共同富裕的社会目的。

二、研究内容

目前全国农村工作重心是实施乡村振兴战略的总目标，建立健全城乡融合发展体制机制和政策体系是全面实现乡村振兴战略的重要抓手。现代产权理论作为经济学理论基石，可以为城乡资源融合提供理论支持。本书以产权理论和产权保护理念为导向展开城乡资源融合共享治理体系研究，全书分为四部分。

（一）产权理论与共享发展研究

本部分从理论上研究产权理论与新发展理念中的“共享发展”的相关性，深入解读了“财产性收入”的产权本质及其在“财富生态”建设中的地位和意义，对中共建党百年来产权“共享”发展历程进行科学论证。

1. *基于产权理论的居民财产性收入解读*

自党的十七大报告首次提出“创造条件让群众拥有更多财产性收入”以来，“财产性收入”的概念已经受到了社会各界人士的关注。然而，不论是学术界还是官方定义中，“财产性收入”的概念始终未能形成一致，这体现在财产、租金、财产增值收益等多方面差异。我们发现，财产性收入在居民可支配收入中占据独特地位，是一种依赖于财产而存在的非劳动性收入，其本质特征在于“产权属性”。依据产权理论，我们从产权所包括的所有权、占有权、使用权、处置权和收益权等权能出发，将“财产性收入”重新定义为“产权性收入”，并厘清财产性收入与相关范畴的关系，进而化解了有关财产性收入的一系列分歧。

2. *基于产权制度改革的财富生态演进与实现路径*

基于产权制度变迁这一根本性因素，从财产性收入、隐性贫困与财富湿地之间的内生关系着手，深入梳理产权制度变革中的财富生态演进历程，并提出构建我国财富“湿地”生态的实现路径和具体措施，以期助力于我国财富生态文明和全面小康社会建设目标的实现。具体内容包括：一是财富生态的内涵与形成机理。从财富生态文明的视角引出财富“湿地”的概念，并从财富、财产与财产性收入的关系入手，提出增加居民财产性收入是财富生态发展的有效途径，且增加中产阶层财产性收入是消除隐性贫困、扩大财富“湿地”、实现财富生态文明的根本途径。二是产权制度变革中的财富生态演进。通过梳理我国产权制度演进历程，剖析产权改革进程中的财富分配结构变迁。从中央与地方政府的财权结构变迁、国企与民企的财富结构变迁、国家与居民的财富结构变迁、城乡财富结构变迁四个维度论证我国财富结构演进过程。认为产权制度改革一直紧紧围绕增加财富总量、从国富民穷到藏富于民这一主线进行，政府、企业、居民等不同层级产权主体的财富分配关系持续改变，财权逐步向更为微观的产权主体转化，通过产权的分享，逐步实现财富的分享，进而形成财富“湿地”。三是基于产权制度改革的财富湿地生态实现路径。在现有战略指导下，进一步明确财富“湿地”生态的实现路径，通过合理界定中产阶层划定标准、持续推进大众创新万众创业、构建“产权链+供应链”反贫困共享平台等措施，加大农村土地产权改革，增加农村居民财产性收入，实现乡村振兴和财富分享，扩展中产阶层群体数量，逐步形成橄榄型财富分配格局、发展以财富湿地为主体的财富生态模式。

3. *产权中国进程中的会计与财务使命*

产权会计学理论是我国当代会计学理论的重要基石，其发展走向与我国经济体制改革脉络一致、相辅相成。我国经济体制改革实际是产权的改革，复杂的产权关系催生着现代会计的变革。主要研究：一是产权理论与会计理论相关性研究。按照会计理论的一般逻辑，从会计本质、会计目标、会计职能、会计核算、会计监督、会计假设、会计原则、会计计量、会计的信任功能与会计报告体系维度深入阐述了产权与会计变革不可分割的联系。二是中国会计制度变迁的“新制度经济学”。会计变革与产权变革密不可分，产权改革决定会计变革的路径与方向。按照我国会计制度变革的一般逻辑，从会计准则制定模式、会计改革成效测度、计量基础变化与会计制度变迁以及碳排放权会计规则等维度揭示了我国会计法律制度的变革进程。三是现代财务“财权流”理论与财务治理结构理论。现代企业制度急需确立产权主体，而产权主体的确立呼唤着“财权流”理论，包括财务本质理论、财务主体理论、财务目标理论、财务职能理论等；国有企业产权制度改革中的财务治理研究，包括财务治理结构与财务治理效率系列理论。四是产权中国进程中的国企产权改革与居民财产性收入研究。包括国企公司化改造中的财务功能、债转股、国有资本减持、PPP、供给侧结构性改革、居民财产性收入变迁、居民产权主体地位提升、农村居民财产性收入扶贫模式研究等。

4. 百年中国产权制度变迁的“共产”共享之路

从产权经济学角度论证了中国共产党自建党以来继承孙中山先生“平均地权”“天下为公”的宗旨和马克思的“共产主义”思想，揭示了中共100年产权制度变迁的“共产”初心，提出“公产+共产”是中华传统文化“中庸之道”在社会经济制度上的最佳体现，社会主义市场经济是马克思主义在中国的继承和发展，是马克思主义在全球发展的绝佳典范，是全球社会经济制度最佳选择。

（二）国家治理下的乡村治理体系研究

本部分从理论上专题研究国家治理下的乡村治理体系，从社会主义核心价值观与产权理论相融合的角度探索“乡风文明”建设，从“财会监督”的治理手段角度研究乡村治理能力提升，最后依据产权保护与共享发展的理论成果，探索乡村企业从共同治理向“共享治理”发展的系统设想。

1. 国家治理背景下的“乡风文明”建设

“乡风文明”是从精神层面对乡村振兴的解读，社会主义核心价值观的贯彻和普及是重中之重。抓好社会主义核心价值观在农村的贯彻和普及，与提升乡村治理之精神文明和反相对贫困之精神贫困具有同等重要的意义。本书从产权理念入手，分析社会主义核心价值观与产权理念的理论关联，从而找到贯彻社会主义核心价值观、乡村精神文明建设与反精神贫困相结合的有效途径。

2. 国家治理背景下的乡村财会监督体系建设

财会监督包含财政监督与会计监督，是国家治理体系的重要组成部分，是包括党监督在内的十大监督的基石。现代国家治理体系要求将财会监督主体从传统的财政、审计等经济监管部门扩展至人大、纪委监委、民主监督等社会监督主体，形成基于大数据的监督网络。本书在厘清财会监督的基本要素的基础上，阐明财会监督与国家治理体系和治理能力的关系，针对国家治理中存在的财会监督困境，从财会监督的原则、组织创新、平衡原则、处罚制度等方面指明新时代财会监督的实施路径，最后针对乡村财会监督的关键环节，如乡村财政资金使用与效率、乡村财务公开等方面展开研究，以促进乡村治理现代化。

3. 乡村治理中的企业治理变革：从共同治理到共享治理

从单边治理到共同治理，是企业内部治理的变革，而从共同治理到共享治理，是企业间的治理变革。乡村财务治理是乡村治理的核心，涉及乡村一切财力物力筹集、使用、收益与分配权的配置过程。目前我国乡村财务治理存在一元财务主体的产权不清晰、股权合作治理不善、多元财务治理主体的治理目标存在差异、财务管理不规范、农村金融政策利用不足、融资约束大等问题，需要树立共治共享理念，构建政府、社会资本与村民“多元共治”的乡村财务治理框架体系。通过乡村财务治理的概念创新，在公司财务治理理论的基础上，融入共同治理和共享治理的理念，从企业财务管理（单一治理）、产权主体之间股权和资金共享（企业间共享治理）、财政财务公开（中观治理）等层面展开分析，将中观的社会治理融入微观的财务治理理论之中，有利于乡村财务治理框架的构建，以期为乡村振兴贡献财务力量。

（三）乡村股权共享治理模式研究

在以上理论铺垫基础上，本部分探索乡村股权共享治理模式。主要讨论农村土地和森林碳汇入股两大领域，分别对农村土地确权和湖南湘西自治州的碳汇入股对农民财产性收入的影响进行了实证和实地研究，最后基于城乡融合发展理念，对海南农村产权交易市场体系展开讨论。

1. 三权分置改革下股权共享模式运作创新

基于财产性收入的产权本质，我们对农村居民财产性收入的提升原理进行了讨论，认为农地股权运作是我国当前提升农村居民财产性收入的恰当选择。在此基础上，我们提出了股权、债权和租赁等多种财产性收入提升的产权实现形式，针对我国目前农地股权运作中的现实困境提出了建议，认为其应当加大城乡产权融合与交易工作力度，完善相关流程制度，并对其现有产权模型进行创新。只有这样，农地股权运作才能更好实现其提升我国农村居民财产性收入的目标。

2. 基于城乡融合发展的乡村“产权链 + 供应链”共享股权模式研究

以溆浦县、凤凰县当地的龙头企业为调研对象，从“产权链”与“供应链”双维度出发，分析了当地现有帮扶模式中存在的不足与问题，根据农村的发展状况，结合共享财务的概念，创新性地提出了“产权链 + 供应链”共享股权财务模式，并切实提出了可实施的解决方案，实现农村“产权链 + 供应链”下的利益最大化，促进城乡产权资源融合发展。

（四）乡村金融与财务共享治理模式研究

从金融和财务的“财”的角度，以及“财”与“物”相融合的角度探索城乡资源融合发展，在乡村振兴中探索金融共享与财务共享治理，实现城乡产权融合共享治理创新，最终达到共同富裕的社会目的。

1. 基于城乡融合发展的农村“供应链 + 产权链”金融股权融资模式创新

抓住农业产业化进程中产业链整合优化的机遇发展农业供应链金融，创新农村金融模式，优化农村金融生态体系，为有需要的农户和农业中小企业提供信贷支持，是实现乡村振兴、加快农业农村现代化的重要举措。在现有模式的基础上，提出了农业“供应链 + 产权链”金融股权融资模式，利用股权增强农户融资能力。新模式扩大了农业供应链金融中核心企业的范围，旨在让农业供应链金融惠及更多农户。

2. 乡村治理中的共享财务公司模式构建

本书在财务共享的基础上创新性提出共享财务的概念，并厘清了共享经济、共享金融与共享财务的关系，推进了“共享经济”理论体系的发展。在共享金融和共享财务的融合范围内，基于现有金融扶贫模式在缓解农村金融限制上的不足，提出新型金融帮扶模式——共享财务模式，具体包括“单边模式”（农业供应链金融模式）和“共同模式”（共享财务公司模式），其中，共享财务公司整合了扶贫小额信贷和农户小额信贷，超越了社区发展基金和村社内置金融模式，可全方位调动资金，资金来源更广，服务对象更多，兼具扶贫和盈利目标，商业可持续性更强，实现帮扶模式的财务运作优化和创新。

3. 基于乡村振兴的财务共享治理研究

在问卷调查和实地调研基础上，论证了产业振兴财务共享服务中心建设的意义、财务共享中心业务流程设计与优化、财务共享中心风险管控等三个方面。一是产业振兴财务共享中心模式应用的必要性和可行性分析。基于目前我国产业帮扶资金管理现状，剖析了当前产业帮扶资金管理存在的具体问题，并提出产业振兴财务共享中心模式能有效缓解现有问题，并从技术基础、理论基础、现实基础和群众基础四个方面论证构建以县级为单位的产业振兴财务共享中心的可行性。二是产业振兴财务共享中心的职能定位与帮扶资金管理运营模式。在比较分析现有相关部门与财务共享中心的职能分工基础上，重构产业振兴财务共享中心的职能定位，合理设计了三种运营模式：第一种是产业帮扶业务核算与资金的管理全部交由财务共享中心统一管理；第二种是财务共享中心只负责会计核算，资金的管理还是按照现有制度管理；第三种是产业帮扶的业务核算和费用由中心管理，资金实行两条线管理。三是产业帮扶资金共享中心的业务流程设计和风险评估机制构建。以“考虑同质性、兼顾特殊性”为原则，设计了产业帮扶资金共享中心的业务处理流程及其标准化处理流程，构建了产业振兴财务共享中心建设的风险识别和评估体系。

全书具体框架如图 1－1 所示。

三、研究方法

1. 问卷调查与实地调研相结合

问卷调查和实地调研海南（五指山、琼中）、湖南（溆浦、凤凰）、贵州（铜仁）等农村地区。面向农户和消费者两大主体，对其基于诚信机制的建设和感知进行调查；针对农户进行问卷和访谈的调查，了解其诚信优越性和脆弱性基本现状及消费者对农户诚信进行感知调查分析，了解消费者对诚信感知状况；对目前农村“三块地”改革试点进展情况，股份合作的现有模式、运行效果和应用难点，企业、政府、农户、电商平台参与农业产权链的意愿和现实考虑因素，农村电商平台建设状况等方面展开系列调研。

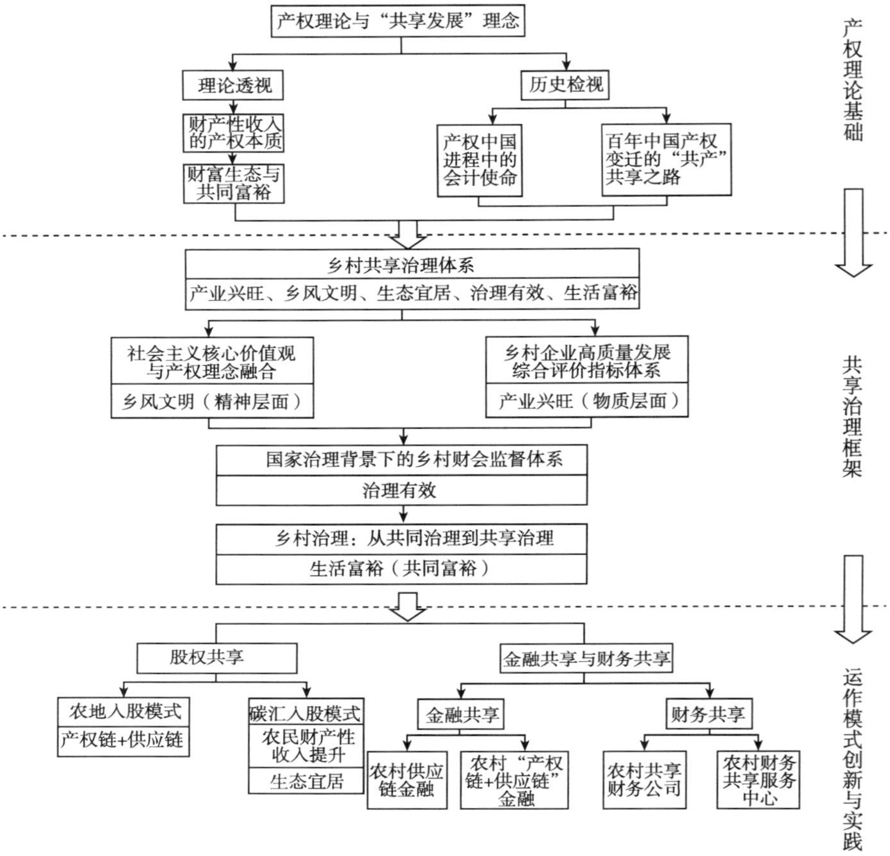

图1－1　本书框架结构

2. 案例分析与情景模拟相结合

在湖南凤凰县“周生堂”财政帮扶项目股份合作案例分析基础上，对其实行股权分享设计；采用扎根分析的方式对农户的诚信和消费者对农户诚信的感知进行概念框架的提炼，从而促进社会主义核心价值观在农村的推广和产权保护意识在农村的确立。

3. 规范研究与数理分析相结合

本课题以规范研究为主、数理和实证研究为辅的方式进行。其中采取数理和实证分析方法的主要表现为：构建Stackelberg独立决策模型和Nash联合决策模型，探寻产权链和供应链上合作的可能性和必要性，为利益共享财务模式下提供决策支持，应用改进的Sharply值模型保障财务共享模式运行的可持续性和稳定性，等等。

四、研究价值

1. 创新性提出中国共产党100年产权制度变迁的历史体现了中国共产党“共产”共享的初心。从产权经济学角度分析了中国共产党自建党以来产权制度变迁的根源和现实选择，体现了中共“以人民为中心”的建党初心，提出“公产+共产”是社会主义市场经济的最佳制度安排，是马克思主义在中国的继承和发展，有利于进一步提振我国社会主义的制度自信和道路自信。

2. 创新性提出“财富生态”“财富湿地”等概念并依此重新界定隐性贫困概念。一是立足于居民财产性收入的多寡和私人财富存量的集中度，创新性提出“财富生态”概念，并提出增加中产阶层财产性收入是形成财富“湿地”的根本途径等观点。二是创新地将财产性收入与预防隐性贫困相关联。首次将货币性收入超过贫困线但财产性收入低的人群界定为隐性贫困，从而得出增加中产阶层财产性收入是消除隐性贫困、扩大财富“湿地”区域的重要观点，为2020年后我国反相对贫困和乡村振兴提供了有效途径。

3. 深刻把握习近平总书记关于乡村振兴的总要求，从物质文明（产业兴旺）、生态文明（生态宜居）和精神文明（乡风文明）三个维度探索乡村“治理有效”的内涵，并把乡村治理当作乡村振兴战略的核心抓手来理解。

4. 通过社会主义核心价值观与产权理论的融合研究，结合社会主义核心价值观在农村的推广实践，推进乡村振兴中的“乡风文明”建设。

5. 通过产权理论与“共享发展”理念的融合，提出对企业治理从共同治理到共享治理的创新思维，进而推进到乡村企业共享治理的发展创新之路，进一步丰富了国家治理体系的内涵、深化了国家治理能力现代化的研究。

6. 创新性提出“爱心股权”的概念及理论体系。在目前形成的“同股同利”和“捐赠”股权两种股权治理模式之间，创新性提出“爱心股权”模式。该模式的设计有效地解决农民因“白给”“等靠要”思想带来的内生动力不足和帮扶单位因缺少“产权供应链”而导致的帮扶“短期性”问题，实现了运作模式创新。

7. 创新性提出“共享财务”的概念及理论体系。根据“共享经济”

及“共享金融”等概念，提出在不同产权主体间应该具有可以提供“共享财务”服务的主体，根据该主体的经济性又分为以盈利为目的的提供金融支持的“财务公司”和提供财务管理为目的的共享财务中心。

8. 创新性构建一系列“产权链 + 供应链”共享治理模式。具体包括农地“产权链 + 供应链”产权共享模式创新、农村“供应链 + 产权链”金融股权融资模式创新、“产权链 + 供应链”的“企业 + 政府 + 电商平台 + 农户”的综合股权分享模式创新，是产权理论和供应链理论在财务学上的理论和运作创新。

第一篇

产权理论与共享发展研究

第二章　基于产权理论的居民财产性收入解读

自2007年党的十七大报告首次提出“创造条件让群众拥有更多财产性收入”以来，“财产性收入”已逐渐成为学术界和众多政策文件中的热点词汇。然而，对于“何为财产性收入”，学术界众说纷纭，官方对其作出的定义也不尽相同。许宪春（2009）曾指出，我国社会乃至统计系统中，对财产性收入的理解都存在很大差异，“甚至在不同专业统计制度中，财产性收入的定义、分类、口径和范围也有所不同”。概念标准性与统一性的缺失从根本上引发了人们对财产性收入理解和使用的模糊，对相关概念的清晰界定也随之变得刻不容缓。

财产与产权是理解财产性收入问题的关键，我们将从财产性收入概念的现状及其问题入手，通过引入产权理论对财产性收入进行概念辨析，厘清财产性收入与相关诸范畴的关系，进而化解学术界和国内外相关官方文件的分歧。

一、众说纷纭的财产性收入概念

（一）对财产性收入的不同定义

目前，财产性收入定义的官方来源主要包括以下三处：

1.《中国城市（镇）生活与价格年鉴》（以下简称《价格年鉴》）将财产性收入定义为，“家庭拥有的动产（如银行存款、有价证券）、不动产（如房屋、车辆、土地、收藏品等）所获得的收入”，其包括“出让财产使用权所获得的利息、租金、专利收入”以及“财产营运所获得的红利收入、财产增值收益等”。

2.《中国统计年鉴》（以下简称《统计年鉴》）曾在“人民生活”部分中将财产性收入定义为，“金融资产或有形非生产性资产的所有者向其他机构单位提供资金或将有形非生产性资产供其支配，作为回报而从中获得的收入”。2013 年后，《统计年鉴》对财产性（净）收入这一指标进行了完善，并将其定义为，“住户或住户成员将其所拥有的金融资产、住房等非金融资产和自然资源交由其他机构单位、住户或个人支配而获得的回报并扣除相关的费用之后得到的净收入”，并指出其包括“利息净收入、红利收入、储蓄性保险净收益、转让承包土地经营权租金净收入、出租房屋净收入、出租其他资产净收入和自有住房折算净租金等”，而不包括“转让资产所有权的溢价所得”。

3. 由联合国有关部门共同制定的 SNA（2008）从国民经济核算角度出发，对“财产收入”概念作出了表述，认为“当金融资产和自然资源所有者将其资产交由其他机构单位支配时，财产收入就会随之产生”。财产收入包括投资收入与地租，前者是“金融资产所有者因向另一机构单位提供资金而应得的作为回报的收入”，包括利息、公司已分配收入（如红利等）、外国直接投资的再投资收益和其他投资收入（如投保人的投资收入等）；后者是“自然资源的所有者（出租人或地主）将自然资源交由另一机构单位（承租人或佃户）支配以供其在生产中使用而应得的收入”。

上述三类定义满足了不同时期对不同内容的统计要求，并在内容上呈现出各自差异，如表 2－1 所示。

表 2－1　　不同定义中财产性收入概念的差异对比

来源	财产类型	租金	财产增值收益	名称
价格年鉴	动产和不动产	包含	包含	财产性收入
统计年鉴	金融资产、住房等非金融资产和自然资源	包含	不包含	财产性收入
SNA 2008	金融资产和自然资源	不包含	不包含	财产收入

由于上述原因，学术界对财产性收入的理解也产生了一定程度差异：在众多观点中，认为财产性收入的获取强调财产使用权（对其他主体的）出让的观点占据多数，例如，高敏雪等（2008）认为财产性收入是“产生于资产使用权转让而形成的回报，大体相当于一个租金的概念”；陈晓枫（2009）认为财产性收入的内涵为“金融资产、生产性资产（主要是住宅）及非生产性资产的所有者向其他机构单位提供资金或将住宅、非生产性资产供其支配，作为回报而从中获得的收入，是财产所有权在经济上的实现”；周林彬等（2011）认为财产性收入“实质上是个人财产权在经济上的实现，主体可以将财产权权利束中的一部分转让出去”，应当将“财产”的范围扩大化，“凡是能够通过让与使用权而获得收入的财产均

应作为‘财产性收入’之‘财产’”。在另外一些观点中，财产性收入突出了“财产权利”流转的各种方式，而非仅仅关于使用权出让，例如石磊等（2010）认为财产性收入是“居民凭借所拥有的财产权利本身的流转而获得的溢出性收益”，其“本质上就是以契约形式将财产资本化的所得”；张俊山（2012）认为“所谓‘财产性收入’本质上是资本价值增值收入的一类形式，它们以资本关系的普遍化为基础，来源于社会剩余劳动，是作为资本的财产的所有者单纯凭借所有权或占有权所取得的收入”。

另外，还有部分观点将上述相关概念的范围进一步扩大化，例如李济广（2010）认为“从逻辑上讲，依据财产获得的收入都是财产收入”，使用财产获得的收入（包括隐形收入）、含留存收益在内的所有利润或营业盈余以及财产增值等都是财产收入；周彦文等（1998）认为财产收入是“财产所有者通过对财产的直接经营或让渡财产的所有权、使用权而获得的经济利益，是财产所有权在经济上的实现”，并认为财产收入的范畴大于《统计年鉴》中财产性收入的范畴，因为前者还包括“利用自己的财产进行经营获取的利润收入”和“出售财产所获取的收入”。

（二）由不同定义差异所引发的问题

1. 何种“财产”产生财产性收入？由上述定义可知，在《价格年鉴》中，产生财产性收入的“财产”包括一般意义上的动产与不动产，而《统计年鉴》则以金融资产、住房等非金融资产和自然资源作为“财产”的涵盖范围，其分类方式更加接近 SNA 的做法。在 SNA 中，财产（即经济资产）被分类为金融资产与非金融资产，而非金融资产又由 Produced Assets（即生产资产，包括住宅、设备和专利等固定资产，以及存货和贵重物品）和Non－produced Assets（即非生产资产，主要包括自然资源等）构成，财产收入的获取与生产资产无关，这反映出 SNA 与其余定义之间“财产”所指范围的根本性区别。显然，上述不同财产类型所产生的财产性收入具有截然不同的性质，对“财产”的确定必然是财产性收入概念辨析的关键所在。

2. 财产性收入是否包含租赁收入？不论在《价格年鉴》还是《统计年鉴》中，出让房屋、设备和土地等财产而获得的租金均属财产性收入。在 SNA 中，出租房屋等租赁行为被视为一种经营活动，其对应产生的“租金”被称为“Rentals”，而由土地等财产产生的地租被称作“Rent”，只有后者被视为财产收入。SNA 对此给出的解释是，“租金是指经营租赁中承租人因使用属于另一单位的固定资产所作的支付，在此过程中，资产所有者是有生产活动的，他要对出租的固定资产进行维护、必要的替换，并要按承租人的要求提供固定资产”，应当被处理为“服务的销售或购买”。不论如何，租赁收入的处理问题与前述的“财产”问题是高度相关的：如果租金被认为是一种财产性收入，那么意味着房屋、设备等部分生产性资产即是产生财产收入的“财产”的组成部分，反之亦然。

3. 财产性收入是否包含财产增值收益？在《价格年鉴》中，财产性收入包括财产营运所获得的财产增值收益，例如艺术品、邮票等收藏品或其他财产转让时的溢价收入，而《统计年鉴》则明确指出财产性收入“不包括转让资产所有权的溢价所得”。在 SNA 中，由财产所产生的增值收益的对应部分被称为“Holding Gains”（即持有收益），其认为持有收益的发生“纯粹是一定时期内持有资产或负债的结果，资产或负债本身并未发生任何方式的改变”，持有收益“不仅包括持有诸如固定资产、土地和金融资产等‘资本’的收益，而且包括生产者持有的所有各种类型货物存货（包括在制品）带来的收益”。显然，从产权的角度看，对于财产性收入的来源问题，《价格年鉴》给出的不同答案是：其既源自财产使用权转移，也源自财产所有权转移。

4. 是否存在比“财产性收入”更为贴切的表述？从字面上看，“财产性收入”一词难免使人将其与“财产”二字过度关联，而事实上，除财产性收入外，经营性收入的产生也与财产的存在高度相关。另外，在《价格年鉴》和《统计年鉴》中，“财产性收入”被称为“Income from Property”，也即“来源于财产的收入”，而在 SNA 中“财产收入”被称为“Property Incomes”，这样前者与后者在意思表达的本质上并无二致。显然，仅从“财产”角度对财产性收入命名是缺乏排他性的，因而容易使人产生误解，“并不是所有和财产有关的收入都是财产性收入”（陈晓枫 2009）。对于这一问题，可行的办法是找到比“财产”二字更为合适的表述作为替代。

二、财产性收入的产权本质

（一）财产与产权

关于财产这一概念，最早可以追溯到古希腊经济学家色诺芬在《经济论》中的观点，即“财富就是具有使用价值的东西”。马俊驹等（1999）

的研究指出，古罗马社会早期的财产主要指“有体物”，而债权和股权等新事物的出现使得“无体物”逐渐在不同体系国家的法律中被视为财产的组成部分。显然，财产概念与产权概念的存在和发展密不可分，马克思认为“财产最初无非意味着这样一种关系：人把他的生产的自然条件看作属于他的、看作与他自身的存在一起产生的前提”，张卓元在《政治经济学大辞典》中认为“经济学意义上的财产必然与财产权利相联系，它强调人与人之间的关系，而不是人与物之间的关系。脱离了财产权利，财产就无所谓财产，而只是物”。总而言之，财产不单拥有“物”的属性，还拥有更为深刻的“权”的属性，其本质上就是一种人之间的权利关系。从这个角度看，对财产的讨论也离不开对产权的讨论。

（二）财产性收入的本质特征

财产和产权是财产性收入概念的关键。从构成内容上看，在《价格年鉴》或《统计年鉴》中，财产性收入与经营性收入、工资性收入以及转移性收入共同构成了居民可支配收入的完整内容，其中，财产性收入在居民可支配收入中因具有非劳动性和对财产的依赖性而占据独特部分。依据马克思的观点，劳动是价值创造的唯一来源，财产只作为这一过程的物质基础而存在。但不论如何，生产活动的开展离不开财产的存在，财产是一切价值创造的必要条件，将其作为收入分配的依据是合乎情理的。从这一角度看，财产性收入的非劳动性与对财产的依赖性在产权层面是内在一致的，正是由于对财产的占有和对财产权的出让，财产性收入的获得者才不需要进行劳动层面的付出。因此，从更深层次的权利角度看，财产性收入的本质特征在于财产权的出让——与其说财产性收入具有一种依赖于财产而存在的“财产属性”，更不如说其具有一种“产权属性”。

结合上述特征，我们进一步以“财产”和“劳动”两种生产要素作为基本依据，对生产经营活动所产生的增加值进行初次分配与再分配，并最终反映为形式不同的四类收入，如表2－2所示。

表2－2　　可支配收入的构成

是否涉及提供劳动要素	是否涉及提供财产要素	对应的收入类型	
是	是	经营性收入	可支配收入
否	是	财产性收入	
是	否	工资性收入	
否	否	转移性收入	

可以看出，在构成居民可支配收入的四类收入中，工资性收入是关于劳动要素的分配，而转移性收入则是社会对收入的再分配，是一种与财产要素和劳动要素无关的、无代价的转移支付，因而只有经营性收入和财产性收入的获取与财产相关。另外，经营性收入来源于主体所从事的生产经营活动，其必然同时涉及财产与劳动两种要素，而财产性收入只涉及对财产要素的参与，其获取与付出劳动无关。显然，财产性收入是一种依赖于财产而存在的非劳动性收入。

由于同时涉及财产这一因素，经营性收入是上述四类收入中最易与财产性收入内涵产生混淆的收入类型，而事实上，对产生两者的“财产”进行区分也是财产性收入本质特征的关键所在。

三、基于产权理论的财产性收入的本质内涵

德姆塞茨（1967）认为产权是“意指使自己或他人受益或受损的权利”，阿尔钦（1991）认为产权“是一个社会所强制实施的选择一种经济品使用的权利”，而菲吕博腾等（1972）则认为“产权不是指人与物之间的关系，而是指由物的存在及关于它们的使用所引起的人们之间相互认可的行为关系”。依据现代产权理论，产权包括所有权（原始产权或者终极产权）、占有权、使用权、处置权和收益权等权能，其所有、占用、使用和处置都与取得收益相关，几种权能之间具有可分性、可明晰性等特征。依据产权各权能特征和财产性收入所具有的产权属性，我们可以将目前的“财产性收入”进一步定义为“产权性收入（Income from Property Right）”，并对前述的各种概念进行进一步厘清。

1. 所有者因让渡使用权取得的“租金”收入，理所当然属于产权性收入，即产权性收入中的使用权转让部分。

2. 所有者让渡所有权取得的资本“增值”收入，属于产权性收入中的所有权转让部分。

3. 在所有者自行使用财产从事生产经营活动时，对相关财产的占用与使用合一，其生产经营总收入中理应含有财产本身带来的价值（否则不会有折旧之说），生产经营总收入等于产权性收入 + 其他生产经营收入（含劳动收入）。因此，根据可分性和可明晰性原理，我们可以把因使用财产而产生的产权性收入从现有的“经营性收入”中剥离出来，使得经营性收入只与生产经营相关，如此，新的“经营性收入”将不再带有与“财

产”相关的收入。其中产权性收入部分可参照类似财产“租金”或“增值”计算。

4. 在所有者因让渡使用权取得租金时，如果存在资产所有者的生产经营活动的，如 SNA 所提及“对出租的固定资产进行维护、必要的替换”等，也理应从总租金中分离出经营性收入，即总租金 = 产权性收入（财产租金）+经营性收入。从这个意义上说，SNA 仅仅因为财产出租可能含有经营性收入，而不把租金（地租除外）归于财产性收入是失之偏颇的。理性的做法是对租金的性质进行分辨，没有涉及生产经营活动的就全部作为财产（产权）性收入，涉及生产经营活动的按实际情况合理分离收入去向，分别归于财产（产权）性收入和经营性收入。

财产性收入的本质特征如表 2－3 所示。

表 2－3　　　　财产性收入的本质特征

收入类型	劳动要素	财产要素	主体获取收入的一般途径
经营性收入	√	√	主导生产经营活动
财产性收入	×	√	财产权利出让
工资性收入	√	×	参与生产经营活动的劳动环节
转移性收入	×	×	社会的财富再分配

四、财产性收入本质与农村居民财产性收入提升的内在逻辑

既然财产性收入具有非劳动性和对财产的依赖性，那么农村居民的相关特征就决定了其财产性收入提升的根本性质。为此，有必要围绕农村居民进行必要的讨论。

“农村居民”这一概念有多种理解方式，为保持一致性，本文对其沿用《中国统计年鉴》中对“农村住户”的表述，即“长期（一年以上）居住在乡镇（不包括城关镇）行政管理区域内的住户，以及长期居住在城关镇所辖行政村范围内的农村住户”。

延续前文对财产性收入本质的分析思路，可以依据财产基础和劳动能力是否可获取相应收入对农村居民进行分类。由于我国农村居民普遍拥有农地（土地经营权）这一类特殊财产，因此，其财产基础事实上又可以被更进一步地视为农地与非农地两大组成部分。在不考虑“失地农民”等特殊情形时，可以基于以上将我国农村居民划分为四种基本类型。可以看

出，由于在财产基础和劳动能力两方面存在不同特征，四类农村居民类型在可获取收入上也呈现出较大差异（见表2－4）。

表2－4　　　　农村居民特征与可获取收入类型

农村居民类型	劳动能力	财产基础		可获取收入类型			
		非农地部分	农地部分	经营性收入	财产性收入	工资性收入	转移性收入
1	√	√	√	适用	适用	适用	适用
2	√	×	√	仅农地适用	仅农地适用	适用	适用
3	×	√	√	—	适用	—	适用
4	×	×	√	—	仅农地适用	—	适用

第一类农村居民具有较好的财产基础及劳动能力，具有获取四种收入类型的潜力。该类型农村居民的风险承受能力相对较强，由于同时拥有农地和其他闲置财产，其不仅能通过农地获取财产性收入，还能利用非农地财产实现更为丰富的财产性收入。

第二类农村居民具有较好的劳动能力，但财产基础薄弱，一般以工资性收入和转移性收入为主要经济来源，或通过从事农业种植活动获取经营性收入。由于非农地财产基础的欠缺，在经济条件发生实质改善前，该类型农村居民仅能依托于农地获取财产性收入。

第三类农村居民具有较好的财产基础，但无法参与劳动环节，只能获取财产性收入与转移性收入。该类型农村居民往往与少子化、老龄化、严重疾病、意外残疾或其他客观情况相关，难以参与复杂的经济活动，因此，通过农地获取财产性收入是其更为可行的选择。

第四类农村居民的财产基础与劳动能力均相对较差，一般难以获取转移性收入以外的收入类型，因而通过农地增加其财产性收入尤为迫切。

显然，农村居民的财产基础和劳动能力特征不仅与其收入构成直接相关，而且与其财产性收入提升存在本质联系，由于土地经营权的普遍存在，财产性收入的产权属性赋予了我国农村居民依托于产业兴旺而提升收入的可行性。从财产基础看，我国农村居民均可获得财产性收入，且其获取途径包含两类情形，一类是依靠农地与非农地财产获取财产性收入，另一类是依靠农地获取财产性收入。从劳动能力看，由于财产性收入的固有性质，农村居民对财产性收入的获取能力不受其劳动能力的直接影响。尽管不同类型农村居民的现实处境各有差异，但依托于财产性收入的非劳动性和对财产的依赖性，不论其自身劳动能力与财产基础如何，只要围绕农地产权进行有效的价值利用，以产权运作带动乡村产业发展，农村居民的财产性收入就能被有效提升。从这一层面上看，借助土地经营权提升农村居民财产性收入是我国乡村振兴战略问题的现实选择。

五、产权助兴：乡村振兴的核心内涵

所谓产权助兴，就是以财产性收入为核心增加农村居民可支配收入的一种“产业振兴”模式，其基本依据是财产性收入所具有的“产权属性”。

在居民可支配收入的四大组成部分中，首先，经营性收入波动性较大，不适合作为乡村振兴中增加农村居民收入的主要类型。其次，工资性收入可以较好提升农村居民可支配收入，但其工作的稳定性与安全性相对较低，一般只能从事可替代性较高的工种，收入获取的持续性仍可能被失业风险所影响，且部分个人或家庭无法参与劳动。最后，转移性收入具有稳定持续的获取特征，但其实现手段难以从本质上改善农村居民的经济状况，因而难以成为我国乡村振兴增加农村居民收入的主要类型。

与上述情况相比，以产权助兴方式增加农村居民财产性收入具有以下优势：一是财产性收入具有非劳动性，可以使得本文所述的第三类和第四类农村居民在难以参与劳动的情况下获取经济来源，同时降低农村居民的失业风险。二是财产性收入具有稳定性，在合理控制风险的前提下，其可以成为农村居民长久的收入来源。三是财产性收入的形成过程中可以“锁定”农村居民财产，帮助其避免财产闲置，并杜绝过度消费和财产不当处置等现象。四是财产性收入提升的过程也是以产权运作推动农村地区产业发展的过程，通过资源与资金的合理配置，可以更好地实现乡村振兴战略中产业兴旺的总要求，也是实现农村居民生活富裕的根本途径。由此可见，以财产性收入提升为关键的产权助兴是我国乡村振兴的核心内涵和最佳选择。

六、农村居民财产性收入提升的产权实现形式

（一）财产性收入提升的产权实现形式

财产性收入的本质是产权属性，其产生必定与股权、债权等不同产权形式的形成相关。为此，本文将借助不同产权形式来获取财产性收入的一

组方式称为财产性收入产权实现形式，主要有以下四种类别：

1. 股权实现形式。股权实现形式指在股权形成的基础上借助分红和财产增值收益等手段获取财产性收入的方式。通过该形式产生的财产性收入具有较大波动性，其回报数额和回报周期的不确定性较高，在根本上取决于另一方的经营业绩等因素。相对应地，该形式还存在另一特征：由于股权这一概念往往仅与企业等大型组织相关，因此，农村居民在通过该形式获得财产性收入时，可能还需涉及生产经营决策，并对股利分配机制和退出机制等内容进行了解与商定。

2. 债权实现形式。债权实现形式指在债权形成的基础上借助利息和财产增值收益获取财产性收入的方式。通过该形式产生的财产性收入较稳定，其回报数额和回报周期的确定性较高，与另一方后续行为无关。债权实现形式可以产生于个人、银行、企业等主体之间，存在更为广泛。当然，由于风险相对较低，通过其获取的财产性收入数额一般也相对较小。在实际应用中，处于该形式中的农村居民参与事项相对较少，但需更加关注债权人利益的保护机制。

3. 租赁实现形式。租赁实现形式指在经营租赁行为的基础上借助租金获取财产性收入的方式。租赁实现形式与债权实现形式具有较为相似的性质，其回报数额和回报周期确定性较高，且也与对方后续行为无关，数额与风险均相对较小。二者的本质区别在于，租赁实现形式的财产基础一般是具有直接生产功能的实物资产、无形资产或土地经营权等其他类型财产，而债权实现形式的财产基础则一般为金融性资产。显然前者在农村居民财产性收入提升的实际应用中更为普遍。

4. 其他实现形式。其他实现形式指除股权、债权和租赁实现形式以外的获取财产性收入的方式。作为上述三类财产性收入产权实现形式的补充，其他实现形式所对应的部分较为模糊，难以被简单认定为股权、债权或租赁行为中的任何一种情形，一般涉及相对更为复杂的金融行为。基于这样的特征，其与财产性收入相关的回报数额和回报周期等更为灵活多变，风险和回报也相对较高。对于农村居民而言，自主通过其他实现形式获取财产性收入的情形相对较少。

（二）我国农地产权实现形式的主要类型

在我国现行农地制度下，农地运作的根本对象是土地经营权。2021年1月，我国农业农村部发布《农村土地经营权流转管理办法》，将相关行为定义为“在承包方与发包方承包关系保持不变的前提下，承包方依法在一定期限内将土地经营权部分或者全部交由他人自主开展农业生产经营的行为”，并指出其包括“出租（转包）、入股或者其他符合有关法律和国家政策规定的方式”。依据现实情况，本文将农地运作归为农地租赁运作、农地股权运作、农地抵押运作和农地信托运作四种主要类型。

1. 农地租赁运作。农地租赁运作是农村居民通过租赁方式，将全部或部分土地经营权让渡给个人等其他主体从事农业活动，并获取租金收入的行为。农地租赁运作属于农村居民财产性收入租赁实现形式范畴，其租金回报数额与周期的可确定性较高，加之其合同签订流程相对灵活和简便，便于参与者理解，因而成为我国农村居民解决农地闲置并获取财产性收入的普遍选择。

2. 农地股权运作。农地股权运作是农村居民将全部或部分土地经营权通过入股让渡给企业等其他主体从事农业活动，并获取股份分红等收入的行为。农地股权运作属于财产性收入股权实现形式范畴。一般而言，其分红数额与产业主体经营成果直接相关，可以增加农村居民参与公司治理和生产经营的积极性，并创造获取较高财产性收入的机会，因而也成为我国农地运作的主要方式之一。

3. 农地抵押运作。农地抵押运作是农村居民将全部或部分土地经营权通过抵押方式向金融机构等其他主体获取抵押贷款的行为，不属于可增加农村居民财产性收入的行为。为防范风险，我国过去对农地抵押持谨慎态度，直到2014年中共中央、国务院在《关于全面深化农村改革加快推进农业现代化的若干意见》中首次提出对其研究推进后，农地抵押运作才在我国开始逐渐普及。

4. 农地信托运作。农地信托运作是农村居民将全部或部分土地经营权信托给企业等其他主体从事农业活动，并获取信托收益的行为。农村居民在农地信托运作中获取财产性收入的依据并非传统意义上的股权或债权，而是更具综合性的信托受益权，因而该行为应当属于财产性收入的其他实现形式。由于实施内容相对复杂，我国农地信托运作一般只在政府和专业机构的引导下开展。

七、农地股权运作是提升农村居民财产性收入的恰当选择

与其他模式相比，农地股权运作可以更好地与农村地区产业兴旺相结合，通过公司治理、专业化运作和外部监管介入等多种手段，在一定程度

上减少其他模式不利因素的影响，实现提升农村居民财产性收入的目标。具体而言，其优势体现在以下四个方面：

一是农地股权运作利于农地产业化运作，有助于实现农村居民财产性收入最大化。农地运作如果过于分散，就难以促成各交易主体之间对农地利用的内在一致性，可能导致农村居民损失本可获得的农地规模化运作收益，降低整体层面的财产性收入。农地股权运作可以结合生产技术和外部指导等资源对农地进行集中产业开发，从根本上提升土地经营权所产生的经济价值。

二是农地股权运作可以降低农村居民获取财产性收入的交易费用。我国农地制度仍处于完善阶段，缺乏产权界定与保护相关机制，而产权模糊必将提升农地利用的交易费用。科斯教授曾提出企业存在的本质目的即是降低交易费用，而依托于产业化运作的农地股权运作具有降低财产性收入交易费用的天然优势，可以更好地提升农村居民财产性收入获取的综合效益。

三是农地股权运作灵活性较大，可以针对不同农村居民类型进行差异化实施。在前文中，本文将我国农村居民划分为四种不同类型群体，其在农地运作中的阻碍与需求均有所不同。农地股权运作可以在创造财产性收入的同时为农村居民提供工作机会和收购政策，从而进一步通过工资性收入和经营性收入提升农村居民生活水平，并增进其专业技能与就业水平。

四是农地股权运作符合我国当前农村居民对于财产性收入获取的现实要求。自改革开放以来，尤其是2020年精准扶贫结束以后，我国农村居民收入已得到普遍提升。在乡村振兴战略背景下，农村居民生活水平的维持与改善需要传统收入类型以外的新增长点。农村居民通过农地股权运作所获得的财产性收入是对产业主体经营效益的分享，具有更大的价值成长空间，更有助于满足当前农村居民对财产性收入的需求，也更有助于实现农村地区产业兴旺，促进农村居民个人和地区的共同发展。较之其他模式，农地股权运作是我国提升农村居民财产性收入的恰当选择。

本章参考文献

［1］许宪春．关于与GDP核算有关的若干统计问题［J］．财贸经济，2009（4）：5－10，136.

［2］国家统计局城市社会经济调查司．中国城市（镇）生活与价格年鉴［M］．北京：中国统计出版社，2012：492.

［3］国家统计局．中国统计年鉴［M］．北京：中国统计出版社，2013：412.

［4］国家统计局．中国统计年鉴［M］．北京：中国统计出版社，2019：205.

［5］联合国．国民经济核算体系（2008 年版）［M］．国家统计局国民经济核算司，译．北京：中国统计出版社，2008：123.

［6］高敏雪，王丹丹．“群众”所拥有的财产性收入［J］．中国统计，2008（1）：24.

［7］陈晓枫．中国居民财产性收入理论与实践研究［D］．福州：福建师范大学，2009：9.

［8］周林彬，于凤瑞．我国农民财产性收入的财产权制度研究：一个法经济学的思路［J］．甘肃社会科学，2011（4）：62－67.

［9］石磊，张翼．农地制度、财产性收入与城乡协调发展［J］．学术月刊，2010，42（4）：62－68.

［10］张俊山．关于“财产性收入”的思考——基于马克思主义分配理论［J］．华南师范大学学报（社会科学版），2012（4）：84－90，159.

［11］李济广．居民财产收入的范围、统计及其对个人收入的影响［J］．中国地质大学学报（社会科学版），2010，10（6）：106－112.

［12］周彦文，陈莉霞．试论财产收入的概念、性质和功能［J］．中南财经大学学报，1998（1）：3－5.

［13］联合国．国民经济核算体系（2008 年版）［M］．国家统计局国民经济核算司，译．北京：中国统计出版社，2008：129.

［14］联合国．国民经济核算体系（2008 年版）［M］．国家统计局国民经济核算司，译．北京：中国统计出版社，2008：41.

［15］陈晓枫．中国居民财产性收入理论与实践研究［D］．福州：福建师范大学，2009：8.

［16］马俊驹，梅夏英．财产权制度的历史评析和现实思考［J］．中国社会科学，1999（1）：3－5.

［17］马克思，恩格斯．马克思恩格斯全集：第 46 卷上［M］．北京：人民出版社，1974：491.

［18］张卓元主编．政治经济学大辞典［Z］．北京：经济科学出版社，1998：102－103.

［19］（美）科斯等．财产权利与制度变迁［M］．北京：三联书店，1994：97，167，205.

［20］伍中信．产权性收入：“财产性收入”的恰当表述［J］．财会月刊，2020（17）：3－6.

第三章　基于产权制度改革的财富生态演进与实现路径

党的十九大提出“我国社会主要矛盾已经转化为人民日益增长的美好生活需要和不平衡不充分的发展之间的矛盾”，其中贫富差距一直是亟待解决和控制的社会性矛盾。党的二十大报告更是明确指出“要扩大中等收入群体，规范收入分配秩序，规范财富积累机制”。大量研究表明，目前我国贫富差距十分悬殊且扩大速度极快，2018 年我国基尼系数为 0.474，已超 0.4 的警戒线，其主要原因在于中下、中、中上三个等级收入类别的增长率过低（2018 年低、中下、中、中上、高五等分人群收入名义增长率分别为 8.09%、3.74%、3.09%、5.57%、8.79%①），且财产性收入分布过于集中。因此，扩大中等收入群体，增加中低产群体财产性收入，是破解我国财富两极分化困境的重要手段。中等收入人群堪称社会和谐稳定的基石，是构筑可持续“橄榄型”社会结构的基础，只有将社会财富共享于广大人民群众，扩大中等收入人群规模才能构建稳定合理的财富分布结构，维持财富生态的多样化，形成财富“湿地”。让中产群体拥有财产性收入的关键在于产权问题，财富分配关系与产权关系具有内在关联性。鉴于此，我们试图基于产权制度变迁这一根本性因素，从财产性收入、隐性贫困与财富“湿地”之间的内生关系着手，深入梳理产权制度变革中的财富生态演进历程，并提出构建我国财富“湿地”生态的实现路径和具体措施，以期助力于我国乡村产业振兴，推进我国“共同富裕”的财富生态文明建设。

一、财富生态的内涵与形成机理

生态（Eco－）一词，源于古希腊文，指家或环境，现指一切生物的

① 数据来源于《2018 中国统计年鉴》，下同。

生存状况以及与其他生物、环境之间的相互关系。要形成一个稳定持续的生态系统，其关键在于保护生物的多样性及其关系的稳定性，如我们生活的自然环境，不能仅存参天大树，也不能全为灌木丛，而应乔木灌木草花共存生长，形成多样化生态结构，只有结构适当，才能产生和谐的互补的稳定的“美”。这一对“自然生态”的理解属于本义上的“生态”概念，我们可以把它理解为狭义上的“生态”。“道法自然”，我们可从自然生态进一步拓展到人文生态和财富生态领域，三者同属于社会生态系统。一是人文生态文明，即保持社会人文形态的多样性。以当前我国教育模式为例，应试教育虽然创造了公平公正的竞争环境，但其以统一教学模式和考核方法，选拔培养出同一知识结构的人才，即按“共性”培养出“同质化”的人才；而素质教育则注重因材施教、个人的特点和所长，不离个人“初心”，即按“个性”培养社会需要的各类人才，形成人才培养的生态链，实现“各美其美，美美与共”的人文生态文明。二是财富生态。财富是社会进步的标杆，财富的合理创造和均衡分配是实现社会文明的重要标志。财富生态是指不同财富创造方式、财富主体、财富数量以及财富生产环境和分配方式等共同组成的生态系统。不同的财富形态、财富来源、财富阶层及财产权利的结构变迁，带来不同财富生态。依据财富主体的集中度，财富生态系统可分为财富沙漠、财富湿地和财富海洋等不同形态，不同财富生态所形成的社会阶层和社会结构存在较大差异，也对我国经济社会的和谐、稳定、可持续发展带来重大影响。

作为广义上的生态，需要遵循人、自然、社会和谐发展的客观规律，实现自然生态、财富生态和人文生态的高度统一，达成天人合一境界。随着我国社会主要矛盾向人民日益增长的美好生活需要和不平衡不充分的发展之间的矛盾转化，以及生态环境问题的日益突出，自然生态和人文生态对财富生态的作用持续增强。一方面，自然生态是财富生态形成和积累的天然物质基础和资源保障，财富生态是自然生态文明的实现路径。绿水青山就是金山银山，如何提升自然生态的价值，使之转化为财富，进而形成治理和保护生态系统的良性循环，是新时期我国亟待解决的重大课题。另一方面，人文生态为财富生态的实现奠定了制度基石和价值取向，财富生态则是人文生态的价值形态反映。不同的人文背景和法律制度会形成不同的社会价值创造和财富分配方式，而财富分布结构也会反向作用于人文环境，良性的财富生态有助于推动物质文明和精神文明的和谐发展。三者之间是相互依存、相互作用的辩证关系。我国高质量发展要求正确把握生态环境保护和经济发展之间的关系，缓解物质财富快速增长与人文、自然生态环境急剧恶化之间的矛盾。其解决途径即为形成优良的财富生态系统，实现财富所有权关系的多元化，财富不过度集中，才能促进自然生态和人文生态的良性发展。

（一）增加居民财产性收入是财富生态发展的有效途径

孟子云："有恒产者有恒心。"恒产者，田里树畜，民则恃以长养其生者也。有土地、田园、房屋等固定产业的人会遵循一定的道德规范和行为准则，恒产即为其家庭财富，不同财富结构会形成不同的收益形式，从而带来不同程度的财富增长。这里需要明确的是财富、财产和财产性收入之间的关系。财富是一个广义的概念，有价值的事物均可称为财富，包括物质财富、精神财富等。财富首先是使用价值，诸多不可辨认的资源也是财富；而在市场经济高度发达的经济社会中，使用价值与交换价值可以实时转化，财富更多地表现为价值，可以说财富是使用价值与价值的统一体。财产则是可以量化的财富，主要涉及动产、不动产、金融资产等物质财富，关注事物的交换价值和产权关系。财富与财产均为静态的概念，是居民某一时点拥有的资源总和。而财产性收入则是一个动态的概念，是居民使用其财产权利获得的利息、红利、租金、专利使用收益等具有产权性质的收入，即财产所有者或使用者通过产权契约、金融票据等形式将财富资本化的所得。财产性收入实质上有保值增值功能，有"海绵"和湿地效应，有利于培育中产阶级。

与工资性收入、经营性收入、转移性收入相比，财产性收入可简称为财产收益，是财产增值所带来的收入，是居民财富增加的基本途径，更是判断财富生态发展的重要标尺。其主要具有两大特征：一是收入在抵扣支出后存在储蓄性结余，或者劳动报酬覆盖劳动成本后仍具备拥有财产的可能性；二是作为收入来源的财产具有增值保值的资本性功能，能作为生产（消费）要素参与社会财富创造，其产权所有者则根据贡献参与收益分配，可持续地获取财产性收入。可见，财产性收入本身即为居民财富拥有量的集中体现，更是财富增加的重要指标。工资性收入、经营性收入、转移性收入也能快速增加居民财富，但其多为货币等金融资产，难以形成产生增值性收益的财产来源。

自党的十七大报告首次提出"创造条件让更多群众拥有财产"以来，财产性收入已成为我国未来收入分配制度改革的重要内容。"让更多群众拥有财产"应至少包括三方面内容：一是增加居民财产数额，丰富获取收益的财产种类；二是扩大财产享有的主体范围，扩展中产阶层群体数量，确保越来越多的居民享有财产权利；三是缩小居民之间的财产差距，防止财富“海洋”和财富“沙漠”严重分化的情形出现，实现共同富裕。前两者是居民财富总量持续增长的坚实基础，后者则是形成财富“湿地”、维持财富生态平衡的必要保障。因此，为推进良性财富生态系统的形成，我国可以财产性收入这一重要的财富标尺作为切入口，在设计收入分配格局时，适度增加中产阶级的财产性收入，形成以财富“湿地”为主体的财富生态系统。

（二）财富生态文明的实现需要扩大财富“湿地”

洪银兴与许光伟（2009）认为，财富理论着眼于解决国民财富的各种源泉和充分涌流问题，其最终目的是形成良好的财富生态。若将财产性收入比为水，那么财富生态即可呈现海洋、沙漠、湿地等不同形态，则良性的财富生态应服从以财富“湿地”为主体，两边分别为财富“沙漠”、财富“海洋”的正态分布（如图 3－1 所示），呈现“橄榄形”社会分层结构。其中，财富湿地、财富沙漠和财富海洋的判定立足于居民财产性收入的多寡和私人财富存量的集中度，可直观地理解为，高收入人群是财富生态的“海洋”，中产人群是财富生态的“湿地”，低收入人群是形成财富生态的“沙漠”。海洋和沙漠都是生态链的发展状态之一，但并非适宜人类生存和发展的条件和环境。湿地是介于水生和陆生生态系统之间的过渡性地带，是自然生态的重要组成部分，具有维持生态平衡的重要功能。自然界中的湿地面积仅占地球表面的6%，却为20%以上的已知物种提供了生存环境，是维持自然生态系统物质结构平衡、能量循环和自动调节能力的重要形态。目前人类社会加强了对湿地生态的开发与应用，形成了湿地经济，并将“湿地”原理应用至海绵城市等管理规划中。不论其初始概念，“湿地”可泛指一种中间状态，故财富“湿地”主要代表财富分配的一种均衡化，通过制度约束和政策指引，将“水”储存于“湿地”之中，使大多数财富以财产性收入二次分配于广大居民之中，形成庞大的中产阶层群体。这样才能使财富不过度集中，未流入少数人手中汇集成财富海洋，避免社会财富总量既定的前提下财富沙漠现象的普遍存在，形成适宜社会稳定和发展的财富生态系统。

（三）增加中产阶层财产性收入是形成财富“湿地”的根本途径

一方面，中产群体是维持财富生态平衡的生力军。随着我国“双创”和精准扶贫政策的逐步落实，财富的蛋糕持续向老百姓倾斜，中产群体将

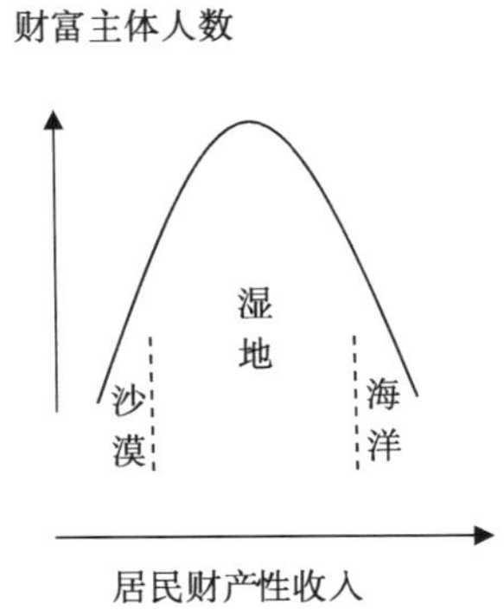

图3－1　财富生态正态分布图

享有更多的改革红利，中产群体将持续扩大，逐渐成为我国社会的中坚力量。而通过产权制度变迁和收入分配改革，提高中低收入人群的财产性收入，将财富“海洋”水引入“湿地”和“沙漠”，形成财产性收入的正态分布，扩大“湿地”面积，才能实现社会财富生态平衡发展，达成民富国强的目标。

另一方面，增加财产性收入是预防隐性贫困的有效手段。在判定中产阶层的收入能力和发展前景时，不可避免要提及“隐性贫困”这一概念。目前学术界对隐性贫困问题的研究，多基于贫困形成机理和贫困度量方法，认为收入和消费水平作为贫困测度或福利缺失的指标显得过于狭隘，不能反映多元化的社会福利享有状况（侯为民，2015）。现有研究对“隐性贫困”的界定存在不同见解：一是将“贫困”分为两种类型，“贫”特指缺少财物，生活困难，属于“显性贫困”；“困”则指限制、抑制，社会权利和发展机会得不到良好保障，重点反映为教育贫困、就业贫困、权力贫困、文化贫困等（郑双柳；2016）；二是以农村为切入点，将精准扶贫重点关注的贫困地区低收入人群界定为显性贫困，而对政策尚未惠及、具有较大隐匿性的城市低收入人群，包括农民工、高校学生、老弱病残家庭、妇女等，则视为隐性贫困（赵艳霞，张宇艳，2018 等）。这些关于“隐性贫困”的界定，大多关注现行政策未能解决的影响居民生活质量和发展的共性或个性问题，较少考虑不同收入类型所带来的财富增值的可持续性。工资性收入、经营性收入和转移性收入多属货币性收入，形成居民的货币资产。但这些货币资产一旦被消费，其价值也就被转移，属于一次性资源，其收入来源具有极大不确定性，一旦失业、经营不善或不符合转移支付的条件，就会丧失收入保障。只有使用货币性收入购置房产、金融资产和土地（主要针对农村居民），并将其作为生产要素投入市场，出让财产使用权获得股息、红利、租金等财产性收入，才能形成稳定和可持续的收入来源。换言之，如图 3 －2 所示，工资性收入、经营性收入和转移性收入高而财产性收入少的居民短期内远超贫困标准，但长期内存在返贫隐患，即为隐性贫困群体；而财产性收入高的居民因财产权利的稳定性，能源源不断地获取资本收益，有效规避了隐性贫困的产生。最通俗的理解，“隐性贫困”即指“那些看起来每天有吃有喝，但实际上非常穷的人”。这种隐性的“穷”，其实际即为财产性收入较少。目前，财产性收入主要是我国高收入群体增加财富的重要手段，尚未成为中低收入人群发展致富的重要保障，这也是中产群体存在“隐性贫困”的根源所在。故可以说，增加中产群体财产性收入是消除隐性贫困、扩大财富“湿地”、实现财富生态文明的必然选择。

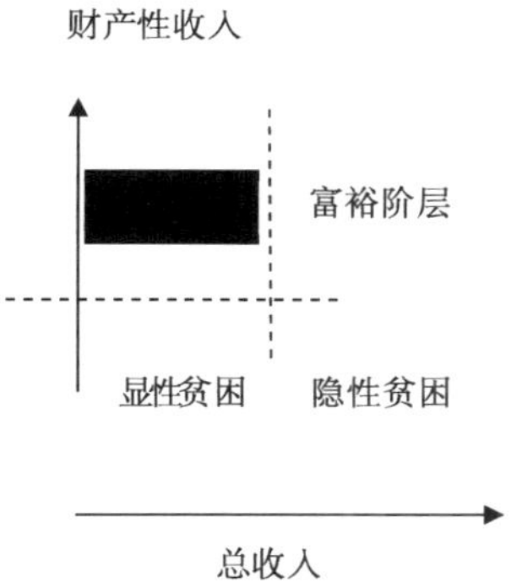

图 3 －2　隐性贫困与收入的关系

二、我国产权改革进程中的财富分配结构变迁

改革改到深处是产权，产权拥有者即为财富拥有者，财富分配关系与产权关系具有内在关联性，让中产阶级拥有财产性收入、形成财富“湿地”的关键在于产权问题。有效的产权制度，应该具备公平、激励相容、违规成本高等特征。这种环境下，耕耘与收获之间建立了稳定联系，拥有财产的人对产权拥有安全感，企业和投资者的努力能得到应有回报，居民工作、创业、创新的积极性受到严格保护，社会财富总量得以持续增长，财富流入多数人手中，财富“湿地”成为主要的财富生态结构。

奥尔森认为政府职能包含四项内容：创造个人财产权、保护个人财产权、执行各种契约、政府权力受到制约。只有清晰界定和保护个人的财产权利，居民才有动机去从事生产、投资和交易，社会总财富才能不断被创造和增值。一个有效的产权制度能从财富总量和财富结构两个方面影响财富生态的形成，即可持续提升财富创造能力（做大“蛋糕”），实现财富公平分配（切好“蛋糕”）。一方面，不同的产权关系，会带来不同的资源配置方式，形成不同的生产积极性和生产内驱力，从而影响生产效率和财富总量的增加。另一方面，财富分配的核心问题即为政府和市场的关系问题。财富的直接分配主要由市场决定，而市场经济即为产权经济，其资源分配方式受到初始资源禀赋的影响，容易造成贫富不均的现象，此时就需要政府这一“守夜人”干预，进行财富的间接分配。政府作为国家权力机构，能直接制定宏观层面的收入分配政策，并通过所有制性质和转移支付等手段调整收入分配结构。

纵观我国40年的改革开放历程，可以发现产权制度改革一直紧紧围绕增加财富总量、从集中国家财力到藏富于民这一主线进行，政府、企业、居民等不同层级产权主体的财富分配关系持续改变，财权逐步向更为微观的产权主体转化，通过产权的分享，逐步实现财富的分享，进而形成财富“湿地”。

（一）中央与地方政府的财权结构变迁：集权向分权转变

作为强制性的契约制度安排者，国家具有界定社会产权类型、保护产权关系、调控财富分配的职能，政府与市场的边界决定了国家的角色定位，经济学中将其分为无为之手、扶持之手、掠夺之手三种类型，其对社会财富创造与分配的作用存在显著差异。而国家财政收支是政府履行职能、参与社会财富分配的重要方式。财政集权与分权程度对社会财富创造影响巨大。集权模式下，中央政府拥有绝对的财权，其经济调控能力和财富再分配职能得以有效发挥，能集中力量干大事，有利于公共服务规模经济的发展，实现现代政府对财富的虹吸效应，但易产生地方政府财权与事权不匹配现象，加大纵向间的财政能力差异。而分权模式下的财权分布则能形成财富的“正反馈”效应，地方政府拥有足够的财力和自主性，将税收收入、土地出让收入通过教卫文体科、社会保障、城镇化建设等公共服务投入回馈给当地居民，改变居民生活和工作环境，带来社会财富增加。但财政分权难以保证财政政策的全局把控，易造成地方“内部人控制”问题，加大财政监管成本。

改革开放以来，我国中央和地方的财政关系历经高度集权的统收统支—“分灶吃饭”—分税制改革—国地税合并等过程。新中国成立至

1978 年改革开放前夕，为满足计划经济时代统筹规划一切经济活动的财力需要，我国实行高度集权的财政统收统支模式，地方财政毫无自主性可言，缺乏生产积极性。1980 年至 1994 年间，改革开放春风激发了基层经济主体的发展活力，为提高地方政府组织生产的积极性，央地财政关系也由“一灶吃饭”转变为“分灶吃饭”，通过划分收支范围和税种，实行分级包干、自求平衡的财税体制，逐渐形成“强地方、弱中央”的财政格局，致使中央财政捉襟见肘、调控能力渐弱，而地区之间则苦乐不均、资源配置失效。为改变这一困局，1994 年我国实行分税制改革，打破按企业隶属关系划分收入的做法，分设中央税、地方税和共享税，配以国税和地税两套征税系统，从而理顺中央和地方的财权分配关系，调动中央和地方“两个积极性”，提高“两个比重”。至此，中央财政再分配和区域协调能力得到有效加强，财权再次集中。而随着我国经济发展步伐的加快，中央与地方事权与财权的矛盾日渐激化。特别是 2012—2016 年持续推进的“营改增”试点，被视为又一项集权改革，地方政府失去了主体税种，地方税体系重构迫在眉睫。2017 年党的十九大报告提出建立权责清晰、财力协调、区域均衡的中央和地方财政关系，新一轮财税体制改革被提上日程，首先即为机构改革，2018 年国地税在分家 24 年后又迎来了合并，实行以国家税务总局为主、央地双重领导的管理体制，旨在降低税收管理与遵从成本，提高征管效率。国地税合并的同时，一方面，以个人所得税和房地产税为代表的直接税改革正持续推进，地方税体系建设速度加快，为地方政府财力增加提供了税源保障；另一方面，中央与地方财权事权和支出责任划分改革也同步进行，央地财政权责日趋明确，逐步形成中央地方财权事权划分的动态调整和平衡机制。

可见，我国中央和地方财政关系历经“集权→分权”的螺旋式上升循环演进过程，由最开始的绝对集权和分权，到基于税收共享的相对集权，再到税收结构性改革中的地方税种培育和明确事权支出责任的制度安排，试图构建一种权责明晰的中央和地方财政关系。这种财政体制变革是基于不同的经济发展阶段、满足当时的公共支出需求而决定的，其最终目标是实现社会财富价值创造的最大化和均衡化。随着我国市场化运作和分享经济的推进，必须进一步加大财政分权程度、扩大地方政府在公共资源配置领域的作用。因此，在保证中央政府区域调控能力的前提下，建立事权和支出责任明确的财政分权制将是未来我国财政体制改革的主旋律，地方政府将拥有更多的财力和自主权，用于地方性的公共服务，将财政收入用之于民，形成社会公共财富。

（二）国企与民企的财富结构变迁："国富"向"民富"迈进

作为社会主义国家，我国现阶段的经济制度界定为以公有制经济为主体，多种所有制经济共同发展。国有经济控制国民经济命脉，对经济发展起主导作用。在这一方针指导下，我国从计划经济向市场经济转型过程中，政府通过干预市场行为，大力发展国有企业，特别是在十大产业振兴规划和金融体制改革环境下，资源配置大力向大型国有企业倾斜，使其在特定行业、特定领域形成了绝对的竞争优势，大大侵占了民营企业发展空间，造成了一定程度的"国富民穷"现象。国有企业因其产权主体虚位和缺位，在层层委托代理的掩护下存在产权关系模糊复杂的问题，从而导致内部人控制和逆向选择现象频发且难以根治，外在表现即为国有企业经营效率低、绩效不佳、创新能力弱等问题，据资本市场数据显示，2005—2016 年 A 股上市公司中亏损最大的公司均是国资委控股的公司，直至 2017 年才打破这一规律。"国富民穷""国企垄断""与民争利"的经济后果研究是学术界一直关注的话题，多数学者认为其会带来市场资源配置的扭曲，不利于现代产权制度、公平竞争机制和创新驱动型经济的形成，从而阻碍社会财富价值创新的最大化。

为改变这一局面，做大做强国有企业并推进市场经济改革，自 1978 年以来我国持续开展了历经四个阶段的国有企业改革，并通过产权制度变革来保护和发展壮大民营企业。其改革的本质是改变国企和民企单一产权下的"一股独大"结构，通过产权的分享和混合，让真正拥有产权、拥有主人翁意识和能力的经济主体来经营管理企业，分散国有资本的产权权能，实现国有资本对高效资本的"搭便车"行为，从而实现国有资本保值增值，扭转国有企业低效问题。具体改革路径包括：一是 1978—1992 年国企内部的放权让利与两权分离。为解决计划经济时代国企上缴利润与国家对其投资严重不对等的问题，中国试图通过放权让利和两权分离来激发国企活力，提高其生产能力，缓解生产力低下的问题。即扩大企业生产自主权和实施初步绩效管理，并推行所有权和经营权分离的承包经营责任制，旨在将国企转变为自负盈亏、政企分开的独立法人主体。然而改革中出现的诸多问题让人们认识到不改变产权关系、仅靠国有企业内部经营机制的转换，难以达到改革的预期目标。而在此期间，中共十三大报告承认了股份制作为企业财产组织形式的法律地位，资本市场得以快速发育，个体经济也成为合法的所有制成分发展壮大，居民开始合法拥有自己的财产性收入。二是 1993—2002 年现代公司制度建设。1992 年中共十四大要求建立社会主义市场经济体制，开始培育产权明晰的市场主体，明确保护企业法人财产权。而对国有企业则抓大放小，重新整合，通过并购、资产重组、承包经营、租赁等形式将部分国企推向市场，缓解了部分国企亏损大、负债高的困局，但因体制改革不彻底，未能从根本上解决国企经营难题。但民营企业则随着我国市场经济体系的完善而得以空前发展，特别是“先富起来”的那部分民营企业家，迅速积累起了巨大的私人财富。三是2003—2012 年产权多元化的混合所有制和股权分置改革。十六届三中全会明确提出建立现代产权制度，保护私有财产权，推进混合所有制经济发展。通过资本市场的同步改革，解决股权分置问题，推动国有股和法人股自由流通，从而有效实施国有股减持战略。国有股减持的实质是让产权明晰的民营企业、国企管理层和员工通过市场化方式拥有国有企业的财产权利，在公司层面形成多元化产权的治理结构，实行“三会一层”的公司治理机制，弱化尚存的国有股内部产权主体虚位带来的消极影响，并保护企业的产权结构和财产收益。在此期间，我国保护和鼓励个体私营等非公有制经济发展，民营企业的产权结构也开始多元化，利益相关者网络日趋复杂，累积资本也持续扩张，市场地位空前提升，在混合所有制改革中逐渐成为与国有企业分庭抗礼的市场主体。四是 2013 年至今分类分层推进国企混合所有制改革加速。进一步推进员工持股、公开上市、引入战略投资者等混改方式，鼓励各类社会资本参与，形成股权制衡，促进国企经营决策市场化。并配以供给侧结构性改革，按照产权明晰的市场导向要求规范政府权力，优化资源供给结构，实现资本、制度、创新等要素向民营企业倾斜，并推行大众创新万众创业战略，以高科技产业为代表的民营经济迅猛发展，民营企业进入全面发展时期，形成龙头企业做大做强、中小企业聚集协调创新、微型企业踊跃有活力的新局面。同时，通过负面清单管理和 PPP 模式，放宽行业和领域准入机制，在诸多以往属于国有企业垄断经营的领域实行市场化改革，引入社会资本，为民营企业提供了一个公平竞争和充满活力的营商环境，真正实现“藏富于民”。

可见，国有企业改革历程是与我国产权经济体制建设同步进行的，不论是国有股减持、员工持股还是供给侧结构性改革，其实质即为现代产权制度建立健全的过程，让“花自己的钱会心疼”的产权主体拥有财产权利，是国有企业与民营企业财富分配的博弈结果。整个过程均围绕明晰公有产权和保护私有产权这一目标推进，是政府逐步让权让利、市场步步侵入的历程，是将国有企业和民营企业纳入同一市场环境进行平等竞争、从“国富民穷”向“藏富于民”迈进的历程，更是全面引导民营企业价值创造、实现其产权主体多元化、财产收益分散化的必然发展阶段。至此，法人主体的财富结构将向民营企业倾斜，数量众多的民营企业及其庞大的利益相关群体将成为新时期我国经济社会发展红利的主要收获者，从而形成财富湿地生态的重要力量。

（三）国家与居民的财富结构变迁：中层群体扩容提质

相比财富创造，社会更为关注的是财富分配问题，具体包括国家与居民之间、个人与个人之间的财富分配问题。国家与居民之间的财富分配可用财政收入与 GDP（国内生产总值）的比重来反映，如图 3－3 所示，自 2015 年起财政收入占 GDP 的比重一直呈下降趋势，说明国家在国内生产总值中的分配份额持续降低，而企业和居民的分配份额则相对提升。个人与个人之间的财富分配大多采用基尼系数来反映，国际上通常把 0.4 作为贫富差距的警戒线，超过这一数值，则存在较大的社会不稳定因素。如图 3－4 所示，我国基尼系数一直位于 0.4 之上，自 2015 年起反呈上升趋势，表明我国居民的收入差距仍然较大，贫富差距问题仍未得到良好解决，尚需持续性改善，而财产分布的基尼系数往往更高，特别是金融资产、房产等财产分布存在着更大的差距，说明我国缩小收入差距特别是财产性收入差距仍任重道远。

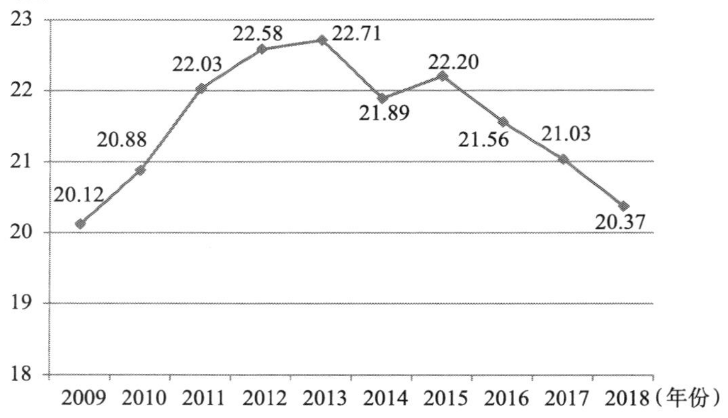

图 3－3　2009—2018 年财政收入占 GDP 比重

党中央高度重视我国社会财富分配问题，将其作为国家战略持续推进。早在党的十七大即提出了以增加居民财产性收入、改善民生为重点的发展战略，设置了“提高三个比重”的改革目标，即提高居民收入在国民收入分配中的比重、提高低收入群体在国民收入分配中的比重、提高劳动

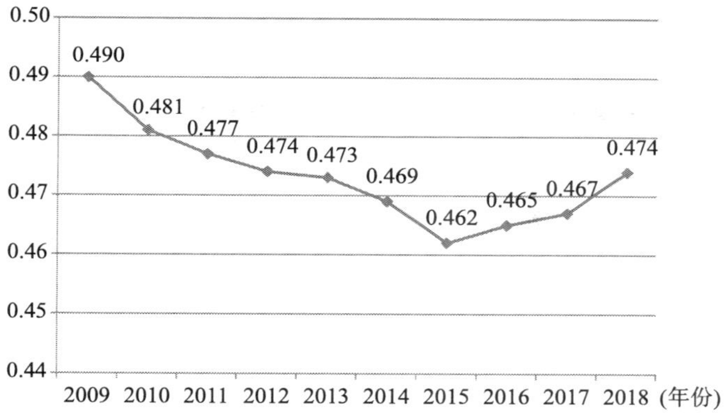

图 3-4　2009—2018 年中国基尼系数

数据来源：2009—2018 年《中国统计年鉴》。

报酬在初次分配中的比重。党的十八大报告进一步明确“实现居民收入增长和经济发展同步”的要求。并在财富初次分配和再分配领域同时发力，深化收入分配制度改革。

1. *在财富初次分配领域完善产权制度，深化市场化改革*

财富初次分配的主体为市场。一方面，有效流通的市场通过建立公平竞争、优胜劣汰的丛林法则，明确私有产权边界，为不同收入阶层提供垂直流动的机会，即部分处于社会底层的人群在市场竞争中能通过奋斗或创业，进入中产或高收入阶层。另一方面，市场价值的实现深受初始资本禀赋（地产、股权等）的影响，导致低收入人群在市场资源配置中丧失财富分配权利，而资本要素带来的收益往往高于技术或劳动要素，从而带来较大的财产性收入差距。因此，在财富初次分配领域，一是不断建立健全现代产权制度。通过发展混合所有制经济，完善知识产权保护制度，改革农村土地产权制度，建立增加城乡居民财产性收入机制，健全财产处置、征收、产权纠纷等司法政策，营造产权保护的良好环境，以降低市场交易费用，保护各种生产要素参与财富创造的财产分配权利。二是实行供给侧结构性改革。供给侧结构性改革归根结底也是历史遗留的产权问题，在资源短缺的商品经济时代，投资、消费、出口“三驾马车”能有效拉动我国经济快速增长，产品不存在需求不足，但随着我国经济增长速度放缓，经济下行压力增大，供需关系出现了不容忽视的结构性失衡问题，主要体现在中低端产品过剩，而高端产品供给不足。而此时出于 GDP 增长指标、地方政府政绩等自利性目标，钢材、有色金属、石油石化等严重亏损却产能过剩的行业以及房地产等泡沫产业仍在继续扩大投资规模。其根本原因在于产权不明晰，没有明确的产权主体为高投入、低产出而心疼。因此，去产能、去库存、去杠杆等解决方案尚属治标之策，而深化产权制度改革，让投资者有“花自己的钱会心疼”的感觉，从而谨慎投资才是我国供给侧结构性改革的治本战略。三是推行大众创新万众创业、众筹平台、小微企业融资政策等创新驱动战略。我国渐进式地通过直接税杠杆效应和法律制度、产业政策等调整财富创造结构，扩大技术要素在市场财富分配中的份额，扶持小微企业发展，将国家财富让渡于居民财富，有效提高居民收入在国民收入分配中的比重，扩展中产群体范围，有效实现“藏富于民”。同时借此改变财富分配的要素供给结构，将技术要素与劳动力要素向资本要素过渡，形成更多的资本要素拥有者参与财富分配，获取财产性收入，发展更多的中产群体，从而扩大财富湿地范围。

2. 在财富再分配领域充分运用税收和支出工具，防止两极分化

以市场为主体的财富初次分配领域重点解决效率问题，能者多劳、多劳多得、有产权者得之，这是市场经济资源配置的定律，但能者和有产权者把“蛋糕”都分完了，“无能者”和无产权者吃什么呢？特别是在我国市场机制不完善，特权、圈层、制度等人为制造财富分配扭曲的环境下，如何保证社会底层群体最基本生存条件是关系社会稳定和谐的重大问题。此时就需要政府的宏观调控和制度安排发挥作用了，政府主要通过税收工具和支出工具对其掌控的资源和财富进行再分配，有效解决整个社会或某一群体的突出或长远问题，维护财富分配公平，缩小财富差距。

一是税收工具。政府调节财富再分配的税收工具主要体现在个人所得税和房产税等方面。自2006年起，我国个人所得税先后历经了四次调整，起征点逐步调高，至2018年个税起征点已增至5000元，并列示了6项专项附加扣除项，最大程度地降低中低收入人群的税负水平，标志着我国朝着综合与分类相结合的税制模式又迈出了一大步，个税改革所具备的提低扩中抑高、防止两极分化的财富再分配功能也将逐步凸显。在大力推行个税改革的同时，房产税的开征也成为社会关注的热点话题。目前我国房产税尚在重庆和上海地区试点，未于全国范围内统一开征。要理解房产税开征的财富再分配功能，必须充分理解我国房地产泡沫的形成机理及经济后果。作为居民安居乐业的稀缺性资源，房地产价格的上涨有其经济规律，但房地产市场中政府干预、房地产开发商及高收入阶层的人为哄抬和投机行为也是其价格泡沫形成的重要原因。为谋求房市暴利，富人群体将其资本大量投资于商品房，并虚抬房价，将中收入阶层的财产通过首付和按揭方式、低收入阶层的财产通过房租等方式吸走，让中低收入阶层成为“房奴”，而高收入人群则获取可观的财产性收入，通过房地产市场对财富的二次分配进一步扩大了贫富差距。为遏制这一现象，政府部门先后通过限购房、保障性住房建设、去库存等政策抑制房价的非理性上涨，但效果差强人意。而房产税的开征将以让产权所有人缴纳财产税的方式，迫使其考虑持有房产的长期成本，从而有效抑制房地产市场的囤房投机行为，放缓房价上涨速度，提高中低收入人群拥有房产、获取财产性收入的可能性，达成调节财富分配、实现社会公平的目标。

二是支出工具。贫富差距不仅体现在收入不平等，还集中表现为权利或社会福利的不平等。现阶段我国推进基本公共服务均等化策略，持续加大基本民生、公共事业、公益基础性服务支出规模，逐步实现国家财富向社会财富转移，进而缓解地区和城乡差异、降低不同阶层群体享受公共服务权利或机会不平等。第一，明确划分基本公共服务领域中央与地方共同财权事权和支出责任，确保各地公共服务项目建设的完成。2018 年国务院出台《基本公共服务领域中央与地方共同财政事权和支出责任划分改革方案》，试图赋予各级政府与其相对等的财权，明确界定其支出范围，逐步建立权责清晰、财力协调、标准合理、保障有力的基本公共服务制度体系和保障机制。第二，公共服务领域大力推广 PPP 项目。自 2015 年以来，为缓解地方债压力、引入私有产权领域的效率优势，我国基础设施项目建设全面引进社会资本，通过产权明晰的项目治理结构，将公共服务项目的公有产权性质转化为混合产权，使之形成“花自己的钱会心痛”的产权主体结构，提升公共服务效率和社会财富再分配的均衡性，实现利益共享、风险共担。第三，进一步健全社会保障体系。目前我国还通过设置最低工资标准和低保扶贫政策保障低收入群体的切身利益，在不干预市场竞争环境的前提下尽可能缩小我国财富沙漠的范围，推进我国财富生态良性发展。

（四）城乡财富结构变迁：农村居民财产性收入持续增加

纵观我国产业发展历程，可以发现我国历经了以农业发展为主到农业支持工业，再到工业反哺农业的历程，在此基础上形成了中国特色的二元经济发展模式。进入新世纪以来，虽然农村居民收入绝对数增加较快，绝对贫困明显减少，城乡居民收入相对比重从 3.3 降到 2.7，但城乡居民收入绝对收入差在扩大，近五年来，绝对额从 16000 元扩大到 22000 元（马晓河等，2019），尤其是农村居民财产性收入增幅明显不如城市居民，这就使得城乡二元结构矛盾有进一步加剧的可能。研究表明，财产性收入作为居民收入的重要组成部分和衡量居民富裕程度的重要标准，不仅农村居民财产性收入的绝对水平和相对比重明显低于城镇居民，而且农村居民财产性收入的来源也明显少于城镇居民，例如，房租收入、证券投资收入等财产性收入已成为诸多城市家庭的主要收入来源，而受限于资产规模、市场环境、专业知识、风险承受能力等因素，偏远地区的广大农村居民的财产性收入通常只有银行储蓄利息这一渠道。这既是造成城乡居民收入差距扩大的重要原因，也是我国财富湿地生态形成的重大制约因素。

1. *农村宅基地产权配置明晰化，农户财产性收入来源不断扩大*

农村土地制度改革是解放农村生产力、有效增加农村居民收入、保护农民利益的根本途径。当前，随着我国新型工业化和城镇化的进程加快，农村劳动力不断向城市转移，农村出现了房屋和宅基地大量闲置且使用率低的现象，引发了土地配置失衡和资产收益失衡。而优化农村宅基地产权配置，不仅有效推动中国城镇化和城乡一体化的科学发展，而且对于实现新农村建设具有更重要的现实意义。一方面，优化配置宅基地产权有利于科学城镇化。中国城镇化的推进，在改善地区产业结构、转移农村剩余劳动力、促进地区经济发展、提高居民生活水平的同时，也引发了房价虚高、人口拥挤、资源浪费、环境污染等社会问题。通过对宅基地产权优化配置，可以分流城市人口，缓解城市住房压力、消除资源供求瓶颈，解决市内交通压力，耗散污染物排放，降低社会管理等有利效应，从而既为中国城镇化科学发展提供了“正能量”，又延伸了城市职能，促进城乡统筹发展。另一方面，优化配置宅基地产权有助于加快社会主义新农村建设。通过对宅基地产权的优化配置，为农村的建设带来了巨大的经济效应、社会效应和生态效应。依托宅基地产权的优化配置，既可以改变农村生产和经营模式，发展家庭农场，增加了农村居民财产性收入来源，使其快速致富，缩小城乡差距，又能解决农村留守孤寡老幼、破除“空心村”等社会问题。通过农村宅基地产权顺畅流转，既可以加速城乡交流，改善农村基础设施，提高农村土地的集约化利用，实现城乡公共服务均等化，又形成“倒逼”机制，强化乡村政府的治理能力，合理规划新农村建设和发展，改善农村资源生态环境和破解农村管理难题。

2. *乡村振兴产权式合作模式创新，持续增加农户财产性收入*

2015 年习近平总书记提出了我国脱贫攻坚工作“五个一批”的基本路径，即发展生产脱贫一批、易地扶贫搬迁脱贫一批、生态补偿脱贫一批、发展教育脱贫一批和社会保障兜底一批，其中具有农村居民财产性收入属性的即为产业帮扶和生态补偿帮扶。产业帮扶是通过调节行政、社会等外部资源，在外源推动的基础上实现贫困地区内部资源的优化配置，探索政府、农业合作社、农业企业、电商平台、科技公司、农户等不同经济主体的合作组合模式，最大限度地激发农村地区产业链发展的内生动力，实现“输血型”向“造血型”转变，达成“授人以渔”的扶久贫目标。目前我国产业帮扶模式可归纳为两种：一是市场模式（企业—农户模式），这一模式目前衍生出“公司+农户”“公司+合作社+农户”“市场+合作社+农户”等具体模式，政府引导开展企业帮扶，吸纳社会力量参与农村地区经济建设。二是行政模式（政府—农户模式），一方面各级政府通过政策供给、财政扶持和资源倾斜，给予农业种植经费补助和平台建设，提升农产品供应链发展，另一方面所有政府部门、国企和事业单位均参与定点帮扶行动之中。

综上可以发现，改革开放40年以来党中央所作出的发展战略均围绕明晰产权、增加居民财产性收入、扩大中产阶层群体范围的目标前进。而随着我国产权制度改革的持续推进，我国中央与地方政府、国企与民企、国家与居民、居民与居民、城乡居民之间的财富结构发生了巨大改变，导致我国社会整体财富结构也处于持续演进和转型之中，从2000年第五次人口普查ISEI图形所显示的以“财富沙漠”为主的“倒丁字形结构”（农民基数太大，在下方形成长长的“一”），到2010年第六次人口普查显示的“财富沙漠—海洋”两条线的“土字形结构”（农民阶层人数减少，上方中产阶层的“一”骤增，但城乡差距仍较大），再到目前正在形成或未来预期形成的以“财富湿地”为主的“橄榄形结构”，生动地体现了我国社会阶层和财富结构的转变。“橄榄形结构”又称纺锤形结构，即两头小中间大，是以中等收入阶层或群体为主体的社会财富结构，这与我国财富湿地生态建设的目标和路径不谋而合。

三、基于产权制度改革的财富湿地生态实现建议

社会发展与进步的成果理应由全社会共享，但在市场优胜劣汰的丛林法则下却极可能由强势利益集团或富人群体优先享有，而社会进步的代价却大部分由弱势群体或中低收入群体承担。目前我国已基本形成通过产权制度改革，引导居民财产性收入增加和财富湿地生态文明的基本国策，但在具体落实上尚存在巨大困难，需要在现有战略指导下，进一步明确财富湿地生态的实现路径。通过合理界定中产群体划定标准、持续推进大众创

新万众创业、构建“产权链+供应链”乡村产业振兴共享平台等措施，加大农村土地产权改革，增加农村居民财产性收入，实现乡村振兴和财富分享，扩展中产群体数量，逐步形成“橄榄形”财富分配格局。发展以财富湿地为主体的财富生态模式，是我国实现“共同富裕”根本目标的理想标准。

（一）将财产性收入水平纳入中产阶层界定标准，提升政策精准性

“提高中等收入群体比重”是目前国家重大战略之一，作为我国财富生态的“湿地”，中产群体财富拥有量、财产结构和变化趋势是决定我国社会分层、财富生态文明的主要方向标。需要在对中等收入群体合理界定和具体量化的基础上，准确分析其数量规模和财富特征，找准相关政策的实施对象范围，有效提升我国政策制定和执行的精准性和针对性。一是中等收入群体的界定需充分考量其财产性收入状况。目前对中产群体的判定标准有绝对收入标准、相对收入标准、绝对收入与相对收入相结合的复合标准等方法，不管是哪种方法，其收入的测算均认定为总收入，没有考虑其收入结构。结合前文有关财产性收入与财富湿地、隐性贫困等关系的描述，我们认为中产阶层应在考虑总收入水平的同时，充分考虑其财产性收入的总量和发展状况，即其“中产”应为财产性收入的“中产”。二是对中等收入人群的量化标准进行合理测度。在对中产群体进行合理界定的基础上，需要设定可测度的量化标准，有效提升政策的精准性。一方面，在经济一体化背景下，要提升我国社会分层的国际可比性，动态反映全球中等收入群体收入水平变动的新趋势，需要借鉴国际测度标准，以全球中位数收入水平为基准，设置中产阶层收入水平的划档划线标准；另一方面，应从收入分布结构来设置测度指标，即设置总收入水平、财产性收入水平、财产性收入占比三方面的综合量化指标体系。三是重点关注现有中产人群的“隐性贫困”群体。若将财产性收入状况纳入中产群体的考量范围，则那些总收入水平高但财产性收入低（即隐性贫困）的人群将降为低收入群体。作为中产边缘群体，财产性收入的缺失将致使其财富增长极具“脆弱性”，“提高中等收入群体比重”的战略目标应首先着力于此类人群，通过政策引导和市场调节，确保其通过财产性收入的增加，稳定列入中产群体。四是调整和制定有利于中产阶层扩展的财富分配政策。“三权分置”改革为我国大量低收入人群的财产性收入增加提供了制度保障，是实现我国财富“湿地”生态目标的首要举措。在此基础上，我国还应通过调节财税金融政策，改善营商环境，抑制金融和房地产市场泡沫，降低工

薪阶层税负，提高人力资本要素价值，促使大量社会财富逐步向广大中产阶层人群倾斜。

（二）持续推进大众创新万众创业，大力发展中小企业

我国创新驱动发展战略的提出和实行，旨在充分发挥市场的决定性力量，催发形成大众创业万众创新的新局面，促使社会财富分配结构从“海洋”与“沙漠”的两极状态向“湿地”中间区域迈进。要实现这一目标，需要通过产权制度改革，放大中小微企业这一市场主体的创新力量和财富聚集能力，使之成为社会财富的主要创造者和拥有者。一是持续改善中小微企业的融资环境。现行供给侧结构性改革加大了人才、知识、信息等创新要素的供给力度，大规模减税降费政策的执行更是护航中小微企业发展壮大。但中小微企业的营商环境仍不容乐观，特别是融资环境尚未根本改善，需要政府一方面通过高新区（园区）的针对性融资政策支持其创新创业活动，另一方面应为产业集群融资活动提供制度保障，具体可通过构建集群增信评价指标体系、量化集群信用增级水平、完善集群信用担保机制、构建集群风险投融资体系等措施降低捆绑风险，构建中小微企业增信机制。二是加强知识产权的保护。市场经济发展过程中，私有经济的产权归属是最清晰的，但混合所有制改革导致公有产权与私有产权、单一产权与共有产权、原始产权与派生产权之间存在诸多的产权归属问题，需要不断完善各种产权界定规则和法律，对公权与私权、集体与个人、个人与个人、产权束不同权利进行合理界定，明确各种产权关系。特别是对兼具公权和私权属性的知识产权，应进一步加强对协同创新环境下技术秘密的保护，引导企业提高知识产权应用能力，加大知识产权侵权查处力度，保护中小微企业创新与创业的产权诉求。三是强化新信息技术的应用。大数据、互联网、云计算、区块链等新兴前沿技术的发展，在资源供需多方之间搭建了便捷的信息共享平台，大幅改变了市场主体之间信息不对称的格局，阻碍了资源拥有方利用其信息优势谋取财产权利进而积累财富的有效通道。目前我国区块链等信息技术发展尚处于基础层面，还未实现应用层面的广泛拓展，特别是信用数据库建设、垂直行业应用、中小微企业融资平台建设方面尚存进一步挖掘空间。我国应加强区块链等技术在各领域应用的治理、监管和标准体系，完善相关政策和法律法规，强化信息共享与信息保护、数据跨境流动，为中小微企业和中低收入阶层营造良好的营商环境，降低其信息获取成本，扩展其财产性收入渠道。

（三）构建“产权链＋供应链”反贫困共享平台，提高农村居民财产性收入

城乡二元结构是导致居民贫富差距、形成财富海洋和财富沙漠的重要原因。2020 年后我国反贫困战略由绝对贫困问题过渡至相对贫困问题，隐性贫困和精神贫困将成为 2020 年后减贫战略重心。我们必须坚持以持续增加农村居民财产性收入为目标的乡村产业振兴之路，力图将 56401 万农村人口全面纳入中产收入阶层，这样才能形成财富湿地，达成共同富裕的终极目标。为此，一方面大力推进产业帮扶 PPP 模式（政府—农户—企业合作模式）。要将居民收入增长与乡村振兴战略紧密结合，以政府帮扶资金、涉农资金等财政资源为引导，大力引入社会资本参与乡村振兴战略。现行 PPP 帮扶模式多汇集开发式帮扶、参与式帮扶，政府部门可将财政帮扶资金或涉农资金投入帮扶项目，并引入企业或当地农户作为社会资本方，参与项目建设或经营，共享利润，共担风险。另一方面构建基于“产权链＋供应链”的产业帮扶共享经济综合平台。现行产业帮扶模式中农户与政府、企业之间的经济关系主要以帮扶责任为纽带，存在产权关系弱化、帮扶期限存在“保鲜期”（期限一过农户立即返贫）等现象，归根结底是农户与帮扶方之间没有建立产权关系。农户主要获得帮扶资金、物资或农产品销售收入，没有形成稳定的财产性收入来源。因此需要立足于利益共享和诚信经营理念，在剖析三权分置改革后农村土地权能变迁基础上，强化现有“企业＋基地＋农户”股份合作模式的产权纽带，构建“企业＋政府＋电商平台＋农户”的股权分享模式和多维“爱心股权”模式。政府、贫困农户、企业、电商平台可分别以帮扶项目资金、涉农资金、自有资金、土地、房产、农产品期权、人力资本、技术等方式入股，形成长效利益联结和共享机制。并建立以产权链为基础的农产品供应链系统，对电商企业和农户的利益实施捆绑式经营，进而打通产权链和供应链两条渠道。同时通过发展农村共享金融与财务服务，持续性增加农户的财产性收入，使其向中产群体迈进，扩展我国财富湿地范围。

本章参考文献

[1] Hejnowicz A P, Kennedy H, Huxham M Retal. Harnessing the climate mitigation, conservation and poverty alleviation potential of sea grasses: prospects for developing blue carbon initiatives and payment for ecosystem service programmers [J]. Frontiers in Marine Science, 2015 (2): 32.

[2] 洪银兴，许光伟．马克思的财富创造理论及其现实意义［J］．经济理论与经济管理，2009（8）：5－11．

[3] 侯为民．城镇化进程中农民工的多维贫困问题分析［J］．河北经贸大学学报，2015（3）：99－105．

[4] 郑双柳．我国农民贫困原因浅析［J］．农业经济问题，2016（31）：24．

[5] 赵艳霞，张宇艳．农村女性隐性贫困问题研究［J］．农村经济与科技，2018（20）：186－188．

[6] 伍中信，龙海明．试析财权与产权［J］．财会月刊，1999（3）：22．

[7] 张艳纯，伍中信．基于财权的国有经济财务理论体系构建研究［J］．学术论坛，2010（5）：116－120．

[8] Shen, M., Shen J. Evaluating the cooperative and family farm programs in China: A rural governance perspective [J]. Land Use Policy, 2018 (79): 240－250.

[9] Gong T (Charles), Battese, G. E., Villano, R. A. Family Farms Plus Cooperat－ives in China: Technical Efficiency in Crop Production [J]. Journal Asian Economics, 2019: 1－29.

[10] Arsenio, William F. Willems, Chris. Adolescents' Conceptions of National Wealth Distribution: Connections With Perceived Societal Fairness and Academic Plans [J]. Developmental Psychology, 2017, 53 (3): 463－474.

[11] 马晓河，方松海，赵苹．脱贫减贫政策效果的评价与思考——基于河南A贫困县和陕西B非贫困县的观察［J］．宏观经济研究，2019（7）：5－13，97．

[12] 王立平，王翠萍．中国城乡收入差距影响因素分析——基于EBA模型的实证研究［J］．世界农业，2018（5）：110－116．

[13] 李松龄．农村土地“三权分置”改革的理论依据和现实意义［J］．湖南社会科学，2018（1）：92－100．

[14] 伍中信，彭屹松．提高居民财产性收入的对策研究［J］．统计与决策，2010（12）：128－131．

[15] 彭屹松，伍中信．财产权利视角下居民财产性收入的提高［J］．求实，2010（6）：49－53．

[16] 郭晓鸣，张克俊，虞洪，高杰，周小娟，苏艺．实施乡村振兴战略的系统认识与道路选择［J］．农村经济，2018（1）：11－20．

［17］周振，涂圣伟．工商资本参与乡村振兴调查［J］．改革内参，2019（12）：31－34.

［18］伍中信，祝子丽，汪水澜．探析股权合作模式财产性收入扶贫绩效［N］．中国会计报，2019－07－19（7）.

第四章　产权中国进程中的会计与财务使命

一、"共享发展"与"共同富裕"的会计使命

十八届五中全会公报指出："坚持共享发展，必须坚持发展为了人民、发展依靠人民，发展成果由人民共享，作出更有效的制度安排……实现全体人民共同迈入小康社会。"在发展问题上，不仅要解决如何看待发展的问题，更要解决好发展为了谁，发展依靠谁，由谁来分享发展成果的问题。共享发展的理念是基于解决发展的机会、发展的过程、发展的成果怎样实现全民共享，要求我们坚持以人为本、以民为本。完善收入分配制度，使收入分配更加合理、更加有序。收入分配是民生之源，是改善民生、实现发展成果由人民共享最重要最直接的方式。共享是新发展理念的着眼点和归宿，不仅关系到每个人的利益，同时还关系到社会主义道路与共产主义信仰等根本问题。共享不是走回头路，"吃大锅饭"，而是纠正较长时间来的分配失衡。

党的十八大以来，党中央把逐步实现全体人民共同富裕摆在更加重要的位置上。习近平总书记多次强调，要坚定不移走共同富裕的道路。习近平总书记在主持召开中央财经委员会第十次会议时强调，共同富裕是社会主义的本质要求，是中国式现代化的重要特征，要坚持以人民为中心的发展思想，在高质量发展中促进共同富裕。党的十九届五中全会明确提出，到 2035 年，全体人民共同富裕要取得更为明显的实质性进展。2021 年 3 月，全国人大将"全体人民共同富裕迈出坚实步伐"列入"十四五"时期经济社会发展主要目标。习近平总书记在庆祝中国共产党成立 100 周年大会上庄严宣告我国已经全面建成了小康社会，接下来必须进一步推动人的全面发展、全体人民共同富裕取得更为明显的实质性进展。

共享发展与共同富裕，二者具有同一性，又有着不同的内涵。共享发展是一个"发展理念"，一个奋斗过程；共同富裕是结果，是共享发展的

奋斗目标，即实现共同富裕就是共享发展的成果。会计学作为体现产权意志和维护经济“公平正义”的使者，在“共享发展”和“共同富裕”的奋斗道路中肩负义不容辞的责任。

（一）坚持人本理念，改革和调整国家的宏观与微观收入分配机制是共享发展的前提

以人为本是中国共产党坚持全心全意为人民服务的根本宗旨的体现。前些年我国经济快速运行，GDP 高速增长，而居民收入并没有同步增长，导致“国富民穷”。这种发展“见物不见人”，它忽视了人民群众的需要和利益，是一种“以物为本”的思想，与人本理念有一定的差距。

共享发展要求深化收入分配制度改革，应进一步明确“初次分配和再分配都要处理好效率和公平的关系，再分配更加注重公平”这样的公平与效率之间关系。

首先，用“藏富于民”理念取代“国富民穷”。一方面，政府可以利用税收杠杆平衡居民收入分配的不均衡现象，增加大部分居民的可支配收入；另一方面，国家也可以通过“劫富济贫”的税收方式，利用政府的转移支付功能，提高贫困人口的转移性收入比重，从而达到促进贫困居民收入增长的目的，实现藏富于“全”民，藏富于“平”民。其次，共享发展应努力以居民收入与 GDP 同步增长、报酬增长和生产率提高同步增长为目标，通过建立居民收入增长、居民收入结构与基本控制线的“不协调”预警点，动态监控居民收入与分配的主要指标，保持居民收入与 GDP 同步增长，实现居民收入与国民经济相互促进的良性循环，并进而提高居民收入在国民收入分配中的比重。

（二）产权规则有利于确保企业收益分配公平合理，“产权会计”与“产权财务”观必将深入人心

判断公平分配与否的基本标准是分配制度是否公正合理、产权是否得到平等保护以及机会是否均等，而不是单纯的结果公平。现代企业是物质资本所有者、人力资本所有者与社会资本所有者通过缔约形成的合作收益大于合作成本的产权契约联结体，三者共同创造了企业价值，都应获得相应的收益或组织租金。过分地强调某一种生产要素所有者的地位和利益，不利于调动企业其他生产要素所有者的积极性，导致收益分配不公甚至引发社会动荡，最终损害企业和社会整体利益。企业收入分配制度应充分考虑和平衡各种资本所有者的产权利益，关注效率与公平的动态均衡。产权

范式的企业收益分配不仅能提升企业生产要素配置和使用效率，而且有利于确保收益分配公正合理、产权平等保护和机会均等。为此，我们认为：

第一，有必要进一步提高劳动报酬在实效分配中的比重，关注人力资本产权分配，逐步提升人力资源在单位中的分配比例。国家提倡“大众创业、万众创新”，实质上就是鼓励人力资源资本化、产权化。如“众筹”理念就符合该理念，要求大众创业当老板（股东）、创新技术入股等。另外，科研人员作为践行新发展理念的中坚力量，提高其劳务收入（脑力劳动）在经费支出中的比重也迫在眉睫，建议明确固定资产在总经费中的绝对数额并纳入正常招标采购，其他研究经费可把劳务费标准从现行不低于20%提高到50%甚至更高。为激励成果转化，应提高科研人员成果转化收益比例，同时，还可以鼓励各类企业通过股权、期权、分红等激励方式，让科研人员共享创新成果。

第二，通过产权范式的革新，企业治理模式已经从传统的股东至上的单边治理走向利益相关者共同治理。随之，企业的利润表也将发生变革。传统的“收入－费用（不含工资、利息和税收）－工资－利息－税收＝利润”是一种典型的以股东为中心的利润模式，即除了大家的必要支出就是股东的剩余。引入产权范式后的利润模式将修改为“收入－费用（不含工资、利息和税收）＝工资＋利息＋税收＋利润”，体现了企业创造的财富如何在利益相关者之间（人力资本、债权资本和社会资本等）合理分配的共同治理理念。

随着互联网经济发展，共享经济得以全面普及，一种以“相互间分享蛋糕”的“企业间治理”得以出现，区块链治理、企业集群治理等概念相继呈现。企业治理面临着走向“企业间治理”、共同治理面临着走向共享治理的发展变革。这些均需要会计、尤其是产权会计思想随之跟进和推进。

第三，人力资源会计必将更加得到重视。共享发展突出“以人为本”，人力资源会计作为对人的成本和价值进行计量和报告的学科必将发挥重要作用，人力资源会计与前述的“绿色发展”所涉及的绿色会计一样，均是“产权会计”需要研究的重要方向和重大难题。目前，我国人力资源管理工作已经具备完善的法律制度，也有少量的法规和准则对人力资源的会计工作进行了界定，但由于人力资源的确认和计量存在技术上的障碍，以及有关人力资源会计的政策制度和理论体系尚不完善，人力资源会计仍只处于初步发展阶段。如何将人力资源资本化、股权化，实现人力资源的效用最大化，人力资源会计势在必行。

（三）农村居民财产性收入增加是共享发展和最终实现共同富裕的关键

党的十八大报告指出，要千方百计增加农民收入，共享发展、实现共同富裕的难点和关键也在于增加农民收入，让农村居民共享改革成果，而增加农民收入的核心则在于增加其财产性收入（也即产权性收入）。从居民的财产结构来看，目前我国居民拥有的实物财产以自有住房为主，金融资产则主要是储蓄存款，我国居民财产性收入普遍偏低且增速缓慢，特别是农村居民基本依靠存款获取财产性收入。进一步地，从财产的分布来看，城镇居民比农村居民、高收入者比低收入者拥有更多的财产，从而获得了较高的财产性收入，还有部分人因财产匮乏而无法获取任何财产性收入。一方面，可以通过制度设计保障农民对集体财产的收益权，创造条件让更多农民获得财产性收入。创新土地流转方式，支持农民获得土地、住房等财产性收入，保障农民也公平享有土地增值收益。另一方面，加快金融体制改革，加速和规范资本市场建设，积极引导储蓄分流，创新金融产品，设计出更多符合中国国情、品种多样的理财工具，降低投资门槛，向农村地区延伸，让包括广大农村居民在内的更多的低收入阶层也能通过财产转化享受到财产性收入。

二、产权中国进程回眸

产权是社会秩序、社会道德、社会信任与创新的基础（伍中信、张荣武、曹越，2018）。党的十八届三中全会对全面深化改革作出了重要部署，以经济体制改革为核心，紧紧围绕经济、政治、文化、社会、生态文明、党建等六大改革主线进行。改革，就是利益的调整，全面深化改革的基本途径和本质要求即为产权制度改革。不管是市场与政府关系的处理，抑或现代法律制度建设，甚至国家治理体系构建，都脱离不了“产权”的逻辑框架。只有厘清不同产权主体之间的利益关系，合理界定不同属性的产权边界，维护正当财产权利，才能在打破既有利益格局的改革浪潮中坚定社会主义制度方向，创建和谐环境，保障居民合法权利。

我国产权制度改革经历了由农村到城市再到农村、由维护公有产权到明确保护私有产权再到混合所有制改革的长期演进历程。解放前夕，中国共产党看到了农村“土地”极不平等的产权环境，走上了“农村包围城市”的道路。1931 年，党中央提出“将封建地主土地所有制改变为农民的土地所有制”，抗战时期在革命根据地实行“地主减租减息、农民交租交息”的政策。建国前后，1947 年和 1950 年中央颁布的《中国土地法大纲》和《中华人民共和国土地改革法》均要求“废除封建剥削的土地制度，按农村人口平均分配土地”。政治斗争与军事斗争的背后仍然是各方利益格局的“争夺”，党中央依据国情，适时、动态地调整了保护农民利益的土地改革政策，争取了在当时算是绝大多数的“民心”。在这一系列的“革命”中，追求“产权平等”和“保护弱势产权主体利益”的思想贯穿始终。

解放后，按照马克思设计的社会主义思想，以及苏联社会主义的经验，我国推行了“一大二公”的经济政策，政治上实行“无产阶级专政”，主张财产公有、个人“无产权”，有利于社会公平。马克思看到资本主义私有制因市场交易“尔虞我诈”所带来的社会财富的巨大浪费，即科斯教授笔下的市场“交易费用”无穷大，希望组建新的“社会”——一个最大的组织，通过组织安排来减少这种“社会摩擦”，从而实现社会公平与效率。就当时而言，刚从战争中走出来的中华人民共和国“一穷二白”，亟须通过集聚“财力”来重整河山，抵制内忧外患，集中力量办大事，所以“没收”和“改组”资产阶级和其他有产阶级在所难免。从这一角度看，“一大二公”的历史意义巨大。

随着时代的发展，这种“大家都有，大家都没有”的公有制开始出现弊端，即在过分强调公平的前提下，必然会缺乏效率。按科斯教授的“企业性质”理论，企业和市场一样，都存在交易费用，如果将整个社会看成一个“企业”势必使交易费用大增，社会效率锐减。党中央及时看到了这个问题，并于 1978 年十一届三中全会提出了以“公有制为主体，非公有制为补充”的经济政策。1979 年，农村开始了“家庭联产承包责任制”，率先实施了“产权”改革；随后城市也开始了“两权分离”的承包制改革。

以十一届三中全会为标志，开启了我国产权改革的新征程，但这个仅限于“两权分离”的改革只触及了产权的“表面”，效果十分有限，过程依然十分漫长。直到 1992 年的春天，邓小平同志南巡考察并发表讲话，提出了著名的“社会主义市场经济”论断，确立了我国的市场经济体制的改革目标，提出了培育市场主体，也就是产权主体的根本任务。这一举动，真正触及了“产权”的根本。恰逢其时，1991 年科斯教授的产权经济学理论获得“诺贝尔经济学奖”，这一理论对改革“过渡”中的中国极具指导意义，产权理论也由此风靡全国经济学界，有“言必称科斯”之谓。产权分析法的兴起和引入与我国市场经济体制改革进程不谋而合，随着改革的日益深入，以“产权明晰、权责明确”为核心的现代企业制度如雨后春笋般在我国迅速繁衍发展，为培育社会主义市场经济主体（产权主体）开启了新的征程。同时，为缓解农民的“权利贫困”难题，2018 年党中央启动宅基地“三权分置”改革试点，实现土地承包权和经营权的二次分离，放活了农民经营权的抵押、担保等权能，增加了农民土地收益。

新时期我国产权制度改革将继续围绕提高产权的可分离性和流动性而展开。随着“公有产权 + 明晰的私有产权”保护机制的逐渐完善，一方面，混合所有制形式将进一步发展，社会股权与国有股共享产权，公司整体层面形成多元、清晰的产权结构，项目层面的 PPP 模式也将进一步实现产权明晰化；另一方面，共有产权房等共有私有产权方式将持续推进，实现市场化的成果权利共享，提升资源配置效率。

三、产权会计因时而生

自新中国成立以来，我国的会计长期服务于“无产”状态的经济社会，无论是 1956 年取消“注册会计师”，还是文化大革命时期倡导的“无账会计”，都是“公有”和“无产”的“结晶”。因为既然是“公有制”，就无须“中介机构”来鉴证；既然是“公有”，就不需要核算单位与单位、单位与个人的产权边界。

我国真正意义上的产权改革从 1992 年开始。基于产权的动因，一种将产权和会计相结合的研究思想开始在会计理论界兴起，该理论来源于现代企业制度的建设实践，又服务和指导我国产权经济改革的推进，产权改革与会计改革相互促进、相得益彰，共同催生了具有产权与会计理论体系的中国产权会计学派。

会计和审计都是产权结构变化的产物（Watts 和 Zimmerman，1983），产权理论的核心在于如何通过产权降低交易费用，而会计的核心在于计量，其在界定和保护产权方面具有天然优势，这就决定了其适用于解决交易费用配比的难题。会计对产权的贡献是与生俱来的，会计始终是产权的忠实随从，会计的产生、变更与发展的根本使命是：体现产权结构，反映产权关系，维护产权意志（伍中信，1998）。产权会计学自诞生以来，两者间的交流互动研究硕果累累，涵盖了会计目标、会计核算、会计权益、会计准则、会计信息等各个方面，其中伍中信的《产权与会计》（1998）、

《现代财务经济导论——产权、信息与社会资本分析》（1999）及《现代企业财务治理结构论》（2001），田昆儒的《企业产权会计论》（2000），郭道扬的《论产权会计观与产权会计变革》（2004），曹越的《产权的会计分析》（2014）、《产权、制度与会计变迁》（2016）、《改革开放四十年的产权结构与会计变迁》（2018）等产权与会计理论不再是简单的对产权经济学理论的介绍和模仿，已经开展了自己的思考和研究并形成了相关体系。从20世纪末开始，中国的会计学产权学派初步形成，并紧随中国产权改革进程快速发展。

（一）产权会计学基本理论思想

中国的产权会计学理论以会计理论为主要立足点，从产权角度剖析了会计的本质、目标、职能、假设和原则等会计基础理论，诠释了会计制度变迁的产权动因。

1. 会计的本质：受托责任

本质是该事物区别其他事物的内在的质的规定性。长期以来，会计学界存在着将会计的本质与定义混淆的现象，“经济管理论”或者“信息系统论”都是回答的会计定义中的“外延”部分，而定义中的“内涵”即本质部分一直没有人研究。伍中信教授（1996）从产权的角度认定：会计产生、发展与变化的内在原因在于“受托责任”（Accountability），会计的本质是“受托责任”，而受托责任的主体便是企业外界的产权主体。会计（Accounting）与受托责任（Accountability）的与生俱来的渊源还在于其英文字母的词根同源，这是很值得耐人寻味的。

2. 会计的目标：内部化外部性

关于会计目标的表述，学术界主要秉持两种观点，即受托责任观与决策有用观。两种观点一直争论不休。2006年，“决策有用观”明确写进我国新会计准则，会计准则的变革也导致会计目标由“受托责任观”向“决策有用观”进行转变（张先治，2014）。其实，会计本质才是决定会计目标的主导因素，会计本质回答会计“是什么”的问题，会计目标则回答会计“做什么”的问题。既然会计的本质是“受托责任”，那么会计的目标就应当是认定和解除这种“受托责任”，即“内部化外部性”，也就是界定和保护产权的过程（曹越、伍中信、赵西卜，2011）。“决策有用观”只不过是“受托责任观”在一定时期适应受托者需求的表现形式而已（伍中信，1996）。

3. 会计的职能：界定和保护产权

如前所述，会计的目标回答“做什么”的问题，而会计的职能由会计目标所决定，会计职能实质上回答的是如何内部化外部性的问题（伍中信等，1994；曹越等，2011）。鉴于实现会计职能必须以会计对象为客体，因而，现代会计内部化外部性的途径有：一是界定产权，二是保护产权。其中，界定产权的过程体现在会计核算过程，保护产权的过程则蕴含在会计监督的过程中。会计核算的过程就是会计通过确认、计量、记录和报告，全面、系统、及时、准确地反映会计主体发生的交易和事项。核算是监督的基础，没有核算职能提供的信息，监督就没有客观依据；而监督又是核算的保障，没有监督，会计就不可能提供真实可靠的会计信息，核算职能也就无法顺利实现。会计监督就是在会计核算的过程中监督经济活动是否按照有关法规和计划进行。由此可以看出，会计核算职能在于认定产权关系，反映产权结构的变化，而会计的监督职能则是对会计核算内容的审核和认定，以确保会计主体的产权关系按既定原则进行界定、其产权结构不会遭到破坏以及各产权主体的利益不被侵占，因而会计监督具有保护产权的功能。正是如此，会计的职能实质上是界定和保护产权。

4. 会计假设与产权明晰

会计假设是完成会计目标的基本前提，会计假设的产生，在一定程度上是为界定和保护产权而服务的（伍中信等，1994）。（1）会计主体与产权主体耦合：会计核算的空间范围即为会计主体，其实就是给出了不同会计主体的产权界区。在现代市场经济体制下，市场交换实质上是资本产权的交换，现代企业的产权关系愈发复杂，会计主体的范围和结构也随之发生了质的变化，产权中所有权和经营权的分离是导致企业会计主体与产权主体的内部结构相耦合；（2）持续经营是维持企业产权关系的基础：持续经营假设要求会计持续进行会计核算，以免出现产权模糊现象，即使企业破产清算，也应当对企业资产的清算价格进行合理的评估，以确保各产权主体的利益；（3）会计分期是界定和保护产权的条件：各会计期间的产权结构存在变动的可能，会计分期能在产权结构变动时及时核算各产权主体的权益，避免各产权主体收益分配混乱；（4）货币计量是界定产权的方式：货币计量涵盖了币种的唯一性和币值的不变性这两层意思，货币计量假设是明晰产权关系的手段，各产权主体的利益总量会随着市场波动而发生变化，若不假设市场稳定，则各产权主体的利益也难以得到确定和保护。

5. 会计原则与产权保护

会计原则产生于20世纪30年代经济大危机时期，那时，美国企业提交的会计报表极不真实，不同企业、行业和会计期间缺乏统一和可比较的会计资料，投资者无法作出正确的投资决策。当时的证券市场处于混乱状态，给投资者和债权人造成了巨大损失。因此，一方面，各产权主体（特别是投资者和债权人）都要求保护其合法权益；另一方面，多元分散的产权主体的组织成本（如协调和谈判的成本）远大于单一产权主体的损失。在这种背景下，产权主体的利益要求转向了有组织的制度，这就需要相关部门制定一套可由各产权主体所接受的会计方法和标准。会计业务的处理应以会计原则为指导，这种指导具有权威性，在很大程度上有利于对产权的保护。因此，保护各产权主体的利益是会计原则产生的直接原因，各项会计原则也是为界定和保护产权服务的。

（二）中国会计制度变迁的"新制度经济学"

1992年的经济体制改革既是基本的制度结构的变革，也是各具体制度安排的革新，其中就包括会计制度的变革。经济体制改革过程中出现了一些传统会计学理论无法解释的会计问题，身处改革发展大潮中的中国会计学者们便开始从产权经济学中汲取营养，进而指导中国会计制度变迁的实践，形成中国的过渡会计学（伍中信，1997）。

为推动我国经济与国际市场接轨，我国在改革开放之后致力于加入世界贸易组织（WTO）。其中最大的障碍就是缺乏和国际市场接轨的"商业语言"，而会计作为全球通用商业语言，其市场功能不言而喻。为适应这一形势的变化，我国的会计制度也面临着全面的变迁。1992年，财政部组织部分专家、参照国际惯例，匆匆拟就并颁布了《企业会计准则——基本准则》和《企业财务通则》。这一新会计制度的出台实施，因缺少私有产权土壤的培育，与国内以公有产权为主体的经济体制存在明显的水土不服问题。会计准则作为一种制度安排，其制定过程应当是一个由多方利益代表参与的博弈过程（王建新，2001），会计准则变革过程中理应得到来自新制度经济学理论的指导，而交易费用是新制度经济学的一个基本概念，它可以用来解释和论证经济学中的很多现实问题，如经济体制的选择与变迁问题。作为经济制度和会计制度中较为重要的会计准则，其制定模式的选择理应遵循交易费用最低原则（伍中信、张书邦，1997）。按此理论，会计准则制定模式可以分为"市场模式""政府模式""政府+市场模式"和"市场+政府模式"等，纯市场模式或者纯政府模式不是合理的会计准则制定模式，而合理的模式应该是从各自国情出发通过政府与市场二者权力结构相结合，而且会计准则的制定不可能一蹴而就，需要多次“博弈”才能达到均衡状态（伍中信，1998）。这一系列的理论论断为以后的制度建设提供了来自新制度经济学的强有力的理论支撑。

四、经济体制改革进程中的产权财务学

（一）围绕培育社会主义市场经济主体——“企业”，开展相匹配的现代企业财务理论体系创新研究

“所谓市场主体，就是进入市场的商品的所有者，市场交换是市场主体之间所有权的交换”（吴敬琏，1993）。市场主体系指具有独立的产权，享有自主从事市场活动的权利并承担相应责任，具有自身经济利益并努力使其最大化的自然人或法人（伍中信，1999）。由此可见，政府不能成为市场主体，而企业（或其他经济组织）和家庭则有可能成为市场主体。伍中信（1999）认为，产权独立是市场主体确立的财产基础，企业作为市场主体的重要组成部分，其市场主体地位是由企业产权独立所决定的，企业的产权独立具体表现为企业有能力决定自身财务，财权独立。只有这样，企业才能真正成为产权主体，成为市场主体，从而推动我国整体市场经济的发展繁荣。

20 世纪 90 年代中后期以来，一批具有良好制度经济学背景的财务学者，结合中国产权改革的特殊制度背景，利用产权理论探索和研究现代财务理论，研究成果丰硕。汤谷良（1994）率先将产权经济学引入财务学领域，认为财务研究的视角应该从“价值”和“权力”这两个层面进行。从那以后，中国的会计学者便开始从产权的角度系统地探索财务研究的逻辑起点、财务本质、财务目标和财务职能的基本理论：刘贵生（1995）提出财务分配权角度的财务分配论；干胜道（1995）在国家财务理论的基础上提出了所有者的财务论；汤谷良（1997）、谢志华（1997）和王斌（1998）将企业产权机制引入财务理论，提出了“财务分层”理论；伍中信（1998，2001）在财务本金投入和收益分配理论的基础上，从“价值”与“权力”相结合的视角，提出了“财权流”理论和财务治理结构理论；李心合（2003）基于新制度主义和利益相关者产权理论，提出了利益相关者财务论；衣龙新（2002）全面运用产权与公司治理理论，提出了财权配

置的总体框架；何日进、曹越、黄灿（2007）基于产权理论和不完全契约理论，确定了“通用财权”和“剩余财权”，提出了财务动态治理理论；张荣武（2009，2013）以剩余的财权配置为核心，提出了财务治理效率理论。基于现代企业产权理论、制度变迁理论、交易成本理论、契约理论和法学、经济学理论，产权财务学已经跳出传统财务就财务论财务的范畴，过渡到了“价值”和“权力”融合的层面，并由此产生了极具中国特色的财权理论和财务治理理论。

1. 产权与财权的关系

产权理论的本质是研究如何界定和安排产权以降低交易成本、提高经济效率，从而优化资源配置。财权与产权之间关系密切，产权、交易成本、契约与价值的融合促进了产权财务理念的萌芽和发展，财务发展史就是产权价值管理和控制的历史。产权从财产的实物形态和价值形态两个方面管理财产，占有权、使用权、处置权是实物形态的产权管理，而财务权力就是从价值形态对资金（本金）的配置，如收益权、分配权、投融资决策权、定价权等。由于财务管理和产权管理在职能和目标方面的差异，财权具有与产权不同的其他内容（如财务预测和财务分析），产权也有着与财权不同的独立权利（如资产使用权）（伍中信，2000）。简而言之，财权和产权是两个相似的经济学概念，在产权财务学中，财权是产权最核心的权能。

2. 财务本质理论的产权意义

财权既是现代财务区别于传统财务的根本标志，也是企业是否真正开展财务活动的标准，是否具有独立产权和独立财权是现代企业区别传统企业的根本标志（伍中信，2000）。产权财务学的代表观点认为，现代企业财务本质上表现为一种“财力＋相应的权力”即“财权”的运动。这里的“财力”表现为一种价值，是企业的财务资金或本金。而相应的权力便是支配这一财力的所具有的权能。与财力相伴随的“权力”的流动过程，实质上就是处理权力双方财务关系的过程。“财权流”的本质表述是在吸取了“资金运动论”“本金运动论”等“价值流”的优点并考虑到现代企业制度的产权思想下得出来的。

3. 财务主体确立的产权基础

关于财务主体理论，郭复初（1986）首次提出国家财务的概念，认为国家财务是国家本金投入与取得收益的经济活动及其形成的经济关系，其目标是以较少的国有资产占有获取最大的经济效益。刘贵生（1995）从财务分配权的归属出发来讨论财务主体问题，认为独资企业、合伙企业的产权与企业资产所有权合一，其财务主体是一元性的。干胜道（1996）则认为，在两权分离的现代企业中，所有者与经营者都是独立的财务主体。汤谷良（1997）认为，法人财产权概念的提出使原来集所有者、经营者、财务经理于一身的财务管理机制发展成为以所有者、经营者、财务经理分工协作为特点的财务管理机制。伍中信、周爱香（2001）认为，产权独立是市场主体确立的财产基础。无论是企业、家庭或是其他经济组织，要想真正成为市场主体，都必须首先具备“产权独立”这一根本条件。财务主体必须以市场主体（产权主体）的确立为基本前提（伍中信、周爱香，2001）。财务主体的确立必须满足市场主体的一般特征，与市场主体的确立条件一样，财权独立是财务主体成立的基本条件和主导因素。因此，构建社会主义市场经济的市场主体，与构建真正的财务主体的意义别无二致，关键都在于产权或财权的独立。

我国传统的国有企业作为独立的核算单位由于缺乏财权，只能称为会计主体，而不是真正的“财务主体”。会计主体与财务主体的确立的目的和侧重点也有所不同，会计主体的确立在于规定一个核算的空间范围，侧重于确立一个产权明晰的界区，而财务主体的确立，主要是为了突出经济实体内在所拥有的某些产权权能，与前者有点分别侧重于产权内在和外表的分工关系。

4. 企业财务目标形成的产权动因

企业财务目标应当与企业目标一致。现代企业的“法人治理结构”中，企业经理人员与财务会计人员处于代理关系中的“内部”层次，禁止涉及财产权关系，这就企业财务目标服从企业目标（伍中信，2000）。我国进行市场经济体制改革的目的便在于让企业拥有独立的产权或财权，企业的财务目标或企业目标才是单一的、明确的，而如果企业没有独立产权或财权，其企业目标和财务目标必将呈现多元性、分散性和模糊性的特征。随着企业在市场的主体地位的确立，企业取得了独立的产权和财权，企业财务主体与财务目标也必将保持一元性的本来面目。

5. 资源配置：现代财务与产权共同的核心功能

资源配置是产权的核心功能，市场、企业和政府均有其在资源配置功能上的最优边界，这一最优边界就是交易费用最低化。从动态上看，市场、政府和企业之间的交易费用会因配置方式的不同而发生改变。因此，经济运转和资源配置过程，就是一个随着交易费用最低而不断重构权利的过程，科斯定理的精髓就在于此（伍中信，2009）。现代财务在企业、政府和市场的资源配置中的作用举足轻重，现代财务与产权在资源配置功能方面存在天然血缘关系，市场资源配置功能具体表现为财务资源配置功能，其作用无可取代，离开资源配置来谈财务是没有意义的。

（二）围绕现代企业制度下的“公司治理结构”，开展相匹配的“财务治理结构”研究

1. 财务治理理论

关于财务治理的内涵，产权财务学者们从不同视角进行了界定。杨淑娥（2002）认为，公司财务治理是提高公司治理效率的一系列动态制度安排，具体表现为财权在利益相关者之间的不同配置而引起的利益相关者在财务体制中的地位的调整，公司财务治理是契约不断协调与冲突，而又不断耦合和修正的过程。伍中信（2004）秉持财权配置论，认为财务治理是有关企业财权如何划分，其划分应当遵循何种原则的问题，并阐明财务治理是公司治理的核心，财务治理结构是公司治理结构的核心。张荣武（2007）认为，财务治理是指在股东主导的利益相关者共同治理与相机治理的基础上，通过合理的财权配置，形成良好的财务治理结构、治理机制与治理环境，并提出财务治理的根本目标是实现财务治理效率最大化。

2. 财务治理结构理论

财务治理结构是公司治理结构的核心（伍中信，1998）。冯巧根（2000）认为财务治理结构是通过具体的财务治理方式来合理分配剩余索取权和控制权，以形成科学的自我约束机制和相互制衡机制。伍中信（2001）认为财务治理结构是以财权为纽带，逐步确立出资人、董事会、经理人和企业财务人员财权流动和分割中所处的地位和作用，分别体现各主体在财权上相互约束、相互制衡的关系。李心合（2001）认为公司的财务治理权是公司法人财产权的核心，法人的财务管理权是法人财产权的主要内容，财务治理权力配置的合理性是决定财务资源配置效率的主要因素。黄菊波等（2003）认为财务治理结构是公司治理结构的子系统，依赖于公司治理结构的基本性质，是公司财务决策权、财务执行权和财务监督权的划分与分配。衣龙新（2005）也秉持剩余财权理论，认为财务治理是指以财务资本结构和其他制度为基础的公司财务权力的分配和安排，以及一系列系统、机制与行为的设计和规范。

现代财务治理结构理论是关于财权配置的理论，它是一个基于新制度经济学的理论体系，而“产权”是新制度经济学的核心概念和逻辑起点，现代财务治理结构理论以新制度经济学为基础，按这一逻辑推理下去，现

代财务治理结构理论的核心概念应该是产权中具有财务属性的那一部分权能——财权。事实上，整个现代财务治理结构理论体系的研究也恰是围绕着“财权”这一核心概念逐步展开的，在这一基础上，以实现财权合理配置为导向的财务治理理论已成为我国财务理论界的共识。财务治理相关范畴关系如图 4-1 所示。

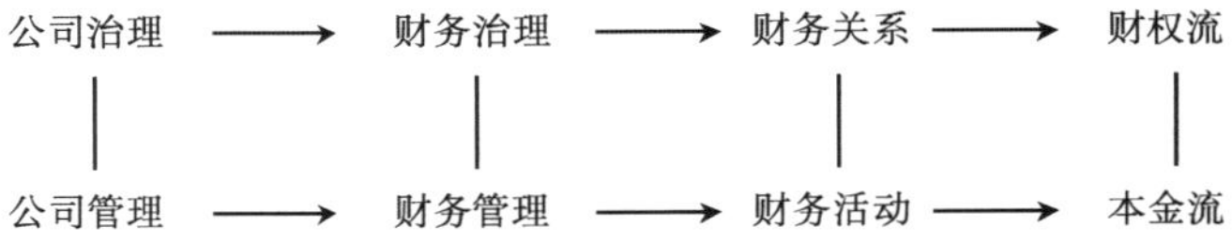

图 4-1　财务治理相关范畴关系图

3. 财务治理效率理论

公司财务治理“是指通过财权在利益相关者之间的不同配置，从而调整利益相关者在财务体制中的地位作用，提高公司治理效率的一系列动态制度安排”（杨淑娥，2002）。姚晓民等（2003）认为，公司各种利益相关者之间的财务信息不对称引起包括内部利益相关者和外部利益相关者之间以及内部利益相关者之间的矛盾，它们都在一定程度上影响了公司财务治理效率。因此，外部相关者（尤其是债权人）利益的保护成为提高公司财务治理效率的关键。张荣武（2007）认为财务治理是公司治理的核心，财务治理效率最大化的核心是剩余财务索取权与剩余财务控制权对应，即剩余财权配置效率最大化；财务治理效率最大化的基本衡量标准是财务治理收益与财务治理成本对比。

（三）围绕培育社会主义市场经济主体——“家庭”，开展居民财产性收入增加与保障的财务运作创新研究

从 1992 年社会主义市场经济确立开始，经过十多年的发展，我国企业作为“市场主体”的地位已经逐步确立，国家开始关注“家庭”作为市场主体的作用。2004 年，十届全国人大二次会议将“公民的合法私有财产不受侵犯”写进了宪法，2007 年，十届全国人大五次会议通过了《物权法》，同年党的十七大报告首次提出要“创造条件让更多群众拥有财产性收入”，2012 年党的十八大报告继续提出“努力实现居民收入增长和经济发展同步、劳动报酬增长和劳动生产率提高同步”。2017 年，党的十九大报告继续提出拓宽居民财产性收入渠道，并密切关注居民财产性收入中的薄弱环节——农村居民财产性收入，明确“农民土地承包权再延长 30 年”。在党的十九大前后，党中央密集发布两个“一号文件”，推出关

于“农村流转地”和“宅基地”的两个“三权分置”，这一系列措施的出台，大大增强了城乡居民财产性收入的产权特性。

增加居民的财产，离不开对居民存量财产的界定和计量，产权界定是产权流转的前提，产权是否得到清晰界定，直接影响到居民产权流转的成本和收益。财务和会计理论的创新是政治经济举措能否顺利实施乃至最终取得成功的重要条件，对居民增量财产的实现程度作出恰当的产权界定与监督是会计的基本职能之一，有利于国家制定实施科学的宏观经济政策，有利于企业和家庭作出合理的微观财务决策。只有清晰界定和保护居民财产权并通过财务手段努力使其增加，才能真正体现普通群众的产权意志，从而实现和谐的财产权生态圈，达成有利于维护大众产权契约关系、增加居民财产收入的制度安排。

五、小结与展望

中国产权会计学与产权财务学的兴起和发展，首先是中国改革的需要，是对经济改革的回应，是我国传统会计理论的革新，同时也是经济改革能否顺利进行直至最终取得成功的要件。当时正处于从计划经济向市场经济的历史性制度变迁转型过程中的中国，如何减少改革过程中的冲突和摩擦，使改革成本最小化，都离不开对存量利益的调整变动以及增量利益的实现进行恰当的反映和分配，而会计学以其货币计量性、综合性、真实性等特征对社会资源的流动、分配和配置方向有着不可替代的优势。

我国改革开放的实践为我国的会计学者提供了丰富的经验素材，使他们能身临其境、近距离地观察改革过程中出现的新问题、新情况。在产权理论、过渡经济学理论这些专门研究从一种旧的制度安排到新的制度安排以及制度变迁过程中产权界定、产权明晰的重要性并且对我国的过渡问题有很强的解释力的前沿理论的指导下，产权会计学将产权经济学原理融入会计学，并以中国改革为剖析面，合理地确定会计改革的落脚点，协调改革中各平等产权主体的利益，实现合作博弈中的纳什均衡点，推动改革的进展，为改革铺平道路。

市场经济体制改革的关键在于培育市场主体，而企业或家庭才可以担任“市场主体”这一角色。企业要成为市场主体，本质上就是企业要成为产权主体，即对自身财产拥有产权，财权独立，产权财务学研究便因此产生。我国的产权财务学顺应我国企业产权结构调整，提出财务主体的确立需以产权主体的确立为基础，继而围绕经济体制改革中的“产权”核心，展开了“债转股”“国有股减持”“管理层持股”等问题的研究。围绕我国公司制的改革，产权财务学学者们着眼于公司财务治理结构，提出财务治理是公司治理的核心等论断。

从国家与居民的分配关系看，我国实现了从“一大二公”到逐步放开个人产权再到承认和尊重个人产权、从国富民穷到藏富于民的“产权变迁”路径，最终目的是“共享发展”和全面小康。这一“产权中国”的变迁历程符合中国国情的历史发展现状，每一个“节骨点”上的变动都体现了“以人民为中心”的思想。总体来看，我国的产权改革是“公有产权”向“共有产权”的转变，是“公有产权+明晰的居民产权”，其中“公有产权”彰显社会主义特色，“明晰的居民产权”体现市场经济特色，是中国共产党经过几十年的历程探索出来的具有中国特色的“产权路径”，是创新的“社会主义市场经济”。它完全不同于“私有化”，是大家都真正拥有产权的“共产”主义，真正体现了“共产”的理念，是发展的马克思主义，其方向完全正确。

近年来国家出台的有关“大众创业，万众创新”、众筹、PPP 等改革措施都是让民众分享到更多“股权”；两税合并以及提高个税起征点改革都是让权于地方、让利于民生的重要举措；“三权分置”等精准扶贫政策则有利于增加低收入阶层即农民的财产性收入。这一系列举措旨在发挥家庭市场主体的作用，拓宽市场主体范围，进而藏富于民，营造良好的财富湿地，构建国民财富生态圈，从而达成构建和谐社会的目标。

我国的产权改革之路，其实就是一条按科斯教授“企业理论”逐渐释放产权、让利于民、藏富于民的改革之路。我国的产权会计学的研究始终契合我国经济体制改革发展方向，从实践中来，又到实践中去，对我国经济体制改革尤其是会计制度变迁具有重要意义。因此，理清中国的产权会计理论发展脉络，探究其发展规律和发展方向是必要的。

会计理论与实务产生和发展的轨迹均与一定的产权关系相联系，并反映和保护当时的产权制度。中国会计的改革，也应以产权制度的现状与发展趋势相吻合，否则，其运行将是艰难而徒劳的。其理由如下：

1. 会计与产权有着深厚的历史渊源：会计的发展是反映性的，从历史上看，产权制度的发展推动着会计理论和实务的更替，而会计所揭示的内容又反映着同时代产权关系的现状。简单的产权关系只需要简单的会计核算，而多元化的产权关系则需要详细具体的会计制度。会计的起源过程充分证明：会计是维护产权权能（占有、使用、收益和处分）、实现产权利益和外部性内部化过程中的最基础、最重要和最具操作性的计量机制。外部性内部化的过程，既是产权的缘起过程，也是会计（思想和行为）产生和发展的过程。外部性内部化的“结果”产生了“产权”，而外部性内部化的“过程”则催生了“会计”。“产权”与“会计”的关系是“结果”与“过程”的关系。外部性内部化是产权与会计缘起的联结点。

2. 会计“受托责任”结构与产权结构的吻合：投资者（股东或债权人）的投资目标，决定了委托代理关系的存在，企业财务会计的首要目标，便是反映各产权主体委托责任和受托责任的履行情况，即各产权主体的权责利关系。现代会计不仅要反映由于所有权的权能分工与协作所产生的产权关系，而且还必须反映由于产品生产和商品交换过程中所产生的产权关系。会计的“受托责任”结构与纵、横两方面的产权结构是相吻合的。

3. 会计产生和发展的根本原因在于界定和保护产权：会计的职能在于体现产权意志，反映产权结构，其假设和目标也是为明晰和界定产权、保护产权服务的。

市场经济本质上是产权经济，进入市场化改革后的财务理论建设取得了真正长足的进展，学者们在自觉或不自觉地利用市场经济理论来完善和发展现代财务理论。我国财务治理理论研究充分借鉴西方公司财务治理理论，结合中国特色财务理论创新成果，提出了“财权”和“财务治理结构”等范畴，并剖析了其内涵，初步建立起财务治理理论体系框架，促进了财务治理理论的发展和实际应用。但是，国内关于财务治理理论的研究，很多未能脱离西方研究“公司治理”范式，未能突出财务治理与公司治理的区别，未能全面认识财务治理的具体性、动态性和可操作性。特别是对于财务治理的动态性问题，尽管以伍中信教授和杨淑娥教授为代表的学者已经初步认识到这个问题，但并未对其进行专门的深入研究。

家庭和居民在市场经济中的作用越来越重要，发挥家庭市场主体地位的关键在于增加居民财产性收入。我国自 2007 年以来开始重视发挥居民财产性收入的作用，产权会计学者们关注到了提升居民财产性收入的重要性并把重心落在农村居民财产性收入的研究上。如何紧跟国家“三权分置”改革新政，研究居民财产性收入的产权配置问题（如“爱心股权设计”），探索从转移性支付到公平性支付转变、碳汇权交易实现与会计核算跟进，如何把在城市推行的“财务共享”等成熟方案拓展到农村地区等问题，为“精准扶贫”施策，这势必会给财务与会计理论和机制创新带来宝贵的契机。

总体来说，中国的产权会计与财务研究与我国经济体制改革进程息息相关，极具中国“过渡会计学”特色，产权会计学从20世纪90年代开始兴起至今，经历了从产权、财权到民权的演进过程，形成了较为完善的理论体系，为我国社会主义市场经济建设和发展作出了诸多贡献，也正在肩负着新时代赋予的新的历史使命。

本章参考文献

[1] 伍中信，张荣武，曹越. 产权中国进程中的财务使命［M］. 北京：中国财政经济出版社，2018.

[2] 曹越，孙丽，伍中信，陈文瑞. 改革开放四十年的产权结构与会计变迁［J］. 会计研究，2018（10）：11-18.

[3] 曹越，孙丽. 产权保护导向的财务会计信任功能研究［J］. 财贸研究，2019，30（1）：87-98.

[4] 曹越，伍中信，赵西卜. 现代会计理论的产权基础［J］. 财经理论与实践，2011，32（5）：60-64.

[5] 曹越，伍中信. 财务动态治理结构论纲［J］. 财经理论与实践，2010，31（5）：52-56.

[6] 陈心宇. 试析“让更多群众拥有财产性收入”［J］. 理论导刊，2008（4）：59-60，63.

[7] 丁胜红，曾峻. 人本资本结构形成及其在公司治理中的应用［J］. 中南财经政法大学学报，2016（6）：85-91.

[8] 冯巧根. 会计控制的委托代理分析［J］. 会计研究，2000（11）：20-24.

[9] 干胜道. 所有者财务：一个全新的领域［J］. 会计研究，1995（6）：17-19.

[10] 葛家澍，高军. 论会计的对象、职能和目标［J］. 厦门大学学报（哲学社会科学版），2013（2）：30-37.

[11] 郭道扬. 论产权会计观与产权会计变革［J］. 会计研究，2004（2）：8-15，28-96.

[12] 郭强. 中国农村集体产权的形成、演变与发展展望［J］. 现代经济探讨，2014（4）：38-42.

[13] 何进日，曹越，黄灿. 最优财权配置论纲［J］. 会计研究，2007（10）：31-36，95.

[14] 黄菊波，杨小舟. 上市公司治理结构与财务治理相关问题的研

究［J］. 财政研究，2003（2）：14－19.
［15］姜雅勤，罗华伟. 农村集体产权制度改革中会计核算的作用与方法探讨［J］. 安徽农业科学，2019，7（6）：245－249.
［16］李心合. 利益相关者与公司财务控制［J］. 财经研究，2001（9）：57－64.
［17］李心合. 利益相关者财务论［J］. 会计研究，2003（10）：10－15.
［18］刘贵生. 论产权结构与财务主体［J］. 会计研究，1995（6）：20－21.
［19］汤谷良. 现代企业财务的产权思考［J］. 会计研究，1994（5）：6－10.
［20］汤谷良. 经营者财务论——兼论现代企业财务分层管理架构［J］. 会计研究，1997（5）：21－25.
［21］王斌. 论现代企业财务制度——兼论我国企业财务改革的目标取向［J］. 会计研究，1998（6）：28－32.
［22］王娟娟，万大娟，彭晓春等. 关于生态资产核算方法探讨［J］. 环境与可持续发展，2014，39（6）：14－18.
［23］伍中信，曹越，张荣武. 财务动态治理论纲［J］. 财经理论与实践，2007（2）：77－82.
［24］伍中信，彭清华，胡永远. 会计假设、会计原则与产权保护［J］. 四川会计，1994（10）：12－15.
［25］伍中信，肖美英. 信息、产权与博弈：会计监督的经济学［J］. 会计研究，1997（12）：15－18.
［26］伍中信，谢涛. 中国的过渡会计学：会计理论创新与发展［J］. 会计研究，1998（12）：7－10.
［27］伍中信，张荣武，贺正强. 现代财务理论体系：基于价值与权力的融合研究［J］. 财政研究，2006（11）：58－60.
［28］伍中信，周爱香. 试论股份公司财务主体的一元性［J］. 财会月刊，2001（24）：9－10.
［29］伍中信. 受托责任论——会计本质理论的重新确认（摘登）［J］. 会计研究，1996（11）：36.
［30］伍中信. 财权流：现代财务本质的恰当表述［J］. 财政研究，1998（2）：33－35.
［31］伍中信. 财务主体理论的经济学基础［J］. 财政研究，1999

(4)：51 –52.

［32］伍中信．现代财务理论的产权基础［J］．财政研究，2000（7）：52 –56，61.

［33］伍中信．现代公司财务治理理论的形成与发展［J］．会计研究，2005（10）：13 –18，96.

［34］伍中信，黄嘉怡．产权功能与会计使命［J］．财会月刊，2018（2）：3 –11.

［35］谢志华．出资者财务论［J］．会计研究，1997（5）：25 –30.

［36］杨淑娥，金帆．关于公司财务治理问题的思考［J］．会计研究，2002（12）：51 –55.

［37］姚晓民，何存花．公司财务治理效率：利益相关者的信息对称和利益制衡［J］．财贸经济，2003（24）：56 –58.

［38］衣龙新．论财务理论结构［J］．特区经济，2005（3）：247 –248.

［39］张荣武．财务治理效率论纲［J］．财经理论与实践，2009，30（4）：43 –47.

［40］张先治，傅荣，贾兴飞，晏超．会计准则变革对企业理念与行为影响的多视角分析［J］．会计研究，2014（6）：31 –39，96.

［41］曾康霖，范俏燕．论财产性收入与扩大内需［J］．经济学动态，2009（9）：44 –48.

［42］周晓蓉，杨博．城镇居民财产性收入不平等研究［J］．经济理论与经济管理，2012（8）：56 –64.

［43］Watts，R.，J. Zimmerman. Agency Problems，Auditing，and the Theory of the Firm：Some Evidence. The Journal of Law and Economics，1983，26（3）：613 –633.

［44］RichardT，Woodward，WuiY – S. Theeconomicvalueofwetlandser – vices：ameta – analysis. Eco – logical Economics，2001（37）37：257 –270.

第五章 百年中国产权制度变迁的“共产”共享之路

改到深处是产权，百年中国的经济社会发展历史，就是产权制度改革的历程。从孙中山先生“平均地权”的民权思想，到解放初期“一大二公”农村公社化运动的现实必然，到1978年改革开放时期两权分离承包制下的准产权改革，再到1992年社会主义市场经济实行后的系列产权制度改革，都体现了我国从收权到放权、从计划到市场、从“无产阶级”到尊重和增加居民财产权收入、从国富到民富的理念转变，体现了以人民为中心的民主思想，最后达到“共享发展”和全面小康的战略目的。

一、改革开放前的产权“初心”

（一）百年前的产权“初心”

有恒产才有恒心，产权安排是一个社会结构变迁和经济制度改革的基础。在中国漫长的封建社会形态中，呈现以地主所有产权形态为主、耕农和小商品生产者等小私有产权形态为辅的产权结构。底层农民长期处于社会弱势群体地位，缺少土地所有权。这种产权的缺失形成了社会生产力与生产关系之间的矛盾，致使社会效率长期处于低效状态，而近代民族危机的深化更是激化了这种社会矛盾，对平等自由权和民族自治权的呼唤成为焦点。1905年，革命先驱孙中山先生在东京成立中国同盟会，提出了“驱除鞑虏，恢复中华，创立民国，平均地权”的“三民主义”思想，将“平均地权”当作“民权”的核心内容，“当改良社会经济组织，核定天下地价。其现有之地价，仍属原主所有；其革命后社会改良进步之增价，则归于国家，为国民所共享。敢有垄断以制国民之生命者，与众弃之”，并在辛亥革命期间进一步确立了“天下为公”“世界大同”的社会理想，赋予劳动者以产权，实现土地产权关系的解放。这种平均地权和大同社会的思想体现了“均平”公正、民主治理、共享和谐的社会主张，是我国以“公有制”为基础的特色社会主义的终极目标和改革初心。随着新中国成立后我国一系列土地产权制度改革运动，这种产权初心和社会思想逐渐实现了由空想到科学、抽象到具体、均平到平等、民本到民主等历史性超越，成为中国特色社会主义道路前进的强大理论武器与改革动力。

（二）中共建党后的产权思路

在孙中山先生新三民主义“联俄、联共、扶助农工”倡议下，中国共产党坚决响应《共产党宣言》“全世界无产者联合起来!”的口号，明确了“农村包围城市”的革命方针，并在革命根据地开展了一系列大规模的土地改革运动。毛泽东于1928年在《井冈山的斗争》中分析土地问题时指出:“大体说来，土地的百分之六十以上在地主手里，百分之四十以下在农民手里。”“在上述土地状况下，没收一切土地重新分配，是能得到大多数人拥护的。”1931年，党中央提出“将封建地主土地所有制改变为农民的土地所有制”，抗战时期在革命根据地实行“地主减租减息、农民交租交息”的政策。1947年9月制定的中国共产党历史上比较完备的一部新民主主义的土地革命纲领——《中国土地法大纲》，明确规定“废除封建性及半封建性剥削的土地制度，实行耕者有其田的土地制度”。

这一场以合法性政党强制性剥夺地主产权并归还农民的群众政治运动，是中国共产党追求“产权平等”和“保护弱势产权主体利益”产权初心的政治体现，农民按照家庭人口获取土地权利，并得到新政府的支持和保护，以“民权”争取“民心”，有效解决了人地矛盾，初步确定了我国农民土地个人所有制。农民私有财产权利得到确认和保护，激发了广大群众的生产积极性，保证新中国成立初期农业生产力的稳定回升和国民经济的快速恢复。

从制度经济学的视角进行分析，旧社会的制度环境赋予了地主这一强势利益集团掠夺和剥削的权利，劳动者缺乏土地这一赖以生存的资源的正当权利，底层农民处于绝对的弱势地位，难以通过自身或市场的制度安排实现产权流转与和平秩序。这时的社会制度既非公平也缺效率，市场是失效甚至无效的，急需国家或政党等暴力机构打破这种无效市场状态，通过“掠夺之手”和“扶持之手”为大多数劳动者谋取权利。其最直接的做法即通过强制性的制度安排界定和保护劳动者的土地财产权利，因此，在当时政治社会经济环境下中国共产党还地于农的做法是确保农业经济快速恢复、以满足改革根据地发展需求的正确选择，是一种有效的制度安排。

（三）解放初期的产权思维

抗战结束后，民众“耕者有其田”的呼声更盛。随着内战全面爆发，毛泽东率先指出，“国民党不能解决土地问题，这方面是我们的长处”，1946年发出了“五四指示”，1947年和1950年分别颁布《中国土地法大纲》和《中华人民共和国土地改革法》，都要求“废除封建剥削的土地制度，按农村人口平均分配土地”。这一系列更为彻底的土地改革政策，通过轰轰烈烈的地权划分，实现了耕者有其田的农村土地个人所有制，巩固了中国共产党人民民主专政思想，为国家政权的建立奠定了深厚的群众基础和所有制保障。

随着新中国建立，政权不断稳固，我国由民族和阶级矛盾逐步转换为经济发展矛盾。按照苏联社会主义的建设模式，以及对中国自19世纪以来备受西方列强欺凌的教训，加快推进国家工业化，特别是优先发展重工业成为国家效用函数的主要因素。在国内工业基础薄弱、外援缺失的经济形势下，国家只能通过加大农业剩余向工业的转移来实现工业发展积累，对粮食的需求急剧增加。而在当时落后分散的小农经济环境下，农民土地个人所有严重束缚了农村生产力的发展，难以满足国家经济建设发展需求。1956年，随着初级合作社向高级合作社的过渡，农民土地个人所有制转变为农村土地集体所有制。通过农村土地集体所有制的路径选择，使集体成为经济组织形式上的主体，实质利用行政权力全面干预农村经济，高度集中农村剩余财力物力人力向重工业建设投资。此时的国家不再是干预私人财产所有权的组织，而成为直接管理生产经营的经济组织，其所有权安排形成的制度效率成为经济增长的决定因素。“国有”和“个人所有”之间巧妙地用到了“集体所有”，体现了共产党的“大智慧”。

（四）“一大二公”的人民公社化运动

随着我国农业社会主义改造顺利完成，我国正式进入人民公社化运动时期。一曰大、二曰公，人多地多集中化大生产，将农民个人财产和合作社集体财产全部充公，实行全民所有制下供给制和工资制相结合的分配制度。从产权视角来看，“一大二公”即为“公有产权”，对广大居民而言就是“无产权”，他们也就成了真正的“无产阶级”。对于当时“一穷二白”、内忧外患、急需集聚“财力”来重整河山、集中力量办大事的新中国而言，“一大二公”具有重要的历史意义，同时也产生了一定的社会经济效益。

但时间一长，在这种政社合一的体制下，集体所有权以国家所有权来实现，但政府行政管理成本的膨胀并未带来农村收益的提高，反而引起社员以及集体经济实际管理者激励机制的丧失。公社化运动后期，这种“大家都有，大家都没有”的公有制开始出现弊端，即在过分强调公平的前提下，必然会缺乏效率。

第一，从交易费用的视角而言，科斯教授的“企业性质”理论主张，企业和市场一样，都存在交易费用。马克思看到了资本主义市场“大鱼吃小鱼”“尔虞我诈”所带来社会资源的巨大浪费，即市场“交易费用”无穷大，继而提出把整个社会变成一个“企业”的社会理想，这样可以节约市场交易费用，提高生产效率。但由于缺乏社会现实背景考证和实践，忽视了社会的行政管理成本和监督成本也属于交易费用，特别是当社会结构日趋复杂，缺乏合理的产权制度安排时，这种行政管理和监督成本也将无限放大，甚至超出其所节约的市场交易费用，导致社会效率锐减。第二，从制度的视角分析，有效的产权制度安排应该是通过有效率的组织确定和保护合理的所有权，使个人收益率无限趋于社会平均收益率。当个人收益率与社会平均收益率存在较大差异时，意味着某一部分人的应有收益被其他人无偿侵占了，这种现象可称之为“外部效应”，外部效应越大，说明社会上“搭便车”的情况越严重，长期如此，劳动者的工作积极性将愈加受挫。人民公社统一生产统一分配，人人有产权即人人无产权，积极从事生产活动的劳动者应有的财产权利被免费分配给消极无作为一方，难以实现生产效率的提升。总之，“一大二公”将大规模的人民公社作为“企业”从事全民所有的生产与分配活动，远远超出了市场交易费用节约的边界，导致大量“搭便车”行为，在带来生产效率低下和资源配置浪费的同时，也为我国后续的产权制度改革提供了经验和教训，在“摸着石头过河”的社会主义建设中，同样是一笔宝贵的财富。

二、改革开放后承包制“两权分离”的产权改革之路

（一）农村家庭联产承包责任制改革

党中央及时看到了人民公社“一大二公”的问题，于 1978 年十一届三中全会提出了以“公有制为主体，非公有制为补充”的经济政策。同年

底安徽凤阳小岗村18位农民兄弟坚定地按下红手印，实施“包干到户”。1979年，全国农村开始了“家庭联产承包责任制”，实施了以不改变所有权（“两权分离”）为特质的“承包制”产权改革，这一转变带来了农业总要素生产率的快速增长。原有人民公社体制下，“搭便车”问题难以避免，而家庭联产承包责任制的制度安排既保证了土地集体所有的产权性质，又一定程度上保障了农民的生产自由权与个体财产权利，在多劳多得的激励下，加大了劳动质量和数量上的供给。同时从根本上降低了劳动监督成本，在“保证国家的，留足集体的，剩下都是自己的”的利益机制下，人人为自己而劳动，自觉从事农业生产，完全不需要集体经营中巨大的监督成本。家庭联产承包责任制是在农户、集体和国家之间重复博弈的基础上形成的，家庭承包权与集体土地所有权相分离，使农户成为基础的生产经营组织，能将个人的经济努力变成个人收益率接近社会收益率的活动，所以这种制度安排是有效率的，是一次成功的帕累托改进。

改革初期，家庭联产承包制的实施取得了显著成效。农业生产值呈现一定区间内的高峰。但随着改革的深入，联产承包的激励作用递减，而制度安排中权利与义务未明确规范的经济后果逐步显现。第一，家庭自主权利过小。受原有计划经济思维束缚，在种植种类、数量、范围、区域等领域，村、镇、县级政府工作人员仍习惯运用行政手段干预农户的生产经营活动，难以充分发挥家庭及个人的自主经营效率。部分地区甚至存在强行收回农户承包权的情形，大大降低了改革的效果。第二，制度变迁的过渡与衔接工作未执行到位。这一改革涉及大范围土地权利变动，不同村庄、同一村庄不同家庭等之间的产权关系复杂，在制度尚未健全的情形下，土地调整频繁，承包期限较短，致使土地承包经营规模逐步缩小，未能达成应有的效果。第三，农户存在短期行为。受到长期无地少地的影响，受教育水平较低的农户对自己承包的土地缺少科学种植的合理规划，过度使用土地的现象频发，导致土地质量下降，农业生产率受到影响。

（二）城市“两权分离”的承包经营责任制改革

随后城市也开始了“两权分离”的承包制改革。为解决计划经济时代国企上缴利润与国家对其投资严重不对等的问题，我国试图通过放权让利和两权分离来激发国企活力，提高其生产能力，缓解生产力低下困境。即扩大企业生产自主权和实施初步绩效管理，并推行所有权和经营权分离的承包经营责任制，旨在将国企转变为自负盈亏、政企分开的独立法人主体。然而城市的“承包制”改革是建立在一系列“讨价还价”的利益均衡之中，没有也不敢真正触及产权变革，效率极为低下，这种状况一直延续到20世纪90年代初。

从制度经济学的视角进行分析，全民所有制下的所有权属于全民或全社会所有，其产权主体是一个虚的概念，难以真正归属于具体组织或个体。但全民所有的生产资料所开展的生产活动必须落实具体的市场主体，这就产生了全民所有的所有权与个体经营权之间的矛盾。这种矛盾的缓解只能通过全民所有的所有权与使用权相分离，通过委托代理协议设计约束和激励机制，监督和促使个体经营者的目标函数趋于全民目标函数。承包经营责任制下的企业只享有资产的使用权而没有所有权，表面上是维护了全民所有制的完整性，是较为理想的两权分离形式，从经济学视角分析，资产的所有权分为法律上的所有权与经济上的所有权。两权分离只是资产使用权与法律所有权的分离，而非与经济上的所有权分离。也就是说，企业作为权责利独立的市场主体，必须拥有经济上的所有权，不然就无法独立处理各类产权关系，行使正当的权利与义务。而承包经营责任制下企业并未拥有经济上的所有权，只有经营权，与全民所有的生产资料更类似于代理关系，难以独立开展其经营管理活动，因此，此时的两权分离是失效的，承包经营责任制不是真正的产权制度改革，属典型的“非帕累托改变”。

三、1992年以来社会主义市场经济的产权改革之路

“承包制”改革中出现的诸多问题让人们认识到不改变产权关系、仅靠国有企业内部经营机制的转换，难以达到改革的预期目标。而在此期间，中共十三大报告承认了股份制作为企业财产组织形式的法律地位，资本市场得以快速发育，个体经济也成为合法的所有制成分发展壮大，居民开始合法拥有自己的财产性收入。1992年春，邓小平同志发表南方谈话。其中最为关键的主题就是解决一直争议的“姓资还是姓社”的问题，要求尽快建立社会主义市场经济和现代企业制度，大力培育市场主体。这里的市场经济即为产权经济，市场主体也就是有独立产权的产权主体，包括企业和家庭。这一“讲话”真正开始触及产权改革，它像一股春风吹绿了祖国的大江南北。

（一）“企业”市场主体的培育

1992年，党的十四大要求建立社会主义市场经济体制，开始培育产

权明晰的市场主体，明确保护企业法人财产权。科斯教授的产权及其交易费用理论在中国得到广泛应用，指导着中国改革的实践。对国有企业则抓大放小，重新整合，通过并购、资产重组、承包经营、租赁等形式将部分国企推向市场，缓解了部分国企亏损大、负债高的困局，但因体制改革不彻底，未能从根本上解决国企经营难题。民营企业则随着我国市场经济体系的完善而得以空前发展，特别是“先富起来”的那部分民营企业家，迅速积累起了巨大的私人财富。

2003—2012 年产权多元化的混合所有制和股权分置改革。十六届三中全会明确提出建立现代产权制度，保护私有财产权，推进混合所有制经济发展。通过资本市场的同步改革，解决股权分置问题，推动国有股和法人股自由流通，从而有效实施国有股减持战略。国有股减持的实质是让产权明晰的民营企业、国企管理层和员工通过市场化方式拥有国有企业的财产权利，在公司层面形成多元化产权的治理结构，实行“三会一层”的公司治理机制，弱化尚存的国有股内部产权主体虚位带来的消极影响，并保护企业的产权结构和财产权利。在此期间，我国保护和鼓励个体私营等非公有制经济发展，民营企业的产权结构也开始多元化，利益相关者网络日趋复杂，累积资本也持续扩张，市场地位空前提升，在混合所有制改革中逐渐成为与国有企业分庭抗礼的市场主体。

2013 年至今分类分层推进国企混合所有制改革加速。进一步推进员工持股、公开上市、引入战略投资者等混改方式，鼓励各类社会资本参与，形成股权制衡，促进国企经营决策市场化。并配以供给侧结构性改革，按照产权明晰的市场导向要求规范政府权力，优化资源供给结构，实现资本、制度、创新等要素向民营企业倾斜，并推行大众创新万众创业战略，以高科技产业为代表的民营经济迅猛发展，民营企业进入全面发展时期，形成龙头企业做大做强、中小企业聚集协调创新、微型企业踊跃有活力的新局面。同时，通过负面清单管理和 PPP 模式，放宽行业和领域准入机制，在诸多以往属于国有企业垄断经营的领域实行市场化改革，引入社会资本，为民营企业提供了一个公平竞争和充满活力的营商环境，完全颠覆过去“国富”的资源配置方式，真正实现“藏富于民”。

可见，国有企业改革历程是与我国产权经济体制建设同步进行的，不论是国有股减持、员工持股还是供给侧结构性改革，其实质即为现代产权制度建立健全的过程，让“花自己的钱会心疼”的产权主体拥有财产权利，是国有企业与民营企业财富分配的博弈结果。整个过程均围绕明晰公有产权和保护私有产权这一目标推进，是政府逐步让权让利、市场步步侵入的历程，是将国有企业和民营企业纳入同一市场环境进行平等竞争、从“国富”向“民富”迈进的历程，更是全面引导民营企业价值创造、实现其产权主体多元化、财产收益分散化的必然发展阶段。至此，法人主体的财富结构将向民营企业倾斜，数量众多的民营企业及其庞大的利益相关群体将成为新时期我国经济社会发展红利的主要收获者，从而形成社会财富创造的重要力量。

（二）农村改革持续增加产权属性

1993年11月，中共中央在《关于当前农业和农村经济发展的若干政策措施》中指出，“在原定的耕地承包期到期之后，再延长30年不变”。这一改革举措，无论是从时间还是从空间上都极大提高了农民土地的“产权属性”，农民可以安心地长期生产经营或者依法转让其土地使用权，获取财产性收入。但由于农户家庭承包权界定不明、土地调整频繁、经营规模递减、集体成员缺乏退出权等历史原因，这一政策并未得以有效贯彻。

家庭联产承包责任制这一产权安排使农民拥有自主生产经营权成为可能。虽然因多方利益集团重复博弈的影响，这一制度的执行存在诸多问题，并未帮助农户成为完全自主的经营主体，农村土地产权制度改革并未真正完成，但其具有的划时代意义不容忽视。随着中国经济的发展，我国城乡二元结构加剧，农村农业亟待振兴，农村居民能否成为完全自主经营的市场主体，增加财产收入，成为提升农村经济发展的关键因素。

农民完全自主生产经营权的获取，可以通过两种方式：一是将农村集体所有制私有化，分地于农，但是这一制度并不符合我国社会主义公有制的性质，不同农民家庭尚处不同的发展阶段，对土地分配有着不同需求，将人口作为土地权利配置的标准，难以形成稳定、公平、有效的产权边界。二是进一步强化家庭承包权权能，通过法律形式明确界定农户承包、经营权的细分范围和权利义务边界。

直到2017年10月，党的十九大再次提出“继续拓宽居民财产性收入渠道”，并针对农村居民财产性收入偏低的情况，提出农村土地承包权在原基础上增加30年。党的十九大前后，党中央非常关注农村居民财产性收入这一薄弱环节，连续二次密集发布两个“三权分置”的一号文件，即2017年关于土地流转的“所有权、承包权、经营权”三权分置和2018年关于宅基地的“落实宅基地集体所有权、保障宅基地农户资格权、适度放活宅基地使用权”三权分置，居民财产增加步伐加速，进一步惠及产权弱势的农村居民。

“三权分置”改革将原家庭联产承包责任制中的承包经营权进一步分离为承包权和经营权，“两权分离”转变为“三权分离”。这是对农村土地产权的进一步分化和强化，农民拥有对土地经营权流转处置的权利，标志着农民对土地财产权利的细化和丰富，是农村市场化改革的重要制度安排。

（三）培育“家庭”市场主体：提高居民财产性收入

家庭是重要的市场主体。以市场为主体的财富初次分配领域重点解决效率问题，能者多劳、多劳多得、有产权者得之，这是市场经济资源配置的定律，但能者和有产权者把“蛋糕”都分完了，“无能者”和无产权者吃什么呢？特别是在我国市场机制不完善，特权、圈层、制度等人为制造财富分配扭曲的环境下，如何保证社会底层群体最基本生存条件是关系社会稳定和谐的重大问题。

此时就需要政府的宏观调控和制度安排发挥作用了。党中央高度重视社会财富分配问题，将其作为国家战略持续推进。2004 年，十届全国人大二次会议通过的宪法修正案，首次把“公民的合法的私有财产不受侵犯”写进了宪法，而这一内容从 1998 年便开始起草。在此基础上，2007 年初，十届全国人大五次会议通过了《物权法》，使得民众的财产权进一步得以保障。与此同时，针对居民财产权偏少的现实，2007 年下半年，党的十七大报告首次提出了“创造条件让更多群众拥有财产性收入”。明确了以增加居民财产性收入、改善民生为重点的发展战略，设置了“提高三个比重”的改革目标，即提高居民收入在国民收入分配中的比重、提高低收入群体在国民收入分配中的比重、提高劳动报酬在初次分配中的比重。为了更多地藏富于民，形成以中产阶层为主的“财富湿地”生态结构，2013 年党的十八大报告进一步提到“努力实现居民收入增长和经济发展同步”，强调增加居民的财富总量。2021 发布的“十四五”规划和 2035 年远景目标纲要提出，多渠道增加城乡居民财产性收入。政府在财富初次分配和二次分配领域的制度干预，通过拥有“海绵”和“湿地”效应的财产性收入增长，能有效维护财富分配公平，缩小财富差距，是培育“家庭”市场主体、扩大中产群体范围、形成以“财富湿地”为主的“橄榄形”社会结构的有效途径。

1. 在财富初次分配领域完善产权制度

财富初次分配的主体为市场。一方面，有效流通的市场通过建立公平竞争、优胜劣汰的丛林法则，明确私有产权边界，为不同收入阶层提供垂直流动的机会，即部分处于社会底层的人群在市场竞争中能通过奋斗或创业，进入中产或高收入阶层。另一方面，市场价值的实现深受初始资本禀赋（地产、股权等）的影响，这导致低收入群体在市场资源配置中丧失财富分配权利，而资本要素带来的收益往往高于技术或劳动要素，从而带来较大的财产性收入差距。因此，在财富初次分配领域，一是不断建立健全现代产权制度。通过发展混合所有制经济、完善知识产权保护制度、改革农村土地产权制度、建立增加城乡居民财产性收入机制、健全财产处置、征收、产权纠纷等司法政策，营造产权保护的良好环境，以降低市场交易费用，保护各种生产要素参与财富创造的财产分配权利。二是实行供给侧结构性改革。供给侧结构性改革归根到底也是历史性遗留的产权问题，在资源短缺的商品经济时代，投资、消费、出口“三驾马车”能有效拉动我国经济快速增长，产品不存在需求不足，但随着我国经济增长速度放缓，经济下行压力增大，供需关系出现了不容忽视的结构性失衡问题，主要体现在中低端产品过剩，而高端产品供给不足。而此时出于 GDP 增长指标、地方政府政绩等自利性目标，钢材、有色金属、石油石化等严重亏损却产能过剩的行业以及房地产等泡沫产业仍在继续扩大投资规模。其根本原因在于产权不明晰，没有明确的产权主体为高投入、低产出而心疼。因此，去产能、去库存、去杠杆等解决方案尚属治标之策，而深化产权制度改革，让投资者有“花自己的钱会心疼”的感觉，从而谨慎投资才是我国供给侧结构性改革的治本战略。三是推行大众创新万众创业、众筹平台、小微企业融资政策等创新驱动战略。我国渐进式地通过直接税杠杆效应和法律制度、产业政策等调整财富创造结构，扩大技术要素在市场财富分配中的份额，扶持小微企业发展，将国家财富让渡于居民财富，有效提高居民收入在国民收入分配中的比重，扩展中产阶层群体范围，有效实现“藏富于民”。同时借此改变财富分配的要素供给结构，将技术要素与劳动力要素向资本要素过渡，形成更多的资本要素拥有者参与财富分配，获取财产性收入，发展更多的中产群体，从而扩大财富湿地范围。

2. 在财富再分配领域充分运用税收和支出工具

一方面，自 2006 年起，我国个人所得税先后历经了四次调整，起征点逐步地调高，至 2018 年个税起征点已增至 5000 元，并列示了 6 项专项附加扣除项，最大程度地降低中低收入人群的税负水平，标志着我国朝着综合与分类相结合的税制模式又迈出了一大步，个税改革所具备的提低扩中抑高、防止两极分化的财富再分配功能也将逐步凸显。另一方面，通过基本公共服务均等化策略的持续推进，进一步加大基本民生、公共事业、公益基础性服务支出规模，逐步实现国家财富向社会财富转移，进而缓解地区和城乡差异、降低不同收入群体享受公共服务权利或机会不平等。其中在公共服务领域大力推广 PPP 项目的举措引人瞩目。自 2015 年以来，为缓解地方债压力、引入私有产权领域的效率优势，我国基础设施项目建设全面引进社会资本，通过产权明晰的项目治理结构，将公共服务项目的公有产权性质转化为混合产权，使之形成“花自己的钱会心痛”的产权主体结构，提升公共服务效率和社会财富再分配的均衡性，实现利益共享、风险共担。

四、中庸之道：从公有产权向共有产权转变

从中共建党 100 年来产权制度变迁路径来看，解放前体现了孙中山先生所倡导的“平均地权”和“天下为公”的社会理想，也贯彻了马克思“共产主义”的初心。新中国成立 70 多年来，以 1978 年为分水岭，之前坚持公有制，维持“一大二公”；之后推行产权改革。1978 年以后的改革，又以 1992 年为分水岭，之前推行“放权让利”式的两权分离改革，之后提出的社会主义市场经济，才真正触及所有权制度的产权改革。

产权改革的趋势是实现产权共享，通过将产权权能分散，使财产权利流入更多人手中，特别是中低收入人群手中，才能为其带来稳定的财产性收入。2017 年八部委联合发文，将共享经济确定为国家战略。多年来我国通过大众创业万众创新、混合所有制经济、供给侧结构性改革、小微企业融资政策、众筹平台发展、PPP 项目、国地税合并、增加个税起征点、央地事权和支出责任划分、精准扶贫、乡村振兴等战略推进共享经济发展。

（一）马克思：关于重建个人所有制

马克思认为，在资本主义制度建立之前，存在“对个人的、以自己劳动为基础的私有制”，而资本主义阶段则建立在雇佣劳动与资本的对立上，是一种“以社会生产经营为基础的资本主义所有制”。“在资本主义时代的成就基础上，在协作和对土地及靠劳动本身生产的生产资料的共同占有的基础上，重新建立个人所有制”（《资本论》第一卷第 874 页）。这是否定之否定，这种否定不是重新建立私有制，而是个人所有制。马克思所勾画的社会主义社会，试图扬弃雇佣劳动与资本的对立，重新建立个人所

有制。

马克思在《资本论》中通过深入剖析剩余价值（M）形成过程，指出无产阶级只有团结起来，推翻资产阶级的统治，才能建立新的人人平等的社会主义。其本质含义在于，在商品生产环节资产阶级和无产阶级分别投入资本和劳动要素，所创造的财富只有极小部分通过劳动报酬的形式分配给无产阶级，其余财富全归资产阶级所有，而剩余价值则是资产阶级无偿占有的无产阶级应得的财富分配额。在此过程中，无产阶级没有财产性收入，其财产权利也缺少必要的界定和保护。

因此，在社会主义市场经济体制下，要重视资本要素对财富创造的积极作用，创造多元化资本要素供给方式，让工人阶级或社会大众（即居民）成为资产阶层，拥有产权，通过财产性收入来共享剩余价值，实现财富共享。目前我国尚处在社会主义初级阶段，生产力和生产关系还不能满足全社会的物质和精神需求，难以真正实现所有领域的产权共有和财富共享，只能在确保社会主义公有制主体不变的前提下，通过共享发展战略保护和共享个人产权，逐步释放和增加个人所有部分，实现从“国富”到“民富”再到“国富民强”的发展阶段。

（二）从“公产”到“公产+共产”

从国家与居民的分配关系看，我国实现了从“一大二公”到逐步放开个人产权再到承认和尊重个人产权、从国富民穷到藏富于民的“产权变迁”路径，最终目的是“共享发展”和全面小康。这一产权制度的变迁历程符合中国国情的历史发展现状，每一个“节骨点”上的变动都体现了“以人民为本”的思想。

科斯定理认为，在企业、市场和政府之间的权力安排上，最佳的结构是三者权力相结合，在三者之间动态均衡，某一种单一权力安排都不是最佳选择。这一思想符合“中庸之道”的哲理，也契合“凡事没有绝对价值”的经济哲学。正如邓小平同志南方谈话所指出的：资本主义也有计划，社会主义也有市场，我国的“社会主义市场经济”恰到好处地做到了“计划”和“市场”的均衡统一，“公有”和“个人所有”的动态均衡。产权改革由“公有产权”向“公有产权+共有（个人）产权”转变，其中，通过“公有产权”彰显社会主义特色，通过“共有（个人）产权”体现市场经济特色，是中国共产党经过几十年的历程探索出来的具有中国特色的“产权路径”。“公产+共产”是中华传统文化“中庸之道”在社会经济制度的最佳体现，体现了“天下大同”“平均地权”的“共产”初心，是马克思主义中国化的最佳路径，是马克思主义在全球发展的绝佳典范，是全球社会经济制度最佳选择。

本章参考文献

［1］文福贵．破解城乡二元结构问题的路径探索［J］．沈阳干部学刊，2019（3）：29－32.

［2］张国防，姚星星．我国破解城乡二元结构路径研究——基于农业供给侧结构性改革的视角［J］．济宁学院学报，2018（3）：89－93.

［3］王成礼，薛峰．城乡二元社会解构与乡村振兴的耦合［J］．河南社会科学，2018（6）：13－18.

［4］马晓河．构建优先发展机制推进农业农村全面现代化［J］．经济纵横，2019（2）：1－7，137.

［5］伍中信，黄嘉怡，祝子丽，李雅雄．产权中国进程中的会计与财务使命［J］．会计研究，2019（12）：3－11.

［6］韩晶．诺斯的制度变迁理论及其现实意义［J］．山东经济，2000（4）：3－6.

［7］诺思．西方世界的兴起［M］．北京：华夏出版社，1999.

［8］周其仁．中国农村改革：国家和所有权关系的变化（上）——一个经济制度变迁史的回顾［J］．管理世界，1995（3）：178－189，219－220.

［9］崔晓黎．统购统销与工业积累［J］．中国经济史研究，1988（4）：120－135.

［10］林毅夫．制度、技术与中国农业发展［M］．上海：上海人民出版社，1994.

［11］方恭温．实行土地所有权公有和使用权农民私有［J］．改革，1999（2）.

［12］韩俊．中国农村土地制度建设三题［J］．管理世界，1999（3）：3－5.

［13］周其仁．中国农村改革：国家和所有权关系的变化（下）——一个经济制度变迁史的回顾［J］．管理世界，1995（4）：147－155.

［14］李爱红．完善农村集体土地“三权分置”下的法律制度［J］．重庆行政（公共论坛），2014，15（5）：67－69.

［15］潘俊．农村土地“三权分置”：权利内容与风险防范［J］．中州学刊，2014（11）：67－73.

［16］张赛，吴九兴．农民以土地入股的风险类型及其防范机制［J］．江西农业学报，2019，31（5）：132－137.

［17］赵攀奥，陈利根，龙开胜．土地经营权入股合作社的基本内涵、功能价值与制度构建［J］．农业现代化研究，2017，38（2）：250－257.

［18］肖鹏．土地经营权入股的合作社模式研究［J］．农业经济，2017（11）：92－94.

［19］吴越，吴义茂．农地赋权及其土地承包经营权入股范式［J］．改革，2011（2）：104－111.

第二篇

国家治理下的乡村治理体系研究

第六章 国家治理背景下的“乡风文明”建设

一、乡村治理在国家治理体系中地位与内涵

（一）国家治理体系的内涵

所谓国家治理，就是通过政府、社会、市场和相互之间的协调，实现社会事务有效治理的过程。也就是说，国家治理包含政府治理、社会治理和市场治理三个维度。

政府治理又有“自治”维度和“共治”维度之分。公司具有“企业公民”的属性，从国家层面（宏观视角）看，公司与其他主体共同嵌入国家治理体系实现互动和共生。公司一方面围绕股东、董事、监事、高管、员工等构塑起内部治理体系，另一方面又与其他社会主体互动而一体嵌构于整个国家治理体系之中。平等、自由和协商的社会领域是国家治理的根基所在。

（二）乡村治理在国家治理体系中的地位

自2013年党的十八届三中全会提出“乡村治理现代化”以来，基层自治和乡村善治等成为乡村治理发展的新趋势。党的十九大更是将“治理有效”作为“实施乡村振兴战略”的总要求之一。

善治的本质即为政府、社会公众及基层农户对农村公共生活的多元化治理（赵一夫、王丽红，2019），优化农村资源要素市场化配置，解决好“钱地人”问题，是实现善治的有效途径，这就涉及乡村财务治理。目前我国乡村财务治理面临基层财务管理不规范、农村居民融资供给不足、股权合作治理不善等诸多现实问题，急需跳出以乡土社会为结构的治理场域，打破传统乡村熟人社会网络的封闭性和结构稳定性（陈柏峰，2014），将多方资本融入乡村精英和村民自治之中，实现基层组织和产业发展的共

同治理（仇叶，2020）。

现有研究对乡村治理的内涵与本质作出全面界定，俞可平（1999）认为治理是公共组织运用公共权力维护公共秩序、满足公众需求的制度安排。治理天然具有权力分散、主体多元、结构网络化、过程互动等特征。作为治理理论在乡村的具体实践与运用，乡村治理是以基层乡村政府为主体的公共权力机构对乡村社会进行管理，并引导农村进行自我管理的过程（贺雪峰，2017），旨在解决乡村面临的各种矛盾和问题，实现乡村和谐稳定和产业振兴（徐勇，2016），目前主要有合作协商和多元自治两种发展模式（徐世雨等，2020）。乡村治理在农村自治的基础上，融合政府、社会等多方资源，以实现“治理有效”的目标。而考量乡村治理是否有效，需要评估乡村治理资源投入与产出的匹配度，需要考察财政资金、社会扶贫与产业建设资源等外部治理投入与乡村内源资源供给、积累的比例，需要度量乡村治理效果在不同利益主体之间的权益分配及其对农村居民财产性收入增加的影响等。

乡村治理与国家治理、社会治理之间的关系。基于国家治理现代化视角，乡村治理是国家治理的基石，是国家治理体系的一部分。乡村治理主体具有二元性，即乡村社会外部的国家和乡村内部的传统权威，外部国家发挥引导整合功能，内部权威发挥稳定秩序作用（孙强强、李华胤，2021）。而社会治理的提出开阔了传统行政管理的视野，突破了将政府作为社会管理唯一主体的观念，呼吁社会各方参与，体现了共建共治共享的改革取向。乡村社会本身即为市民社会的一部分，是村庄这一特定区域内公众参与社会管理的活动总称。党的十九大报告首次提出要健全自治、法治、德治“三治”结合的乡村治理体系，自治属于村庄范畴，法治属于国家范畴，德治属于社会范畴，三者互为补充、互相衔接、缺一不可。

（三）乡村治理的内涵

与国家治理的其他治理主体一致，乡村治理揽括了乡村管理的各项公共服务项目，乡村范围内的所有经济组织、社会关系及行政事务管理都是乡村治理的重要内容，具体包括乡村社会这一特定区域内政府治理、社会治理和企业治理。其中，政府治理与社会治理交叉融合，构成乡村治理的精神文明（乡风文明）建设内涵；乡村区域内的企业治理是乡村治理的经济基础，构成乡村治理的物质文明（产业兴旺）建设内涵。在企业治理活动中，为实现产业兴旺的发展目标，乡村治理需要立足于农业产业链对“三农”资金的筹集、使用和分配进行有效管理，并优化伴之而生的收益分配权、投资权、筹资权、监督权等财权配置，这就涉及财务治理领域。

乡村区域内的经济组织主要包括乡镇企业和村集体经济组织两种类型。第一，乡镇企业产权清晰，在《公司法》约束下开展独立的经营管理活动，普遍与农村地区的其他主体（村民、村委会等）缺少产权关系，但在肩负扶贫任务或承接农村产业扶贫项目之时，可能存在村集体或村民个体以财政扶贫资金入股的情形，即形成了一定程度的产权纽带。第二，专业合作社、专业农场等村集体经济组织作为乡村自治结构中维护村民权利的重要载体，在参与农村经济发展、实现集体资产保值增值上发挥了巨大作用（于国萍，2021）。村集体经济组织代表了农民的经济权利诉求，是发展乡村经济、巩固脱贫攻坚成果、高质量完成乡村振兴的重要载体。乡村振兴和治理有效的实现需要发展壮大村社集体经济，引导公司、农庄、农户等参与者形成利益联结体，借助现代化的公司治理制度和市场运营模式（朱雅妮、高萌，2020），带动农业经济高效发展。

相应地，乡村财务治理机制建设应以农村居民财产性收入增长为根本目标，以与农村居民财产有着一定产权纽带的村集体经济组织或产业扶贫项目作为财务主体，将乡镇政府、村委会、乡镇（农业）企业、村民等相关利益方作为多元财务治理主体。乡村财务治理可以界定为村集体经济组织或产业扶贫项目有关财力物力筹集、使用、收益与分配权的配置过程，具体涉及不同层级政府、农村、社会资本、集体经济组织等利益相关方共同治理与分配有关农村、农民、农业的财产权利，以建立一种有效的财务激励约束机制，解决农村发展过程中资金融通和资本运作问题，以形成乡村资本运作内循环，为缓解相对贫困和实现乡村振兴提供财力基石。

（四）乡村治理在乡村振兴战略中的地位

2019 年 6 月，习近平总书记在《求是》杂志上就如何实现乡村振兴，提出要牢牢把握住“产业兴旺、生态宜居、乡风文明、治理有效、生活富裕”的总要求。其中“产业兴旺、生态宜居、乡风文明”分别从物质文明、生态文明和精神文明三个角度对乡村振兴提出了要求，“治理有效”是对这三个文明建设治理的综合考量，生活富裕是乡村振兴战略实现的终极目标。为此，乡村治理在乡村振兴战略中是最重要的实施举措，完成了乡村治理也就完成了乡村振兴战略。

二、“乡风文明”建设中的产权理念

在乡村振兴“产业兴旺、生态宜居、乡风文明、治理有效、生活富裕”五个总要求中，“乡风文明”是乡村振兴和反相对贫困中“反精神贫困”的核心内涵。而反精神贫困与反物质贫困又不能截然分开，产权理念为二者的结合提供了理论基础。为此，我们认为产权理论可以为反相对贫困提供以下两个理念：

（一）财产权利与效率

一方面，在农村土地包括流转地、宅基地、林地等产权确认方面，国家以前没有给予足够的产权属性，这种看似“产权保护”的措施，实则削弱了农村居民应得的“产权公平”的权利，减少了其增加财产性收入的机会和途径。为此急需加大“三权分置”等改革力度，快速增加农民可支配的财产权利。另一方面，在发挥政府和社会扶持作用的同时，减少“白给”模式，重视市场机制作用，通过合理分配资源确保帮扶效率最大化，充分发挥政府、市场和企业等帮扶主体在乡村振兴中的作用。同时，通过政策赋予农民必要的财产权利，通过培训增强对产权利益和效率的认知，以心理帮扶来推动农民追求财富和幸福的内生动力。

（二）产权平等与保护

我们认为，产权配置有两种模式：AA 制与 AB 制。AA 制是就产权平等的主体而言，要求双方产权明晰，互不侵犯，维护双方合法权益。AB 制则是当双方之中存在一方为弱势，A 方向 B 方伸出援助之手，或者通过制度安排来保护弱势产权主体利益。比如农业企业和农户通过树立诚信意识，提供优质农产品，维护供需双方的平等权益；在股份合作中，政府、企业、电商平台等帮扶单位通过折股方式，将部分股权让渡与贫困农户，以保护和增加贫困农户的利益。通过产权平等与保护意识的培育，有利于从精神层面与农民所增加的生产经营技能等物质性知识相配合，真正达到实现人才振兴长效机制的目的。

三、社会主义核心价值观与产权理念的耦合

国家治理能力的提升不外乎精神文明和物质文明两个方面。对精神文明而言，社会主义核心价值观的贯彻和普及是重中之重。对城市和农村而言，农村的核心价值观贯彻和普及相对薄弱，因此，抓好社会主义核心价值观在农村的贯彻和普及，与提升乡村治理之精神文明和反相对贫困之精神贫困具有同等重要的意义。本文试从产权理念入手，分析社会主义核心价值观与产权理念的理论关联，从而找到贯彻社会主义核心价值观、乡村精神文明建设与反精神贫困相结合的有效途径。

（一）社会主义核心价值观的基本内涵与相互关系

曾长秋（2014）认为富强、民主、文明、和谐体现了社会主义核心价值观在发展目标上的规定，是立足国家层面提出的要求；自由、平等、公正、法治体现了社会主义核心价值观在价值导向上的规定，是立足社会层面提出的要求；爱国、敬业、诚信、友善体现了社会主义核心价值观在道德准则上的规定，是立足公民个人层面提出的要求。社会主义核心价值观从社会主义国家的经济建设、政治建设、文化建设、社会建设等方面概括了中国特色社会主义的政治理想。社会主义核心价值观分别从发展目标、价值导向和道德准则上对国家层面、社会层面、公民个人层面提出了理想目标和准则要求，各层面内部相互联系、相互依存。它是社会主义核心价值体系的内核，既继承弘扬了中华民族的优秀价值观，又是人类文明共同成果的继承和发展。

（二）社会主义核心价值观与产权理念的相关性：理论梳理

1. 产权与文明

产权制度的确立，是人们文明方式合作的开始，产权的确立和保障是先进文明的道德内核，财产与产权是文明社会的标志，衡量一个社会的文明程度是看产权在该社会中得到保护的程度（刘军宁，1995）。

2. 产权与和谐

现代市场经济制度与和谐社会具有内在一致性和相容性，和谐社会讲的是人与自然、人与人、人与社会之间的和谐，建立和谐社会就是建立一个在这三方面之间没有根本冲突的社会，也就是要建立一个物质文明、精

神文明、政治文明高度发达的社会。田国强（2007）认为具有上述特征的和谐社会可以通过建立与完善包括现代产权制度在内的现代市场经济体制来达到。张旭昆（2014）认为产权保护的加强和收入分配的改善都会减少群体性冲突行为的发生，对我国构建和谐社会具有现实意义。徐俊武（2014）认为有效的产权制度在协调人与人、人与社会以及人与自然的和谐关系方具有重要作用，是构建和谐社会的基础。

3. 产权与道德

洪银兴（2004）在论述产权制度和道德规范的关系中指出现代产权度是构建社会信用体系的基础，产权成为社会信用体系基础的先决条件是产权明晰。

4. 产权与诚信

杜木恒（2008）认为产权与诚信交易的游戏规则之所以容易遭到破坏，一个基本因素是产权制度的不健全。产权制度的基本功能是保护“经济人”的合理趋利行为，给基本经济单位提供一个追求长期利益的稳定预期和重复博弈的规则。

5. 产权与法治

吴建斌（2020）指出科斯理论并未主张以法律取代市场，而是揭示法律构成市场、企业和政府机制的基础和依托，法律通过明晰产权边界，作出合理适当的制度安排，节约交易成本包括界权成本。卢现祥（2020）认为产权的界定、转让及保护过程实际上是经济权利与法律权利结合的过程，如果资产的经济和社会性质没有在正规所有权制度中得到确认，资产就很难在市场中流动。他还指出正规的所有权制度的作用不仅在于保护了所有权，而且保护了交易的安全，鼓励国民去遵守所有权凭证、兑现合同和遵守法律。

（三）社会主义核心价值观与产权理念的融合

1. 产权文明与社会文明的相互关系

从辩证法的角度来看，社会文明是物质文明和精神文明的统一，而产权文明正好可以从物质文明（产权的物质价值和效率特征）和精神文明（产权的功能是外部性问题内在化，即不侵犯他人产权）两个维度实现社会文明；西方的社会文明是以产权文明为主要特质（讲究产权平等，即AA制），中式的社会文明传承的是奉献和帮助他人（即AB制，产权保护，其中A为强者，B为弱者）。完整意义上的社会文明应是二者的完美结合，即“AA+AB”，这是实现社会和谐的重要手段和最佳愿景，也是

"爱国主义"的最佳体现。

2. 产权理念与"社会主义核心价值观"耦合的具体内涵

第一，产权公平与效率理念与"公正""富强"价值观相对应。产权公平与"公正"价值观十分耦合，相应地，产权效率是促进社会财富增长和国家"富强"的基本动力。

第二，产权平等与保护理念与"平等""诚信""友善""和谐"价值观相对应。通过建立产权平等理念，树立"诚信"和"友善"价值观；通过建立产权保护（AB 制）制度，确立利益共享，促进共同"富裕"，进而达到和谐社会的目的。

第三，德治与法治的产权理论解读。一方面，产权的"外部性问题内在化"功能使得产权在德治（自律）方面具有得天独厚的优势；现代产权经济学作为"新制度经济学"，"制度（他律）"是促进财富增长和社会进步重要推动力，产权经济学在制度设计和维护方面具有天然的优势。在道德和制度之间，道德是基础，制度是根本。因此，关于"德治"和"法治（制度）"通过产权理论的深入解读将有利于进一步了解社会主义核心价值观，也有助于"核心价值观"融入脱贫攻坚长效机制的法治化建设。

（四）"乡风精神文明"建设与乡村治理能力提升

社会主义核心价值观是我们国家的精神灵魂，对全国各行各业均有指导意义。由于我国农村地区长期与外界相对"隔绝"，"社会主义核心价值观"难以在偏远农村地区全面开展，这就更加速了这些地区与其他地区在精神层面的差距，同时又进一步约束这些地区在物质财富上的"进步"，因此，急需把社会主义核心价值观融入贫困地区并用于指导其脱贫攻坚的长效机制建设。由于"社会主义核心价值观"内容多且较为抽象，贫困地区群众理解起来比较困难，而产权理论作为现代经济哲学思想可以较为全面而简洁地从物质和精神层面诠释"社会主义核心价值观"的内涵。因而，通过现代产权理论来解读"社会主义核心价值观"的主要思想，并以此助推农民追求产权增值意识和诚信经营的产权保护意识，对乡村治理的精神文明建设和反精神贫困均具有重要的理论价值和现实意义。

四、诚信机制：产权保护理念下的乡村振兴"乡风文明"治理

在反绝对贫困过程中，社会已经形成对贫困群体的心理援助优势，人

们更倾向购买“扶贫商店”的产品，这是一种特殊品牌与声誉。但是，这些脱贫地区因“淳朴”而使其诚信理念具有优势的同时，又同样可能因商品经济冲击和文化程度不高而导致诚信理念的脆弱性；在反相对贫困中如何更好可持续地利用和保护这种品牌与无形资产，事关反相对贫困的成败，有必要加以深入而系统的研究。

（一）文献综述

1. 诚信建设在精神扶贫中的重要性研究

诚信是中华民族传统美德中的重要组成部分，加强诚信建设，对于推进精准扶贫健康发展具有重要作用（陈巧玲等，2018）。但在农村地区各种违约失信经济行为频发，严重阻碍精准扶贫的有效推进，相关学者针对当前农村社会信用现状及成因进行分析。周振等（2019）指出，我国农村社会信用体系建设总体滞后，工商企业与农户合作时常面临农户违约的信用风险。张忠（2016）认为农民民间借贷问题部分原因在于借贷双方当事人缺乏诚信，农村居民文化素质普遍不高，法律意识淡薄所致。李春根和廖彦（2018）在精准扶贫背景下通过分析诚信缺失的生成逻辑研究农村低保对象诚信缺失问题，指出要构建“诚信预警、监督、诚信奖惩”机制。刘建民（2018）在分析农村金融支持精准扶贫发挥的诸多难点和致因后，指出要提升农民诚信意识，降低农业信贷风险。胡勇等（2015）基于社会燃烧理论，探讨城镇化土地纠纷化解问题，在分析成因后，指出要建立完善预警机制和相关社会诚信体系建设。丁志国等（2014）对农户信贷违约形成的原因及其影响因素进行判别，分析农户正规金融机构信贷违约形成机理。

2. 农村诚信建设问题研究

学者就如何提升农村诚信建设分别从市场监管、法律制度、文化道德层面进行论述。孙葆春（2013）基于农村生产经营存在失信行为的现状，从相关法律法规、惩处概率、执法力度的选择，以及地方保护主义等方面分析了市场监管体系存在的问题，提出要充分发挥监管部门的约束作用。杜勇和韩佳丽（2015）探讨了加强社会诚信体系的建设对普惠金融的作用并提出从塑造农村诚信文化、健全农村信用体制和法规等方面构建农村社会诚信体系。又有学者从信息不对称视角出发，认为农村经济主体的诚信缺失行为与信息不对称有关联，提出要在广大农村界定明晰产权，建设社会信用制度（孙葆春，2006）；同时在农村金融业发展上也要明晰产权关系（沈冰，2005）。

3. 关于农产品“诚信机制”建设问题

消费者对农产品质量安全问题的认知和信任是影响消费者对安全食品的支付意愿及其溢价水平的主要因素之一（姜百臣等，2013），实务上2010年推出了新农商指数信用评级体系，并建立官方网站——诚信新农商平台（www. xns315. com），这是国内首次以诚信信用指数评级的方式对农产品交易主体进行评级，增强了农产品诚信机制建设。在学术研究中，苏昕等（2014）基于农民专业合作社视角，在分析导致信息不对称的因素后，提出此组织结合供应链其他经济主体构建农产品诚信交易系统，但于仁竹（2018）认为从系统的视角看，农产品诚信交易系统中各主体在多个层面上还存在行为协同性不高的情况，系统无法发挥协同增益效应。

4. 构建农产品信用追溯机制问题研究

有关学者基于扩展的技术接受理论模型，认为感知易用性和感知障碍性显著影响了消费者对农产品可追溯体系的接受态度以及使用意愿；消费者的健康意识对农产品可追溯体系的接受态度具有显著的正向影响（徐姝，2019）。现有文献主要从农户参与农产品追溯机制的意愿、成本、定价、影响因素及以信息科技媒介为特点的强化追溯系统运行效率的支撑手段展开研究。作为责任主体的农户来说，涉足可追溯信息产生的额外成本的支付意愿影响其追溯机制的顺利实施，徐玲玲（2014）针对蔬菜种植农户对“基本可追溯蔬菜”“增加父母信息的可追溯蔬菜”和“经政府专业机构认证的可追溯蔬菜”三种不同类型的可追溯蔬菜的额外成本承担意愿展开研究，研究发现农户对三种类型的可追溯蔬菜愿意承担的额外成本分别为不高于总成本的2.41%、2.18%和3.34%。可见其支付意愿不是很高，其成本问题依然突出，为此，王晓平和张旭凤（2015）认为农产品流通信息追溯涉足多个环节，从成本效益原则出发，采取分阶段追溯方式不仅降低成本，而且有助于管理。陈红华和田志宏（2016）从财务视角利用盈亏平衡测算追溯产品价格，认为在追溯成本约束的情况下，不宜对可追溯产品盲目提升价格。陈丽华等（2016）认为农户对家庭种植年收入、市场价格预期、相关支持政策的认知度和技术培训对农户参与农产品质量安全可追溯体系有强烈的正向影响，但农户参与农产品质量安全可追溯体系的组织动员力度、实际参与动力均不足。在技术支撑手段方面，现有学者提出构建基于物联网及物联网中二维码及图像隐藏技术形成覆盖全过程的农产品安全可追溯监管体系，以有效解决农产品的追根溯源，强化责任主体责任（颜波等，2016；周乐乐等，2017）。同时，很多企业尝试通过整合供应链上下游的资源来建立可追溯的信息系统，优化质量管理模式，提高质量管理效率，促进食品安全。于亢亢（2020）认为纵向一体化在农产品供应链整合和质量认证之间发挥了显著的中介作用，这一中介作用受到了环境不确定性的正向调节作用。当前区块链技术的不断发展，为引入农产品追溯机制提供了可能，刘如意等（2020）认为基于当前区块链技术在农产品流通领域的应用尚处于起步阶段，目前尚具备条件的区块链项目之一农产品溯源联盟链能够实现从生产源头直到消费者的农产品溯源，可见，在区块链应用于农产品追溯细节上的嫁接手段保障农产品质量问题还存在很多不足。

5. 综述

目前，学者大多探究我国当前农村社会诚信机制的现状，强调加强“诚信机制建设”的重要性，并从制度、文化等宏观层面及产权关系方面探究如何构建农村信用体系，但对农村诚信缺失背景下对诚信机制的理论构建缺乏系统性研究，因此急需明确现代产权理论尤其是产权平等和保护理念对诚信机制建设的指导意义，进一步探索在反相对贫困扶智扶志中如何开展产权平等和保护思想的教育扶贫工作；同时，应将产权理念运用到农产品追溯机制的建设中，从而建立起基于产权理念的农户端诚信长效机制的系统框架。

（二）农户端诚信机制构建

消费者对原生态、绿色、无污染农副产品的需求日益增强，农村偏远地区正是以原生态、无污染、传统农业种植方式向市场淳朴地提供着这类产品，政府和社会帮扶力量是一座架起农村偏远地区和消费者的桥梁。核心农副产品具有特殊声誉，这是农村偏远地区脱贫的重点路径。市场经济中市场主体的诚信弥足珍贵，我们把农户自身或帮扶经济实体中农户参与的角色称为“农户端”。农户端诚信长效机制就是要通过一定的方式让农户和其所参与的市场主体诚实守信，维护农户淳朴、农副产品原生态等声誉，并能把这些信息有效地传递给消费者。

1. 构建诚信环境

以社会主义核心价值观和产权理念为宣传的精神内涵，向农户端渗透诚信思想，以建立和加强诚信教育和宣传体系。社会主义核心价值观和产权平等与保护理念对诚信建设具有重要指导意义，通过社会主义核心价值观的持续推广和普及，加强宣传诚信标语等措施，带领农业企业和农户树立诚信意识，从精神文化层面提高农村地区群众的自我脱贫能力。

2. 构建诚信信号显示机制

（1）树立企业负责人个人信誉。以企业负责人个人信誉带动企业建立整体信誉，支持企业事业的发展。（2）着力实现产品标准化。实现标准化的产品更易考核，可以建立信任机制，有助于打响企业的品牌声誉。同时，企业进行标准化、规模化生产，进而实现商品化和品牌化，增加市场信任度。（3）运用区块链、物联网、二维码等现代信息技术建立产品的可追溯系统；以不可篡改的视频资料和可溯源的品控信息直接增加农产品生产加工的透明度，同时可引入权威第三方的信用，采用直截了当的标准认证书和评估检测报告的方式为企业产品质量作保证。通过这些机制建设，可以有效增加农副产品的诚信度，提升其附加值，从而促进农户收入可持续增长。

3. 构建失信惩罚机制

法律法规的惩罚；构建农户、合作社等之间实施诚信“连坐”制度等。

本章参考文献

[1] Berkes, F. Cross – scale Institutional Linkages: Perspectives from the Bottom Up [J]. National Research Council Drama of the Commons, 2002: 263 – 292.

[2] Critical, M. W. Success Factors of Shared Service Projects – Results of an Empirical Study. Advances in Management, 2011, 14 (15): 31 – 26.

[3] 洪银兴. 社会信用制度和道德规范建设 [J]. 经济学动态, 2004 (8): 17 – 20.

[4] 黄坤明. 培育和践行社会主义核心价值观 [N]. 人民日报, 2017 – 11 – 17 (6).

[5] 李松龄. 农村土地“三权分置”改革的理论依据和现实意义 [J]. 湖南社会科学, 2018 (1): 92 – 100.

[6] 李小云, 徐进, 于乐荣. 中国减贫四十年: 基于历史与社会学的尝试性解释 [J]. 社会学研究, 2018 (6): 35 – 61.

[7] 卢现祥. 论产权制度、要素市场与高质量发展 [J]. 经济纵横, 2020 (1): 65 – 73.

[8] 吕方, 梅琳. “复杂政策”与国家治理——基于国家连片开发扶贫项目的讨论 [J]. 社会学研究, 2017 (3): 144 – 168.

[9] 田国强. 和谐社会构建与现代市场体系完善 [J]. 经济研究,

2007（3）：130－141.

［10］王晓晖．坚持以社会主义核心价值观引领文化建设制度［N］．人民日报，2019－12－06（9）.

［11］曾长秋，曹挹芬．社会主义核心价值观结构探析［J］．伦理学研究，2014（2）：1－5.

［12］樊孝凤．影响蔬菜质量信息可追踪系统实施的关键因素［J］．农业技术与装备，2011（20）：6－8.

第七章　国家治理背景下的乡村财会监督体系建设

习近平总书记在2020年十九届中央纪委四次全会上对健全党和国家的监督体系作出重大部署，从国家治理体系和治理能力现代化角度，提出包括党内监督在内的十大监督：党内监督、人大监督、民主监督、行政监督、司法监督、审计监督、财会监督、统计监督、群众监督、舆论监督①。并指出监督是治理的内在要素，在管党治党、治国理政中居于重要地位。2023年2月，中共中央办公厅、国务院办公厅印发《关于进一步加强财会监督工作的意见》，为新时代财会监督奠定新地位、提升新内涵提供了顶层设计和基本遵循。

财会监督是监督主体依据国家财经法规制度体系的规定和要求，对党政机关、企事业单位、社会团体、其他机构的财务管理活动、会计核算行为实施的监督。会计造假、财务舞弊、预算松软，都是财会监督不力的表现，这不仅会导致经济金融风险，还会引发严重的廉政风险。在充满各种不确定性的当今社会，财会监督是对冲公共风险，构建经济社会发展确定性的基石。改进和加强财会监督，是坚持和完善党和国家监督体系、提升国家风险管控能力的前提。

一、财会监督与国家治理的关系

国家治理能力是运用国家制度管理社会各方面事务的能力。它强调治理主体的主观能动性，而监督本义是察看并督促，正是治理主观能动性的

---

① 新华网 http：//www.xinhuanet.com/politics/leaders/2020-01/13/c_1125457206.htm：1月13日，中共中央总书记、国家主席、中央军委主席习近平在中国共产党第十九届中央纪律检查委员会第四次全体会议上发表的重要讲话：要以党内监督为主导，推动人大监督、民主监督、行政监督、司法监督、审计监督、财会监督、统计监督、群众监督、舆论监督有机贯通、相互协调。

有力表现。财会监督的本质是监督主体通过公权力的运用，协调众多利益主体间的利益关系，维护公共经济秩序，促进社会持续发展，从而保证国家治理目标实现政治效果、经济效果、社会效果的统一。

会计信息是财会监督的重要载体，是国家治理的重要依据和基础支撑。一方面，财会监督通过会计信息能为国家监督体系提供充分有用的证据。客观、公允的会计信息能如实反映产权主体经济事项的前因后果，为纪委监察等其他监督形式提供有迹可循的依据和证明，形成国家监督体系的基石。另一方面，会计本身具有的产权界定与保护功能，是形成稳定高效等“善治”目标的制度基础。随着我国产权制度改革的推进，以及新型信息技术的发展，会计在产权保护和管理职能的扩展逐渐凸显，逐渐成为公司治理、社会治理乃至国家治理必不可缺的重要环节。因此，高效的财会监督有助于提高会计信息质量，降低会计信息的外部性，实现各方利益关系的协调，提升国家治理能力和水平。

（一）财会监督能优化经济资源配置，推动国家治理现代化与经济高质量发展

一是在优化配置稀缺资源时，财务状况、经营成果和现金流等会计信息和监督活动影响着市场行为和决策、资本流向和配置，最终影响着国家宏观经济运行。二是财会监督涉及国家、社会、公司治理等多个层面（吴联生和王亚平，2003），为了准确、有效地反映和控制经济活动，众多产权主体利益都需要会计进行确认与计量，会计的监督职能在规范这些产权主体利益的同时也推动了会计改革。三是利润、税收、职工薪酬等会计信息反映了投资人、政府、公众三者之间的经济利益分配关系。在良好的财会监督机制、高效的财会监督下，公平合理的利益分配有助于缩小收入差距、优化经济秩序，是推动经济高质量发展的重要保障。

（二）财会监督能有效防控公共财政风险，提升政府治理效能

财会监督是经济金融风险和财政风险监测、预警的基础性条件，也是防范包括廉政风险在内的公共风险的基础性环节。一方面，财会监督是国家行使公共资源配置权的有力监管。公共资源配置不仅需要政府会计来反映，而且需要政府财政来统筹。政府账本反映全部政府收支以及资产与负债，体现公共政策和政府活动方向和范围。公共资源配置事关大众利益，且与公共权力的行使直接关联，财政监督也就不可或缺。税收制度、预算制度，已经成为现代社会约束公权的一种有效制度安排，对税收管理、预

算执行的监督，同时也是对公权行使过程的监督。所以，财政监督从表象来看是针对“财”，实质上是针对“权”，以确保“权为民所用”。财政监督能通过监管财政资源及其背后的“财权”，有效减少财政资金使用不规范的风险，预防国有资产流失，从而一定程度地保证政府治理效能。而会计作为一种专业方法，其所呈现出来的信息有可能是确定性的，也可能基于各种利益动机而造假，这便离不开会计监督，以确保企业、非营利组织和政府部门单位的资源配置活动信息是真实、全面和准确的。会计主体同时是利益主体，作为经济社会活动的微观主体，既可以利用会计信息为自身管理和内控服务，又要为利益相关者和公众利益服务，会计监督正是为此提供制度保证。另一方面，财会监督是提升政府治理效能的中坚力量。除了对公共财政资源配置公平性、合规性以及会计信息真实性的监督之外，财会监督还需要从人民、企业所有权人等产权主体视角考虑政府、公司资源使用的效率问题。在层层委托代理关系下，代理人目标与委托人（产权人）目标不一致，现实环境的信息不对称为代理人满足其需求提供了机会，即使其受到道德约束，不进行“损人利己”的偷窃或欺诈行为，也难以全心全力地去完成履约责任，使得产权主体的资源配置效率难以得到保证。特别是在产权关系不明晰的政府治理行为中，公共资源使用效率低的问题随处可见，更是需要财会监督通过全过程控制与检查，发现其使用效率与效果问题，再追责纠错，从而提升政府治理效能，确保我国国有资产的保值与增值。

（三）财会监督能约束经济主体行为，维护稳定良好的社会治理秩序

国家在获得更多经济资源的同时要保持社会秩序稳定，财会监督发挥的作用日益重要。一是现代社会处于复杂的生态环境中，良好的社会秩序得益于多种治理制度的整合（周安平，2015），其中包括财会监督制度安排。财会监督制度与其他各种规则和治理系统相互配合、相互支持并实时调整，有助于实现良善的社会秩序。二是财会监督有助于控制社会运行风险和提高政府管理效率（武辉，2013）。通过财会监督的约束机制，调整社会关系和利益格局，防范会计失灵对多元主体利益的侵害、减少社会矛盾。国家治理框架下，政府将会计的治理功能恰当地融入其他领域的治理机制中，运用公共权力规范会计行为、稳定社会秩序、实现国家治理目标。

（四）财会监督能合理缓解“道德风险”，形成公司治理结构的权力制衡

会计监督本身即为公司治理的一部分。公司的内部治理涉及股东（大）会、董事会、监事会和经理层等组织边界内部的治理主体之间权责配置和相互制衡安排，其中即包括审计委员会领导下的内部审计体系以及财务部门负责的会计风险控制。会计监督职能的实现，需要建立有效的激励与约束机制，防控会计人员的惰性与“道德风险”。会计内部监督的直接责任人应为经理人，在恰当的激励与约束机制下，会计人员会有效遵从制度安排。但当经理层与会计人员“合谋”时，需要充分考虑：一是经理层的激励与约束（薪酬、股权激励等），二是经理人员与会计人员“合谋”的监督，三是公司治理结构的权力制衡，包括四大委员会（董事会战略与预算委员会、提名委员会、审计委员会、薪酬与考核委员会）职能设定等（伍中信，1997）。由于这种自上而下的层级监督关系，还需要一个监督经理层的机制存在，而这一监管责任则交给了第三方审计机构、政府、证监会等外部监管机构。

成熟的公司治理机制应是在政府适当而充分的监管下，形成内外部治理机制协调互动的系统效应。由于委托代理关系的存在，公司的经营权和所有权相分离，导致股东的“剩余索取权”与“监督其他要素的权利”相分离。因此需要强有力的财会监督，才能确保会计信息的真实可靠。如前所说，监督与其说是对财力的配置，不如说是一种财权的行使，需要与奖惩机制结合起来才能发挥效用。财会监督可分为内部监督和外部监督两种类型，内部监督具有层级结构，上级对下级的监管需要激励与约束并行。

因此，财会监督是国家治理体系现代化的重要内容，财会监督改革要以提升国家治理能力为落脚点，以理顺经济和社会秩序、协调利益关系为最终目标。健全的财会监督体系、良好的财会监督机制、高效的财会监督能力是国家治理体系有序运行、社会经济健康发展的重要保障。

二、国家治理背景下财会监督的定位与基本要素

推进国家治理现代化的最终目标即为走向善治，善治需要具备法治、参与、公正、透明、责任、有效、稳定、廉洁等要素（周安平，2015），这对以财会监督和党内监督为代表的国家监督体系提出了更高要求，需要

其在现代治理理论指导下，清晰界定财会监督的概念边界，明确财会监督范围、目标、主体、客体、内容等基本要素，以充分发挥财会监督在国家治理过程中的基础作用。

（一）财会监督的定位

财会监督是以财政部门为主导，综合运用各种监督方法，对国家机关、企事业单位、社会团体和其他组织或个人等主体的经济活动和财务行为的合法性、合理性和有效性进行的监督，包括财政监督和会计监督，是二者的一个简称（刘尚希，2020）。过去通常把二者分开来表述，甚至当成财政、会计两个专业领域不同类型的监督，现在合并起来，更有利于从整体来把握其内涵和本质，也有利于在实际工作中一体化推进财政监督与会计监督。

要准确定位财会监督的职能和地位，需要从以下方面进行理解：

第一，财会监督是党和国家监督体系的重要组成部分。财会监督作为财政部门受托履行财税政策落实、财政收支监管、地方性投融资监管、会计和金融行业监管等职责的主要手段（喻冬梅，2020），是党和国家监督体系的核心内容，是财政部门充分运用行政权力、对财政资源和市场经济秩序进行有效调控的必要手段。

第二，财会监督是现代财政制度落到实处的关键环节。现代财政制度在财政集权与分权适度均衡的基础上，确立责权利明晰、财力协调的央地关系，并通过科学、公开、约束力强的预算制度提高财政资源配置效率和效果。现代财政制度本身即为国家治理体系和治理能力现代化建设的重要考核指标和基本制度保障，而有效的财会监督则是财政管理闭环的重要环节，是财政系统内部权力机制有效运行的监控方式。随着国家治理体系对财政功能转型的要求，财会监督改变了以往重事后监督、轻事前事中管控的格局，全面向“全程控”监督方式转变，其职能作用将更为凸显。

第三，财会监督是实现国家治理现代化的基础保障。20 世纪末期以来，“治理理论”在全世界盛行。国家治理理论强调国家除了行政统治外，需要其他社会行动者的积极参与，强调国家与社会的柔性协调，极力寻求管理方式的灵活性和管理手段的多样化。党和国家监督体系是国家治理体系的重要内容，是实现国家治理能力现代化的重要后备力量。在党和国家十大监督体系中，财会监督处于基础监督地位，其他监督离开财会监督或难以独立存在，如审计监督是在财会监督基础上的再监督，通过利用财会监督的结果执行审计程序，离开财会监督，审计监督或降低审计效率或降低审计效果。因此，财会监督是国家治理体系的基石，是国家治理体系的重要组成部分。

第四，新时期财会监督内涵的延伸。在国家治理和治理能力现代化的战略背景下，财会监督需要在现有基础上加快信息化建设和改革转型。一方面，除了传统监督内容外，财会监督还应与纪委监察等监督方式充分协调合作，在职能分工明确的基础上整合多方资源，形成部门联动，有效提升党和国家监督工作的效果与效率。另一方面，改变人工审核、审批、检查、约谈、调查等监督方式，充分利用互联网、区块链等新型信息技术，建立大数据财会信息共享与监督体系。

（二）财会监督主体

财会监督涉及行政事业单位、社会公共组织、企业等多类市场主体，故其监督主体也呈现多元化特征。首先是各级财政部门，具体包括财政监督部门及各财政业务部门等，主要对财税政策的执行、财政资金分配、使用与管理、会计金融行业发展的合法合理性进行全面监管。其次是企业、单位等会计主体。凡是涉及资源产权界定和配置的地方，便需要会计核算，会计的基本职能是界定和监督产权（伍中信，1998），因此会计主体即为监督主体，重点对本单位经济业务记录、核算与管理的真实性与合规性进行内部监管，其中企业（单位）财务与会计部门是直接相关主体，负有直接监督责任。同时，企业还会通过公司治理结构强化内部监督机制，如监事会、审计委员会、独立董事等机构与岗位的设置，成为内部监督主体的强有力补充。最后是以注册会计师审计、国家审计、证监会为核心的外部监督主体。现代公司制度下两权分离催生了会计外部监督的发展。作为第三方的注册会计师受企业所有权人委托，通过全面审计企业会计账簿与报告，从会计信息的合规性层面对具有受托责任的企业管理者履约情况进行审查与监督，有效维护企业产权主体的权利；同时国家审计部门和证监会等从法律层面对相关经济组织的会计行为实行权威监控，从而形成疏而不漏的外部监督网络。

从财会监督主体来看，监督主体之间的充分互动有助于保护投资者利益、提高财务报告质量（卜君和孙光国，2017），而要实现“善治”的国家治理体系和治理能力现代化，需要针对多元主体参与、责任、效率、稳定、廉洁等治理目标，形成多方联动的国家监督体系，需要将财会监督主体从传统的财政、审计等经济监管部门扩展至人大、纪委监委、民主监督等社会监督主体，形成基于大数据的监督网络，有效规范我国相关主体的财政与会计活动。这一政策目前已深入我国监督体系之中，2007年中央纪委、监察部、审计署联合发布《关于纪检监察机关和审计机关在查处案件中的相互协作配合的通知》，2017年审计署与中央纪委国家监委正式建立案件线索定期移交机制，2019年党的十九届四中全会更是指出要“发挥审计监督的职能作用，以党内监督为主导，推动各类监督有机贯通、相互协调”。这一系列政策均要求审计机关与纪检监察部门在相关经济案例查处过程中相互协作配合，信息共享，形成高效高质的工作合力，实现监督资源的节约与优化配置。“十三五”期间，审计部门累计向纪检监察机关移送扶贫领域问题线索2000余件，最终问责2500余人。且随着监督合力的逐步深入，已在民生领域形成有力震慑。如2019年审计查出扶贫资金违规案件比例已下降至0.19%，其他领域的违纪案件也显著下降，表明我国国家监督体系的职能与作用正逐步体现。在未来国家治理体系建设中，如何进一步发挥这种监督合力，并在新信息技术环境下强化这一合力将成为监督主体共同思考的课题。

（三）财会监督的客体

财会监督的客体即财会监督的对象，是特定主体能够以货币表现的经济活动，既包括社会再生产过程中的资金运动，也包括主体在从事资金运动中的经济行为。我国的经济制度是社会主义公有制为主体的经济制度，财会监督的对象是各级组织的公共财产，包括公有的土地、水源、空气等自然资源的合理开采和使用，也包括国家财政投资于各“单位”的“资本”以及各“单位”形成的债务，公共财产的配置体现了财政部门的活动方向和范围，事关公众利益，且与公共权力的行使直接关联，财政监督也就不可或缺。对现代社会约束公权的预算决算制度是一种有效制度安排，在对“财力”预算决算的同时，也监督预算决算权力行使，故财政监督从表象来看是针对“财力”，实质上是针对“财权”。各种会计监督，从表象看是会计组织的经济活动，实质上是监督主体配置“财权”的合理合法性。总之，财会监督的客体即财权的行使。

（四）财会监督的内容

财会监督的内容是客体表现的经济内容“财力”及主体表现的行为“财权”，具体内容包括：监督各种会计信息发生的真实性、传递过程的安全性、披露的完整准确性；坚决推动主体对党中央方针政策和决策部署贯彻落实、财政财务制度的遵循、依法对注册会计师事务所和注册会计师协会进行监督指导。

具体而言，财会监督主要包括财政监督与会计监督。第一，财政监督的内容主要涉及财政资金及其权利配置的监督。财政部门受托管理财政资金，需要对财税制度的落实与执行，财政资金分配与使用过程的合法性、真实性、效益性实行全面监管，对行政事业单位、市场主体和社会组织会计、审计即金融行业管理的规范性与有效性进行宏观调控；第二，会计监督的内容主要包括单位内部监督（监督单位会计制度执行情况、资产安全完整性、会计信息披露真实合法性及经营管理效率等）、社会监督（即注册会计师监督，监督市场主体对会计规范的遵从程度）、政府监督（即审计、监察等政府部门受托对经济主体的财税违法行为进行监管）。可见，财会监督的内容重点为产权主体对其资源价值流动记录、核算与披露的真实性和合法性，以及资产使用与管理流程的规范性等。

三、国家治理下财会监督存在的困境

国家治理下是在整个国家社会展开管理，它涉及国家宏观、微观经济管理，财会监督也要对两个层面的产权界定、财务收支和会计行为等进行系统性监控。产权会计观认为，会计的基本职能是界定和保护产权。会计核算认定了产权关系，而财会监督则是对产权的界定进行再认定，这种再认定的过程主要检查两方面的内容：第一，是否符合法和国家统一的会计制度（契约），如果不符合，则违反了界定的产权关系必须纠正；第二，界定后的产权结构是否遭到了破坏，产权主体的利益是否受到他方的侵蚀。如果出现上述情形，财会监督将对产权利益进行合理的仲裁、评估、鉴证。

随着现代公司所有权与经营权的分离，会计信息失真成为难以解决的问题，即使在目前财政部门、审计部门、证监会、企业内部控制与内部审计、注册会计师、社会舆论等多维多元化财会监督主体与方式下，层出不穷、手段多变的会计造假与审计失败案例仍充满大众视野。2020 年证监会披露当年度即查办上市公司财务造假案件 59 起，财政部门公布的会计信息质量检查公告每年均有诸多会计核算不实、财税政策执行不力等问题披露，这表明我国财会监督机制尚需进一步加强（唐国平等，2017）。按照产权会计观监督国家宏观、微观经济管理两个层面，下面分述两个层面现实中存在的问题。

（一）对财政部门的再监督不够

政府在财会监督中发挥主要作用（刘国强，2006），加强政府监管有助于弥补会计市场失灵（Glaeser 和 Shleifer，2001），形成权威高效的制度遵从效力。从实践经验来看，诸多会计欺诈和财务舞弊与政府监管失效有关，政府作为最重要的监督主体应加强会计监督体系建设，充分发挥社会公众等的监督作用（李明辉和曲晓辉，2005）。第一，财政部门既当运动员，又当裁判员，财会监督缺乏独立性。高质量的财会监督需要配套有效的财政运行机制。然而，财政部门本身缺乏监督。政府部门既是公共资源的使用者，又是公共资源使用的监督者。如人民代表大会表决预算和决算报告，从制度安排与宏观、中观资源配置层面进行监督，而政府财政部门则监督本级预算的执行与分配，也就是说，财政部门既是财政资金管理的执行者又是监督者。第二，多头监督、协同不畅。《会计法》赋予财政部门会计监督的权力，也给予审计、税务、证券监管、人民银行、保险监管等部门会计监督责任，造成多龙治水，监督部门权力分散，不利于沟通信息，例如，华融资产管理股份有限公司董事长赖小民一案，就有很大部分原因在于多头监督不力。华融公司成立之初由银监会监管，后来发展成金融全牌照公司之后，不同方面的业务分别归银监会、保监会、证监会等多家机构监管。赖小民于是利用其中的空档，哪个板块业务要接受检查了，他就把其他板块的资金先挪过来，拆东墙补西墙，不断闪转腾挪。金融行业的专业性、分业监管带来的空档，使得外部监管难以同时抵达，纪委监督、监察监督、审计监督与财会监督标准不一，政策依据不一致也导致对华融公司的监督形同虚设，并没有发挥作用。

（二）缺少事前事中的“全程控”监督

目前的财会监督多为一种事后监管，通过对单位已发生经济业务的会计处理情况进行检查，来发现其存在的问题。这种事后监督重追责纠错，轻事前防范。事实上，很多问题事后弥补效果不佳，需要从源头上进行全方面、全过程控制与监管。一方面，监管部门发布的会计信息质量报告严重滞后，无法及时为利益相关者提供决策依据，大大降低了会计信息质量检查公告的公信力与决策有用性。这种公信力一旦丧失，短期内很难重建，因此急需改变事后的定期披露与审计制度。另一方面，事后监督发现的问题已造成重大损失，难以有效保护产权主体的财产权利。近年来政府发布的会计信息质量检查公告显示，资产、负债、所有者权益披露不实的企业数量整体呈上升趋势，虚增经营业绩现象较多，在“小金库”专项治理中发现违纪金额呈逐年上升的趋势（王竹泉和江玮滢，2017），表明这种事后监管已形成严重的经济后果，监督效果大打折扣。针对政府治理中财会事后监督运行的问题，学者们一方面从监督主体与监督模式改革视角，提出了权力分享制衡机制（李志斌，2009）、政府与私人部门合作机制（Zeff，1995）、独立管制模式（谢德仁，2002）、“市场导向”（王跃堂等，2001）等建议，另一方面从财政监督职能转型、全面预算管理、事前审计等方面，提出了“风险导向”（樊行健和肖光红，2014）、“绩效导向”（李建发和张国清，2015）、“全过程监控”（褚尔康，2019）等财会监督模式，从不同视角探讨了财会监督运行机制的优化问题，并提出应该突破微观会计桎梏，从整个宏观领域重构（杨雄胜等，2013）。

（三）基层财会监督执行力不足

农村财务会计制度不健全、财务人员素质较差是基层财会监督的瓶颈问题，我国于2005年1月起开始实行的《村集体经济组织会计制度》，当前村级财务管理主要实行村账乡（镇）理、村账乡（镇）监、村账自管三种形式，农村会计队伍数量约200万人，普遍存在“两低两高”现象，即文化程度低、专业技术水平低和年龄偏高、无证上岗比例高；村级会计队伍不稳定，人员待遇低，更换比例高等问题，在会计日常管理上存在制度不健全，核算不规范，乡（镇）代管监督不到位，如税改后，村级账务不再发生的执行费支出，而在实际工作中，不仅列支招待费，高达数万元，而且据实开支、从其他项目开支、坐支现金等现象普遍存在。

（四）外部监督在公司治理中的职能定位模糊

公司治理实践是随着公司制组织形式的出现而产生的，如果以东印度公司1600年的设立作为标志，公司治理实践已经有400多年的历史。1776年亚当·斯密在《国富论》中对两权分离下股份公司及其董事行为的分析，实际上已经触及公司治理问题。我国公司治理问题研究是伴随现代公司制度改革进行的，其发展先后经历了观念导入、结构构建、机制建立和有效性提高四个阶段。然而，什么是公司治理？国内学者见仁见智。吴敬琏（1993）提出了法人治理结构的概念，钱颖一（1995）认为公司治理结构是一套制度安排。张维迎（1996）指出，公司治理是有关公司控制权和剩余索取权分配的一整套法律、文化和制度性安排，与企业所有权安排内涵相近。李维安（1998）认为，公司治理是通过一套包括正式或非正式的、内部或外部的制度或机制，来协调公司与所有利益相关者之间的利益关系，以保证公司决策的科学化，从而最终维护公司各方面利益的一种制度安排①。

如果说外部监督中的注册会计师审计是“民间经济警察”，那么政府审计则是“皇家警察”，共同对公司治理进行监督。但是政府审计的社会成本小且约束力强，主导的“审计风暴”所引起的良好社会反响与一些会计师事务所参与会计丑闻所引起的频频曝光形成鲜明对照（周华和刘俊海，2019）。深究其缘由，可以发现现行法律、职业准则体系都缺乏对CPA审计与非审计服务的合理约束和明确定位，注册会计师作为以盈利为最终目标的市场主体，强行赋予其审计监督与咨询等职能是否有效，值得深究。正相关论认为：审计师为避免诉讼和声誉损失会选择保持独立性，因此提供非审计服务不一定降低独立性和审计质量（Alexander 和 Hay，2013；李晓慧和庄鹏飞，2015）。负相关论认为，同时提供两种服务可能形成经济依赖而损害审计师独立性，进而降低审计质量（武恒光和张龙平，2012；Patel 和 Prasad，2013；Chu 和 Hsu，2018）。而现实中监督权由职业的执行经理们来行使，广大股东分散的剩余索取权已从现实中放弃了对企业的监督权。尤其在国有企业，由于国有资产管理机制尚未理顺，存在所有者产权主体虚置等问题，谁来监督经理阶层的问题更加没有着落。

财会监督是公司治理的主要组成部分，它包含“谁来监督会计”和“会计监督谁”两大部分，对其中的“谁”而言，都需要对应的激励和约束机制。因而，股东监督缺位是现代公司的一大弊端，它会使得经理层容易出现“道德风险（moral hazard）”。其次，难以形成财会监督联动机制。当前上市公司财会监督体系中，既有股东大会派出的监事会，又有内部财务部门监督；既有内部审计委员会，又有外部审计委员会；如果是大型国有上市公司，还有国家审计监督。在多头监管情况下，公司财会人员疲于应付各种检查，影响正常的财会日常管理工作。

四、提升财会监督的实施原则

（一）财为民有的公平治理

从会计发展历史看，剩余财产的产生是会计计量发展的基础，而剩余

---

① 李维安在此后出版的《公司治理》《公司治理学》等著作和教材中均沿用了这一定义：公司治理涉及治理结构和治理机制两个层面的问题，其目标是实现公司决策的科学化而非相互制衡。

财产形成的前提即为社会财富的创造。现有研究均认为劳动产出、资本利得和自然资源构成了社会总财富。如果这三要素都归居民所有，则表明国民的财权能自由支配，能够由个人自由支配的财产也就不存在财产监督。然而，我国实行社会主义公有制，除了劳动能完全属于居民本身，大部分资本、自然资源归国有或集体所有，而代表人民行使国有财产使用权与分配权的是国家行政机关，这就有了财政，伴随而来财政监督，财政监督的目标之一即为维持国有资产的公有属性，实现国有财产的保值增值。因此，只要资本、自然资源未划归私有，财政监督就会永远继续循环，而财政监督是国家治理的基础，如何以最小的监督成本撬动经济杠杆、充分发挥财政监督效能是目前国家治理需要解决的问题。

本文认为，国家要适当放权，通过国有企业改革、结构性减税、共享经济等战略实现“藏富于民”，在不降低公有经济控制力的同时，通过市场化方式增加居民财富的分配，降低财政监督成本。近年来，我国已经在财富三要素上下了大功夫。

第一，国家重视城乡居民劳动收入的提升。从2009年至今，国家陆续出台系列惠民措施，用于增加居民收入，改善民生环境。针对劳动者所得占国民收入初次分配的份额逐步降低的趋势，采取促进劳动者收入与政府、企业等收入协调增长的措施，调整和完善促进社会公平的税收制度。按照同股同权原则，规范国有企业特别是行政性垄断国企的利润分配；出台《工资条例》，保障职工工资稳定增长；调整企业最低工资指导线、公务员津贴补贴、事业单位工作人员绩效工资、城乡最低生活保障线、企业离退休金标准等。中央财政逐年增加安排“三农”投入资金，用于加强农业基础设施建设、稳定并提高农产品收购价格、实施各种惠农补贴等；用于完善覆盖城乡居民的社会保障体系，提高城乡居民基本医保；用于促进就业，继续提高农民工和城乡新增劳动力的就业能力。

第二，多元化国有资本的监督主体。在国有资本改制方面，新一轮国企改革需要聚焦两个主攻方向：以发展混合所有制经济促进国有企业转变经营机制，“以管资本为主”完善国有资本管理体制。后者为前者提供了条件，前者对后者提出了“管资本”的能力要求。“以管资本为主”意即国家与民众是国企的共同所有者，国家与民众共同关心国企的投资收益，两者交互监督资本的保值与增值。

第三，完善自然资源资产产权制度建设。首先明确各种自然资源实物的所有权、用益物权和担保物权，解决国有农用地使用权缺失、自留山自留地等权利重叠问题，如权利同名异质问题，因“招拍挂”取得和流转取得等权利取得方式不同，同为土地经营权这一称谓，权利内容差别却很大。只有明确界定这些产权，才能谈后续如何监管保护产权。故推进不动产和自然资源统一确权登记是基础。基于不动产登记，将不动产登记的相关信息与水流、森林、湿地等自然资源的所有权和自然生态空间的状况关联，可以明晰自然资源的所有权，并向全社会成员法定公开，有效地解决所有权不清、科学地界定权属边界问题。十九届四中全会进一步强调，推进依法统一认定登记规范化、标准化、信息化，完善自然资源资产产权制度，明确了后续工作的方向。

（二）财为民用的公开治理

财产的有用性是其固有属性之一，国民的劳动所得可以自由支配，在可支配的消费支出之外，可将劳动所得以货币资金形式储存。以农村居民为例，农民劳动所得在满足自己消费外，部分剩余农产品可以出售获得货币，然而，这部分剩余农产品获得的价值有限，至于其他的自然资源如土地、林地则属于集体财产，经营得好可以有部分份额收入，经营不好就没有收入，这就是为什么中国还有 6 亿居民月收入在 1000 元以下的原因之一。城市的底层市民境况与贫困农户相似，他们要么靠低保生活，要么摆小摊或经营小店，收入极不稳定。而到了城市中产，背负房贷、车贷，高消费不可及，有部分剩余货币投资股市，也可能因股灾而被“割韭菜”。民用财产的持有成本要大大降低，要让国民用得放心，为什么中国居民的储蓄率高，不愿意信贷，是老百姓认为储蓄最安全，储蓄名义上能够保值增值，而其他投资承担风险程度高，收益不确定。

从提升公民的公开治理程度来看，保证公民对于财政预算的知情权、参与权和监督权是政府最基本的职责。从 2008 年施行《政府信息公开条例》开始到 2014 年修正《预算法》，我国中央政府和地方政府向社会公开预决算报告，并构筑了“三公”经费支出公开的制度，试图通过社会公众的监督扩大民众民主参与的程度。事实上，政府会计由收付“单轨制”过渡为“双轨制”提高了政府预算信息的透明度，提升了公民参与国家治理的可能性与有效性，对于有效防治腐败均有重要意义，是推进国家治理体系现代化的重要保障。

从公司治理的角度，财会监督的作用主要是提高公司的财务信息透明度。传统的财会监督重视事后监督，追踪财务信息的原始数据与生成过程非常困难，审计师运用财会生成的监督资料效果不佳。如果将财务信息的资料按照 XBRL（可扩展商业报告语言）进行编辑和生成报告，就会使得追踪财务信息的原始数据与生成过程变得简单明了，因此，要在国内公司普及 XBRL，使得从报表项目信息追溯至原始凭证信息易如反掌。另外，在财务信息存储方面，运用现代影像技术、会计电子档案转变存储媒介，使得各种监督易于查找财会资料。

（三）财为民治的公正治理

当前，财政转移支付是振兴乡村、脱贫攻坚的主要途径，也是最需要财会监督的领域，突出的问题是在国家向农村转移资源的过程中，大部分资源并未进入农村，而在乡村治理中耗费。为了获取更多的财政资源，基层政府不断向上级争取专项资金，并在执行项目过程中重新配置既有的行政资源。因此，项目的申请、审核、分配、检查与应对等一系列的环节和过程，随着利益再分配，存在诸多变通、转化，这引发了乡村干部、项目承包商、少数农民之间的利益博弈，因而实行信息的公开化和透明化是规范专项项目运作的重要保证。具体可以从事前事后两方面监督着手进行。一是事前监督促进项目分配公开化。财政专项转移支付中的分配政策、分配标准、分配时间、分配方法都通过文件、网络或媒介向社会公开，让公众有效参与项目的全过程。二是加强财会事后监督。财会部门应对专项资金的细目预算、及时落实、专款专用、截留挪用等情况进行重点监督，发现问题后及时进行约谈和整改。三是通过党的政治统领，发挥党组织动员、组织群众的优势，加强项目的社会监督。由于专项项目目标多、部门杂，因而在运作过程中的寻租腐败行为往往具有较强的隐蔽性，单靠财务监管和审计监管难以应对，因而需要借助社会公众监督，在此种情形下，党建引领基层治理已经成为构建乡村民治的重要抓手，是实现村民自治、法治、德治相结合的有效途径。加强农村财会工作监督，必须符合《村民委员会组织法》、《会计法》和国务院有关文件规定，遵循村民自治、财务公开、加强监督的原则，实行乡镇财政所主导的村账代理服务，加强农村会计人员的管理，村级报账员应获得财政部门组织的岗前培训合格证，代账人员应该持有初级会计师证或会计从业资格证，建议财政对村级报账员给予误工补贴，提高工资待遇。由财政全额负担代理机构的代理费，严禁向村集体组织以代账名义乱收费。

五、提升财会监督的实施路径

（一）监督主体组织保障创新

一是实施常态化财政监督联合工作机制，再次提升财政监督主体的地位。新中国成立以来，从中企处设置专员办到监管局，财政监督主体的机构不断扩大，级别逐步提升。1986 年，经国务院批准，先在 18 个省、市、自治区财政厅、局内设置中央企业财务处，同时在中央企业设置驻厂员组（科），简称“中企组（科）”，其中处级组 42 个，简称“中企处”；1995 年 1 月 1 日，根据分税制财政管理体制改革的需要，经国务院批准，“中企处”改为财政部驻××省（自治区、直辖市、计划单列市）财政监察专员办事处，简称“专员办”，级别为正司局级，就地履行中央财政的监督管理职能。2019 年，为深入贯彻党和国家机构改革工作部署，根据《中共中央关于深化党和国家机构改革的决定》《深化党和国家机构改革方案》《国务院机构改革方案》以及《财政部职能配置、内设机构和人员编制规定》，经中央编委同意，财政部在全国范围内共设立 35 个正司局级的财政部××（省区市名）监管局。至此，各省、直辖市、计划单列市财政监管局的行政级别与财政厅、局等同，而且直接受财政部领导。可见，财政监督主体的纵向地位大大提升，然而，财会监督的制度设计单独依靠财政部门一家，监督同级别的各部委还是很难形成监督威信，在地方层面应加强多部门协作，实施常态化联合工作机制，由其派驻监察组（由财政部、审计署、银监会等成员组成）常驻各部委进行日常会计监督，而非事后监督。

二是探索分层次、规模的会计事务所监督体制。对于有证券从业资格的大型会计师事务所，财政监管局要定期轮番监督事务所业务；对于无证券从业资格的中小型会计师事务所，以注册会计师协会为主要监管主体，建立基于交易费用节约的会计师事务所治理结构，便于审计双方节约交易费用。

三是改革企业审计机构的委托机制，扩大审计委员会的规模。企业的审计委员会设置是企业财会监督机构的顶层设计，审计委员会的主要目标是遵循审计准则，维护股东的利益。因此，依照政府审计的变革方式，审计委员会应直属公司股东会领导，对于国有资本控制的企业，审计委员会应由国有资产管理委员会派出，这样相对于公司财会部门做到机构独立；在人员构成上，审计委员会主要由独立董事构成，吸收公司员工代表，做到人员的相对独立；在经费开支上，审计委员会的开支来源于股东大会的决议，而不能由董事会决议，因为审计目标之一就是监督董事的财会行为是否合理合法，国有企业的审计委员会经费应由国有资产管理委员会统筹管理，比如，从上缴利税或管理费中抽取小额比例作经费，经费的报销也单独列账，否则又会跟社会审计一样，由于审计收费由被审单位开支，审计容易陷入企业“购买审计意见”的泥坑。审计委员会只有切实做到机构、人员、财务的高度独立性，才有可能真正起到财会监督的作用。

四是提升人民群众财会监督的积极性。建立通畅的财会监督举报机制，通过设置类似人民检察院的人民监督员制度，提升人民群众进行企业会计监督的积极性。

（二）财会监督法律法规需要平衡原则与规则

我国现行法律法规约定了财会监督的法律地位和监督行为。从法律层次看，有全国人民代表大会颁发的全国性法律，如《会计法》《公司法》《证券法》《注册会计师法》《审计法》《税收征收管理法》；有财政部颁发的财会制度、条例，如《企业会计制度》《小企业会计制度》《企业财务通则》《金融企业财务规则》《行政单位财务规则》《总会计师条例》《企业财务会计报告条例》等；有专门的财政部令形式颁布的监督法规，如《财政部门内部监督检查办法》（2010 年 2 月）、《财政检查工作办法》（2006 年 1 月）、《会计师事务所执业许可和监督管理办法》（2017 年 8 月）、《资产评估行业财政监督管理办法》（2019 年 1 月）等。上述法律法规为财会监督活动的开展提供了合法性保障，然而，仍然有部分行业财会监管力度不够、效率不高，原因在于我国财会监督法律法规过于原则化、弹性化，可操纵性幅度大，从上述法律法规可看出，我国财政监督法律法规已经从原则导向向规则导向转化。而企业特别是非国有企业的财会监督法律法规还是过度原则化，需要确立按照法律事实记账的原则，在原则导向的基础上辅以更多的解释和指引，加强财务监督和会计监督的可操作性，从而遏制高管舞弊，确保各方产权利益不受损害。

（三）完善监督机制，加大处罚力度

一是探索实行公司实际控制人举证倒置制度。实际控制人可以是公司控股股东，也可以不是公司的股东，但通过投资关系、协议或者其他安

排，能够实际支配公司行为的人。简而言之，实际控制人就是实际控制上市公司的自然人、法人或其他组织。为了防止实际控制人通过操控董事会、管理层和监事会成为上市公司财务造假的主要策划者、受益人，应该实行实际控制人举证倒置制度：除非实际控制人有确凿证据证明其不是上市公司财务造假的主要责任人，否则就应当承担财务造假的主要法律责任和民事赔偿责任。二是建立防止实际控制人攫取上市公司利益的机制，探索更严厉、更合理的惩处制度。目前《证券法》等法律对财务造假的 60 万元顶格处罚实在太少，对于实际控制人损失无异于鸡毛蒜皮，应该加大经济处罚力度，可以简单采用经济法合同双倍罚金原则，即处罚金额是当期虚增利润的两倍，并且上述罚金应由实际控制人支付，而且这类罚金最好由证券开户银行或其他信托机构托管，主要用于赔偿财务造假给中小股东造成的经济损失。更进一步，为了防止控股股东或实际控制人恶意掏空或套现，应当尽快修改《公司法》《破产法》等法律，引入控股股东、实际控制人破产法律，对其质押股权比例作出一定限制，为保护广大中小股东和债权人利益，要制定具体的《破产企业管理人指定办法》和《破产企业管理人报酬支付办法》，对破产管理人的选任和破产企业管理人的报酬制定切实可行的办法。

（四）限制外部监督（会计师事务所）的非审计服务，提高独立性

注册会计师审计是提高经济信息质量、执行财经法规、维护市场经济秩序的重要制度安排。近年来，一系列财务舞弊和审计失败案例被曝光，极大地损害了会计师事务所审计质量的公信度。提供高质量审计服务，是注册会计师行业的第一生命线，是事务所生存发展和树立市场信誉的基础。全面提升会计师事务所审计质量是一项长期任务，也是促进注册会计师行业高质量发展的关键所在。

经济依赖假说认为，审计师提供非审计服务能创造经济收入，而向客户提供的非审计服务越多、从客户那里赚取的非审计收入占其总收入的比重较大，审计师就越有可能对客户形成经济依赖。为避免与客户的关系破裂而蒙受经济损失，审计师将会迫于客户压力而允许其进行盈余管理，从而使审计师独立性受损（Duh R. R，LeeW. C.，and Hua C. Y，2009；Callaghan J，ParkashM，Singhal R.，2009；Quick and Warming - Rasmussen，2009；Patel A.，and Prasad P. 2013）。与之相对的是，认知偏误假说认为审计师仅具有限理性，他们对财务报告质量的误判是无意识状态下的心理启发所致。具体来说，当审计师意识到只有与客户保持审计业务关系，才

能通过提供非审计服务而获取经济收入时，审计师更有可能在心理上假定客户公司能持续经营，从而调低审计工时预算数，导致审计质量下降（Beeler and Hunton，2001）。以上两种假说的区别在于，前者认为审计质量的下降是审计师有意为之，而后者则认为是审计师的无心之过。尽管两者的分析视角不同，但结果并无二致，即向客户提供非审计服务会降低审计师独立性。经验证据表明，一旦客户公司向审计师支付高昂的非审计服务费，投资者将会认为审计师独立性受损，从而降低对客户公司的股票估值，导致负向市场反应（Frankel 等，2002；Krishnan 等，2005；Francis and Ke，2006），该结果与经济依赖假说的预期相一致。不相关论者认为，非审计服务和审计服务是由经济需求驱动，两项服务之间没有相关性，总体上没有发现同时购买非审计服务与审计质量有关系，提供非审计服务不会影响审计独立性（Gul F. A.，Jaggi B. L.，Krishnan G. V. 2007）。可见，提供非审计服务对审计师独立性的影响在学术界尚无定论，值得全面而深入地探讨。

国内会计师事务所从事非审计业务起步较晚，且非审计业务占全部业务的比重不大。近年来，财政部与中注协正大力支持会计师事务所发展非审计业务。2009 年 10 月，国务院办公厅转发财政部《关于加快发展我国注册会计师行业的若干意见》，首次明确了国内会计师事务所的执业领域可从财务报告审计拓展到内部控制、司法鉴定等业务领域。2011 年 9 月，财政部在其印发的《中国注册会计师行业发展规划（2011—2015 年）》中鼓励事务所拓展鉴证业务，大力开发非审计业务领域。2014 年中注协在新修订的《注册会计师业务指导目录》中列明了注册会计师可以从事的业务，包括 271 项鉴证业务、149 项咨询服务业务和 17 项会计服务示范基地创新业务，其中，审计业务占总项数之比不到 50%。相应地，中国证监会仅要求上市公司披露相关信息，却没有明确禁止或限制非审计服务。尽管学术界并未就非审计服务对独立性或审计质量的影响得出一致的结论，但各国证券监管部门在出台政策时都默认提供非审计服务将有损审计师独立性与审计质量。较为可行的方案是，允许会计师事务所开展两种业务，但禁止对一个客户同时提供两种服务，而且接受审计服务的客户与接受管理咨询服务的客户之间不能存在关联关系。这种审计业务和咨询业务的适当分离，既可以保证审计的独立性不会由于提供咨询服务而受影响，在实质上和形式上保持独立性；又有利于会计师事务所的长远发展。我国可以适当借鉴实证研究成果以及他国经验，对于可能影响注册会计师独立性的各种可能性都加以限制，这样才能为审计质量的提高提供制度保证。

六、乡村治理中的财会监督体系建设

党的十九届四中全会对推进国家治理体系和治理能力现代化建设进行了全面部署，并提出构建治权、财权、产权、事权“四权统一”“五微治理”相融合的新型乡村治理模式。监督是治理的基础，乡村财会监督作为国家监督体系的重要组成部分，是乡村财政财务收支、资金筹集、分配与使用的合法合规性和效率效果的一种纠偏、反馈机制，是提升乡村公共管理效能、实现善治的有效制度保障。随着“村账乡代理”制度的实行，近年来基层财会监督得到持续加强，村级财务得到很大规范，有效强化了国家资金的安全和效益，但在职能定位、制度设计、流程规范、人员管理等方面仍面临诸多困难与挑战，需要进一步深化改革，将财会监督融入乡村振兴监督体系，把财会监督制度优势转化为乡村治理效能提升的有效工具和可行路径。

（一）乡村治理背景下加强财会监督的重要意义

随着我国“三农”工作、精准扶贫和乡村振兴战略的逐步推进，大量的财政资金和公共资源引入乡村领域。其中绝大部分属于财政资金和社会资本，存在产权不清、职能越位与错位等现象，导致公共资金分配与使用中存在挤占挪用、公款私用、精英俘获等问题，这些已成为新时代乡村治理亟待解决的问题。伴随信息化、市场化及城乡一体化改革，我国乡村治理空间及结构受到新兴市场力量的强力冲击，农村社会正面临快速的体系解构与结构重塑，治理秩序失范在所难免，通过加强财会监督，构建乡村振兴监控系统，强化财政财务监管、控制、评价和预测职能。

1. 加强财会监督有利于提高乡村公共资源配置效率

财会监督通过对乡村财政涉农资金、社会资本及村民自身资源的分配与使用进行全流程信息公开与监控，对乡村公共产品与服务供给效率进行全方位评价与调节，是提高农业现代化发展的有力资本保障。第一，财会监督将进一步促成乡村财务公开的实现，乡村财务人员可依据监督所披露的会计信息，对本区域农产品供给与服务的资金需求、筹集渠道、投资回报、风险控制等进行精密测算，能最大限度提高资金使用效率与效果，降低农业发展成本，并为上级行政部门管理与控制乡村公共资源配置提供及时、准确、相关、可靠的信息，有利于提高顶层设计与行政管理决策效率。第二，财会监督所揭示的基层财会管理问题，为降低基层审计成本、实时纠正与排查乡村治理乱象、形成良好的公共管理秩序、提高基层自治效率提供了一道强有力的防火线。第三，乡村财会监督所披露的可比性信息，既能纵向比较同一乡村的财政财务管理的发展与变化状况，又能对不同地区或同一地区不同乡村之间的公共资源配置进行横向对比，甄别其优劣势，形成改革的有效动力与正确方向，从而提高乡村整体的公共管理与公共产品供给效率。

2. 加强财会监督有利于提升乡村公共服务质量

财会管理本身即为经济主体产权关系的反映与监督，而财会监督作为组织经济管理的再监督，能通过完善乡村财务信息披露与公开，为乡村公共服务行为提供决策参考、评价与反思，从而提高乡村治理质量。第一，财会监督要求量化乡村管理机构与人员的财政财务管理决策信息，帮助上级相关部门比较和分析不同农业农村发展项目，形成最适宜的项目决策，提高资金使用效率效果。第二，财会监督所产生的威慑作用，能有效遏制基层财务人员的违法违规行为，助其履行公共受托责任，使其个人目标函数尽可能趋近于乡村治理目标函数，提升乡村公共服务整体质量。第三，财会监督对乡村振兴项目资金分配与使用信息的披露与监控，能充分满足社会公众的知情权，形成财会监督与舆论监督合力，有利于形成政府到民众自下而上的监督力量，从而增强政府公信力，缓解乡村治理的基层阻力，改善公共服务质量。

3. 加强财会监督有利于推进乡村治理能力现代化

监督是治理的基础与内生要素，是有效实现乡村善治与良治的制度基石。没有监督与惩戒的治理，无异于纸上谈兵，难以达成应有的效率与效果。财会监督是提升乡村会计信息质量、维护农村居民权益、提高乡村治理能力和治理水平、实现农业现代化的约束机制。一方面，财会监督是全面提升村级组织自治能力的制度安排。所谓村民自治，并非每一村民均能参与乡村治理实务工作之中，而是通过选举与投票权、信息知情权、监督权等基本权利的行使，维护自身权益。通过涉农资金监督与基层会计监督，能保证村民基本的财务信息知情权与监管权，为其通过壮大集体经济规模而获得财产性收入，提高养老、医疗、文化娱乐等公共福利待遇提供信息公开渠道与权益保障。另一方面，财会监督有助于激发乡村治理内生动力。新型信息技术推动了全民参与乡村治理监督的步伐，通过参与或获取乡村财会监督信息，有助于唤起广大村民的“主人翁”意识，引导更多的村民与社会力量参与乡村财务治理与监督工作，倒逼乡村财政财务管理工作的规范化与公开化，切实提升乡村治理能力。

（二）乡村治理中财会监督存在的问题

国家监督体系由统计、审计、财会等多种监督组成，现实中财会监督威慑力远远小于纪检和审计监督。例如，乡村两级的某项支出报账手续不规范被财会干部指出时，易解决问题会得到积极配合，而较烦琐问题往往会出现“讲价钱”不愿配合的情况。乡村两级报账时，因为资料不全、科目不对、手续不规范等原因，财会干部会拒收并要求整改，而一些“个性突出”的干部会有明显的抵触情绪，认为资金是单位的应得经费，财会干部拒收报账资料是“刁难”自己。诸如此类的事情并不少见，成为基层财会监督面临的瓶颈问题，导致监督作用难以充分发挥。

1. 乡村财会监督职能界定不清，监督缺位现象严重

当前乡村财会监督职责未厘清，监督范围、监督职权、监督责任没有得到完全明确，被监督对象对财会监督作用认识不够，导致有些基层财政部门想监督不敢监督、有些被监督对象不服从监督、有些地方监督范围和标准不知如何把握等诸多问题。

这些直接导致了当前基层财会监督还不全面、不深入，存在监督不到位的情况。据了解，县乡村小微型工程面广、线长、点多，诸如农田水渠维修、道路塌方修护、河塘清淤加固、村组公路建设、安全饮水工程等，每年都有成百上千个，遍布山村各个角落。对于这些项目的监督，很多地区还习惯侧重于事后结算审核，忽视了项目实施前的绩效评估和概预算，导致部分工程项目概预算不精准、工程项目效益低等问题。例如，20 万元以下的村组公路建设，很多乡镇的财会干部在施工前、施工中没有深入地进行造价测算，而是在工程竣工时凭发票报账，这可能导致工程项目申报资金偏大、公共资金浪费等问题。

2. 乡村财会监督制度不合理，监督标准未统一

乡村财会监督制度尚未完善，财会资料管理不规范、财会信息平台建设不力等问题普遍存在：一方面，基层财会监督缺少科学系统的管理办法和操作指南，对乡村账户收支核算、财务审批权限与额度、项目资金使用与管理流程等缺乏明确的制度设计，监督刚性不足。且对监督制度的制定与执行缺乏深入高效的经验交流和工作督导，特别是在发现问题后缺乏有力的处罚措施，使基层财会监督威慑力弱化，部分被监督对象没有重视财会监督，更不愿意“太多服从”监督。另一方面，基层财会监督的统一标尺还未能全面形成，存在监督标准不统一、不同地区不同样的现象，即使

同一个地区的不同乡村也有差异，有些乡村监督松，有些乡村监督严。例如，一项1.2万元的村级维修工程，有些地方可能要求做到“四议两公开”，有些地方只要求召开村支委会、定价会，也有些地方会要求履行项目申请、项目验收、项目结算等程序。这些没有统一监督标准的经济活动，基层财会监督也只能根据工作需要确定自己的一套监督标准，对于这些监督标准哪个更合理，他们无法进行明确判断。

3. 乡村财会监督工作流程不规范，财会监督执行力不足

农村财务会计制度不健全、财务人员素质较差是基层财会监督的瓶颈问题，我国自2005年1月起开始实行《村集体经济组织会计制度》，当前村级财务管理主要实行村账乡（镇）理、村账乡（镇）监、村账自管三种形式，农村会计队伍数量约200万人、普遍存在“两低两高”现象，即文化程度低、专业技术水平低和年龄偏高、无证上岗比例高；村级会计队伍不稳定，人员待遇低，更换比例高等问题，在会计日常管理上存在制度不健全，核算不规范，乡（镇）代管监督不到位，如税改后，村级账务不再发生的执行费支出，而在实际工作中，不仅列支招待费，高达数万元，据实开支、从其他项目开支、坐支现金等现象都普遍存在。

4. 乡村财会监督人员的综合素质有待提升

基层财政队伍存在结构老龄化、干部不稳定等问题。财政部门45岁以上的干部职工占比大，30岁以下的干部职工占比偏少。年龄较大的财会干部因为精力下降，在适应财会信息化更新方面力不从心，而新进财会干部工作经验不足，导致监督能力欠缺。加之基层财政所级别不高，干部晋升渠道窄，一些年轻干部会通过考试、调动等形式转入纪委等“强势”部门，有些乡镇财政所干部甚至愿意进入其他县直机关担任普通会计。这些情况都削弱了监督力量，也是基层财会监督难以全面深入的原因之一。

（三）加强财会监督以推进乡村治理能力现代化的对策建议

1. 明确“职责、范围、权力”，强化基层财会监督职能作用

第一，侧重“源头控制”，明确基层财会监督职责。建立健全基层财会监督制度，进一步明晰财会监督与统计监督、审计监督、纪委监委监督的职责区分。财会监督要切实侧重“源头控制”，并将事前、事中、事后监督有机融合，确保充分发挥监督作用。第二，制定“统一标准”，明确基层财会监督范围。当前各地区基层财政部门的监督范围并不完全一致。有些地区乡镇财政所一般只监督经常性财政财务收支，而有些地区乡镇财政所将小微型工程建设也纳入了监督范围。加强基层财会监督，有必要以

制度的形式明确监督范围，做到全国一盘棋或全省一盘棋。例如，溆浦县在工程项目竣工结算问题上，将100万元以上的工程项目明确由审计部门出具结算报告，20万元至100万元的工程项目明确由县财政评审中心出具结算报告，20万元以下的工程项目明确由乡镇财政所进行监督，参与工程申报、验收和结算把关，这样较好地确定了监督范围。第三，突出“权责对等”，明确基层财会监督权利。要出台权威性文件，以制度的形式确定统一的财会监督权利界限，明确财会人员有权执行哪些权利，无权执行哪些权利，让职权更加有据可依。要特别明确基层财会监督处罚权，确保“权责对等”，有效解决基层财会监督刚性不足的问题。例如，明确基层财政部门在监督经济活动时，对于违纪违规的现象，可以按比例扣除经费，以达到处理处罚目的。

2. 采取“国家定法、省里定策、县里定措”的方式，分阶段深化制度建设

加强基层财会监督，需要分阶段分步骤进一步推进制度建设。可以由国家层面进行顶层设计，建立健全科学、严谨、完善的财会监督法规，形成统一的制度机制，为财会监督提供最基本的法规遵循；由省级层面进行地方政策制定，重点结合当地实际，制定出台符合实际的监督政策和管理办法，建立健全财会监督考核管理和绩效奖励机制，加强对基层财会监督工作的领导和督导；由县级层面进行措施创新，在上级明确的框架内，根据基层实际，在预算编制、绩效评估、财政评审、支付核算等各方面创新方法和举措，确保基层财会监督科学、高效、适用。

3. 基于“财为民治、公正公开、全程监控”，优化乡村财会监督工作流程

当前，财政转移支付是振兴乡村、脱贫攻坚的主要途径，也是最需要财会监督的领域，突出的问题是在国家向农村转移资源的过程中，大部分资源并未进入农村，在乡村治理中耗费。为了获取更多的财政资源，基层政府会不断向上级争取专项资金，并在执行项目过程中重新动员既有的行政资源。因此，项目的申请、审核、分配、检查与应对等一系列的环节和过程，实施的一系列环节和过程伴随着利益再分配，存在诸多变通、转化，这引发了乡村干部、项目承包商、少数农民之间的利益博弈，因而促进专项项目运作的公开化和透明化是规范专项项目运作的重要保证。具体可以从事前事后两方面监督着手监督。一是事前监督促进项目分配公开化。财政专项转移支付中的分配政策、分配标准、分配时间、分配方法都通过文件、网络或媒介向社会公开，让公众有效参与项目的全过程。二是

加强财会事后监督。财会部门应对专项资金的细目预算、及时落实、专款专用、截留挪用等情况进行重点监督，发现问题后及时进行约谈和整改。三是通过党的政治统领，发挥党组织动员、组织群众的优势，加强项目的社会监督。由于专项项目目标多、部门杂，因而在运作过程中的寻租腐败行为往往具有较强的隐蔽性，单靠财务监管和审计监管难以应对，因而需要借助社会公众监督，在此种情形下，党建引领基层治理已经成为构建乡村民治的重要抓手，是实现村民自治、法治、德治相结合的有效途径。

4. 围绕“稳队伍、强能力、促发展”，推进财会监督队伍建设

第一，落实“逢进必考”，严把财政干部入口关。坚持公开招聘制度，新进人员原则上通过公务员考试进行招录，个别特殊岗位需要调入在编干部的设置条件进行遴选，严禁随意挤占财政编制。第二，全面推行财会干部“派遣制”，增强乡镇和部门财会监督的独立性。相比财会干部均为乡镇和部门的内部人员，县、市、区财政部门派遣基层财会干部模式的监督力度更强。加快基层财会监督，可以全面实行“派遣制”，乡镇和部门的财会干部人事任免均由县、市、区财政部门决定，确保全面达到“外部监督”的效果。第三，着力明确财政“人事参与权”，加强对村级报账员的基层领导。为解决村级报账员年龄大、人员更换比较频繁、信息化业务基础差、报账业务不熟悉等问题，可在任免村（居）委会报账员的时候，必须征得乡镇财政所同意或者直接由乡镇财政所任免，确保村级报账员的年龄、素质、品质符合财政工作需要。第四，坚持“与时俱进”，加强财会监督能力提升。定期开展财会监督政策法规培训和实践经验交流，省、市、县财政部门可以根据实际情况，适当开展基层财会监督工作培训交流会，切实提升现有队伍素质，有效增强基层财会监督能力。第五，聚焦“事业发展”，提升基层行政级别。针对目前乡镇财政所行政级别低、权责不对等等问题，可以参照纪委、公安等部门，将乡镇财政所的行政级别提升为副科级。这样既可以加强对乡村两级的财会监督，也可以解决财政干部晋升难等问题，是一举两得的办法。

5. 建立乡村财政资金管理“公平、公开、公正”机制，全力打造阳光财政

按照相关政策要求和规定，对各级各部门安排用于乡村等基层组织的各类财政资金，包括乡镇财政预算资金、补助类资金、项目类资金和村级资金等有关情况进行公开公示，没有明确规定的，遵循“谁分配、谁公开，分配到哪里、公开到哪里”的原则，创新公开公示，实现扶贫资金“全透明”。一是分级分项公示。完善涉农财政资金县、乡、村三级公示制

度，补助类资金、基础设施类项目资金重点在乡、村两级分别公示，生产发展类涉及企业项目资金在县、乡、村三级进行公示。二是细化公示内容。对补助类资金的补助种类、补助标准、补助对象、补助依据、补助金额、监督电话、查询方式等重要信息公开公示；对项目类资金，督促项目主管单将项目名称、批复文件、建设内容、资金来源、建设地点、受益范围、管护责任等重要信息进行公开公示；村级“三资”将扶贫财务收支、资产资源变动等方面进行公示，重点对村级扶贫收支情况进行公示。三是多元公示载体。推进“线上 + 线下”立体式公开机制，村务公开栏设置“权力清单”等栏目，将村级管理的财务收支、集体资产资源、工程管理、物资设备采购、村务财务公开、印章管理、社会保障、计划生育、规划国土等领域的26项小微权力，以清单模式将公开方式、时限、标准、内容、要求“晒”到网上，不仅打通了监督的“最后一公里”，也将政务服务延伸到了“最后一公里”。四是强化项目资金管理公示。乡镇、村级分别对本年度财政资金项目计划完成情况进行公告，包括建设完成、资金使用、绩效目标和实现情况等。并按照事前事中事后管理要求，对项目实施方案进行公示和项目竣工进行公告，内容包括实施前、中、后三种类型和检查验收结果、项目实现情况。

七、技术赋权下的乡村财会“互联网 + 监督”体系研究

（一）作为增量的新兴技术：赋予民众更强的监督能力

1. 互联网达成政府权力和社会力量的正和博弈

胜利者的光荣背后往往隐藏着失败者的辛酸和苦涩。博弈论认为，世界的财富、资源、机遇都是有限的，一方财富或资源的增加必然意味着其对其他方利益的掠夺，即所谓的“损人不利己”，当然这是对于非合作、纯竞争型的博弈关系而言的。事实上，通过有效合作皆大欢喜的结局是存在的。特别是在政府权力和社会力量的博弈中，互联网对国家社会关系的影响可以得到双赢的结局。一方面，互联网技术可以较小的交易费用推动经济社会信息的传递与交换，而信息的快速传播能有效约束政府行为，推进政治变革。政府将在开放互联的舆论环境中通过改变不合理的社会制度和政策，以改善自身的公众形象，从而提升政府治理能力和政府绩效；社会群体也能从这种变革中获益，得到发展和进步的机遇。另一方面，共享

互联的网络环境不仅约束了政府权力，也提高了社会群体的政治与经济敏感度。有限的资源流动于互联共享的市场环境中，提高了物质的交换价值，并促进竞争与创新，推动社会生产力的整体上升，通过“做大蛋糕”带来社会财富的整体增值，实现双方的双赢效果。

从权力角度而言，政府权力和社会权力将在以互联网为媒介的公共领域进行转换。一方面，以互联网、大数据为代表的新一代信息技术的发展给政府和社会都增加了权力。一个开放、透明的信息环境促进政治自由化，政府部门能获得更多政治行权所必需的公众信息，扩大了政府权力所能覆盖的社会广度；而新型信息技术也能成为公众表达工具，助其行使公民权利并参与社会化集体行动。另一方面，互联网等所带来的技术信任改变了现有的人际信任和制度信任模式，通过网络的关联作用带来多方的利益相关者，形成高度分散和去中心的产权联结体，大大稀释了政府作用于社会的行政效应，为政府与社会建立了一种新型的契约关系，实现了政府与社会自相关的回归关系。

2. 信息技术赋予财会监督的增值效应

赋权是指赋予或充实个人或群体的权力，挖掘与激发其潜能的过程、介入方式和实践活动。技术赋能则是通过技术手段打破现有的关系与权力格局，运用工具理性带来价值理性的升华，实现既有利益集团之间的构架重组和资源重组。3 月 2 日，国资委发布了《关于中央企业加快建设世界一流财务管理体系的指导意见》，对技术赋能在财务管理领域的应用提出了要求，指出要主动运用大数据、人工智能、移动互联网、云计算、区块链等新技术，充分发挥财务作为天然数据中心的优势，推动财务管理从信息化向数字化、智能化转型，实现以核算场景为基础向业务场景为核心转换，努力成为企业数字化转型的先行者、引领者、推动者，为加快产业数字化、数字产业化注智赋能。在财务管理实现技术赋能的基础上，财会监督可以通过技术赋权实现增值效应。

3. 技术赋权能改变财会监督主体与客体之间因信息不对称所带来的信任问题

新制度经济学指出，有限理性的经济人天然具有自利动机和倾向，在实现自我利益最大化的同时，很可能会损害他人权益。这种“道德风险”和信息的不对称决定了交易方之间不诚信与不信任的初始状态。为改变这种状况，一方面需要通过更多信息披露增加委托人对代理人的信任程度，另一方面需要一种独立的背靠国家强制性力量的强大力量——财会监督，通过介入代理人的经济活动、获取内部资料，对其是否遵从制度规定、是否损害委托人的合法权益进行实质性调查，打破其信息壁垒，发表鉴证意见，以提升信息的可信任度。而现实工作中，不仅市场交易双方之间存在信息不对称现象，财会监督主体与监督客体之间也存在严重的信息不对称性，财会监督人员并未实时参与监督客体的相关活动，难以获取充分的信息去支撑其鉴证结论，因此，监督人员也需要通过技术工具获取更多信息，以提升其信息对称度。如可以通过构建互联网信息平台，储存并实时更新数据库，或建立财务共享模式形成大数据收集、处理和应用中心，实现数据之间的交互关联分析，并对接交易性平台，从业务层面检查、发现问题等。

4. 技术赋权能拓宽财会监督的内容和方式

传统财会监督方式主要通过事后审计发票、单据等原始凭证、交易合同、会计账簿等信息载体去还原监督对象的经济活动轨迹，在不参与其经济事项过程的情形下，这种还原本身即具有较大的主观性和局限性，严重影响了财会监督人员的专业判断和检查效果。从事后监督向事前、事中监督转型是我国财政监督转型的方向，但“巧妇难为无米之炊”，在财政监督工作人员未能真正参与单位预算管理的全过程的情形下，财政监督难以从源头上实现全程控。而互联网技术可以有效解决这一问题。一方面，信息化技术的应用有助于财会监督人员打破监督工作的时空阻碍。通过建立信息化管理平台，录入被监督单位的相关数据，监督人员可以在信息平台客户端实时查看其财务业务信息，并随时获取历史数据，无须再跑去现场核查其业务发生之后的证据资料，从而跨越现场监督的时空障碍。另一方面，智能化信息技术的应用能将财会监督的内容从财务信息扩展至业务领域。智能化信息平台能有效实现单位财务系统和业务系统的对接，在业务发生过程自动生成会计凭证和财务报表，降低了会计信息生成过程的“人为”控制因素。同时财会监督人员针对某一项财会信息，不再需要通过审核原始凭证去核实其业务的真实性，能直接授权进入被监督单位的业务系统，获取其业务数据并将其与财务数据对比检查，从中发现监督客体的经济问题。

5. 技术赋权能扩大财会监督主体范围

目前我国财会监督主体主要包括各级财政部门、审计、纪检监督、注册会计师协会、证监会等机构。从财会监督主体来看，监督主体之间的充分互动有助于保护投资者利益、提高财务报告质量，而要实现“善治”的国家治理体系和治理能力现代化，需要针对多元主体参与、责任、效率、稳定、廉洁等治理目标，形成多方联动的国家监督体系。一方面，新信息技术有助于实现跨部门的联合监督。财政监督“全程控”转型，需要建立完善财政监督部门与财政业务部门、审计机关、市委巡察、市纪委监委等监督部门之间的协同工作机制，形成信息共享、动态监管、协力合作的互动融合，聚焦发现问题，推动问题整改，有效提升财政监督与管理的有机融合互促。大数据环境可以为跨部门的联合监督提供开放的信息共享平台，为不同部门的监管活动提供数据互通、资源共享、互为证据的监督证据链，形成基于大数据的监督主体网络。另一方面，新信息技术能充分发挥群众监督的力量。从群众中来到群众中去，网络平台为群众监督提供了更多除传统信访、举报之外的监督方式，如通过群众自发的网络曝光所揭发的腐败案件比比皆是，充分有效地运用了群众力量，扩大了财会监督主体范围。

可见，“大智移云物”时代下财会监督效能的提升离不开信息化保障，需要充分发挥新一代信息技术在财会监督中的重要作用。一是大力推进监管部门信息化建设，继续优化“互联网+监督”信息平台建设。财政部内部应打通预算、执行、监督等各职能部门的信息平台，做到信息共享、信息一键获取；同时与审计、税务、“一行两会”等其他监管部门相互衔接，通过筹建财会监督信息中心，将财会监督工作进行数字化、信息化改造，实现财会监督的线上化、体系化、制度化、专业化，将各部门的财会监督信息归集至信息中心，建立跨部门的监督成果共享机制。二是进一步提高财会监督大数据运用水平。通过数据量化分析，用流程嵌入、数据预警、动态监控等多样化监督手段，科学监测和评估单位财会风险，实现监督信息动态监控，探索财会监督从被动应对处置向主动预测、预警、预防转变，大幅提升财会监督工作效率与监督精准度；通过网络连通、动态监控和实时数据采集、分析，做到经济活动过程留痕、责任可溯，实现对被监管单位的实时在线和全过程监督。三是积极应用智能化信息技术，一方面实现被监督单位财会信息与交易性平台的有效对接，另一方面在集业务、财务信息管理于一体的智能信息共享式平台上全流程嵌入监督节点，真正实现财会监督领域的“全程控”。

（二）乡村财会“互联网+监督”现行模式的发展历程与效果

1. 乡村财会“互联网+监督”模式的发展历程

长期以来，我国实行以结果为导向的财会监督机制，财政部门、纪检监察部门、审计部门等监督主体通过审核被监督单位日常管理活动或专项项目的票据、证明材料、实物资产及会计凭证等，综合运用监控、督促、调查、核查、检查、评价等方法，对其财政资金使用情况、会计制度执行情况、资产安全完整性及经营管理效率等方面进行全方位监督，以期发现问题并及时进行整改。下沉到乡村财会监督领域，目前乡村财会监督工作的执行人员主要是乡镇财政所。乡镇财政所并没有执法主体资格，不是严格意义上的财会监督主体，但可以根据县区财政部门的授权，按照财政管理体制，对本行政区域内财政、财务、会计等事项实施监管。监督乡镇财政资金专项治理是乡镇财政所的主要职能之一，新形势下乡镇财政监督要根据财政大监督的要求，在“厘清边界、明确事权”的前提下，积极履责，主动作为，不缺位，做到位。

2014 年财政部全面推动财政监督职能转型，要求财政监督方式从事后检查为主向事前审核、事中控制和事后检查相结合转变，实行对财政运行的全过程、全口径、常态化监督。2018 年中央全面启动了机构改革工作，全面推进“双随机、一公开”和“互联网 + 监督”，将财政部的中央预算执行情况和其他财政收支情况的监督检查职能转入审计署。一是监督目标上，以“目标管理 + 量化考核”作为监督重点，促进基层财政财务管理规范化、精细化。二是监督方式上，进一步建立健全实时公开、全程监督等信息公开制度，创新财政监督检查方式方法，综合运用监控、督促、调查、核查、检查、评价等方法，实施事前、事中、事后的全过程监督。同时结合预算管理一体化建设和“互联网 + 监督”平台，运用流程嵌入、数据预警、动态监控等多样化监督手段，增强财政监督工作的整体性和系统性，精准发力，提升财政监管实效。三是考核方式上，本着“实事求是与客观公正”的原则，坚持“日常分项考核与年终全面考核相结合，采取一听二查三看”的方式，重点对乡镇财政预算管理、财务管理、资金监督管理、惠农补贴“一卡通”发放管理、村账乡代理、法规宣传及业务培训、财政所基础建设等考核内容进行逐项考核打分。考核结果将严格实行“三挂钩”，即与财政所干部选拔使用挂钩、与年度评先表模挂钩、与年度效能目标奖兑现挂钩。通过考核，对加强乡镇财政建设，规范财政管理将起到积极的推动和促进作用。

自 2017 年起，各省市财政监督系统陆续加强“互联网 + 监督”信息平台建设。试图在全省范围内，整合数据资源、降低监督成本，打破监督“九龙治水”式分散格局，构建大数据、大平台、大民生的精准监督系统。具体做法包括：一是编制县级民生项目公开及要素采集标准。全面清理、核实相关部门民生资金项目名称、政策依据、资金规模、涉及对象、有效期限，民生项目建设质量标准、资金预算、招投标和资金分配、使用情况，努力构建科学、健全、周密的信息公开体系。二是分类编制县级民生资金项目信息公开目录清单，分类编制部门公开目录和乡镇党委政务、村务公开目录，为下一步数据采集入库打下坚实基础。三是建立乡镇民生资金项目信息实时公开制度。将信息公开贯穿于“互联网+监督”工作全过程，扎实抓好乡镇党务政务、村（社区）村务财务的目录清理、数据梳理和内容汇总，推动线上线下公开工作。突出扶贫和民生领域重点，对群众关心关注、与群众利益密切相关的情况，涉农、扶贫、民生领域的重大决策、资金管理使用、各类项目立项审批和推进情况，向全社会公开。以群众看得清、弄得懂为目标，对村级项目建设、集体经济项目承包经营、强农惠农政策落实等情况，实行事前、事中、事后全环节公开，让群众一目了然，便于群众查询和监督。将村级村务公开列入重中之重，着力拓宽公开渠道，积极利用官方网站、微信平台等途径进行公开，并用好村（社区）村务公开栏、信息宣传栏等载体，巩固宣传效果。对存在不公开、假公开、选择性公开等问题的单位及相关负责人，进行严肃问责。

2. “互联网+监督”的效果分析

（1）联通信息孤岛，实现乡村财政财务信息共享。现阶段的“互联网+监督”信息平台建设，通过整合各类民生数据，打通部门信息孤岛，全面聚焦“省市县”各级民生项目资金分配、拨付、发放信息，村级财务公开信息以及部门基础比对数据信息，形成统一的民生监督资源数据库，实现民生信息的共建共享，形成了平台门户网站、移动 APP、微信公众号、电子政务终端等四位一体的便民式监督系统，实现了监督全覆盖、无死角，做到了由被动受理到主动出击，由事后处置到事前预防，由单兵作战到兵团作战，由零散式处理到集中式处理，构建了“不能腐、不敢腐”的监督机制。

2018 年衡阳市“互联网+监督”工作共采集民生资金项目表 2063 个，资金来源表 3156 个，资金去向表 4492 个，项目发放表 20237 个，个人发放表 14011746 个，项目公示表 1499 个，支出明细表 259264 个，村级财务收入 83043 笔，村级财务支出表 165297 笔。乡镇村级财务 1—12 月份的所有开支原始发票全部扫描导入了平台系统，基本包括了全市民生项目资金及村级财务公开所需的全部数据。并对填报时间是否准确，计量单位是否用错，项目发放表和项目公示表、支出明细表之前的勾稽关系是否成立等方面进行实时复核，同时协调市电子政务办倒排工期，在将电子政务外网连接各民生资金相关单位和所有乡镇的同时，一并接入到村一级，有效避免将来平台拓展需要而进行重复建设。

（2）问题识别快捷，大数据分析提升监督效率。财会监督专职人员进入平台系统，民生资金项目、村级财务收支、部门基础比对等数据和精准扶贫、政策文件、投诉举报等栏目映入眼帘，任意逐级点开“省市县”三级平台数据信息，一笔笔惠民资金发放、精准扶贫情况、村级财务明细等民生信息公开，大数据比对分析，主管部门业务监管，政策文件宣传，投诉举报途径乃至受理处理结果一目了然，通过平台门户网站等方式，足不出户就可以对民生资金使用发放的每一条政策信息、每一笔资金数据、每一张发票凭证、每一个项目实施情况进行实时查询和监督，发现问题及时投诉举报，使之能够轻松斩断“雁过拔毛”黑手，让“蝇贪蚁害”无处遁形，人民群众参与监督，监督效率大大提升。

以 2018 年湖南省张家界市“互联网 + 监督”平台上线的数据为例，当年度市纪委共接到投诉举报 153 人次。以上投诉举报，在 10 个工作日之内给举报人予以回复，属实的严肃处理，不属实的及时做好解释工作。通过系统后台大数据自动碰撞、分析比对，累计发现疑似问题线索 6124 条，涉及低保、养老保险、临时救助等多项民生资金。其中省纪委交办 433 件，合并处理后共 396 条。经查属实 334 条，涉嫌违规 150 条，建议予以问责的有 125 条。建议取消贫困户资格 82 户，谈话提醒 17 人，批评教育 125 人，诫勉谈话 83 人次，立案审查 84 人；市纪委交办 3359 件，经查属实 1821 条，涉嫌违规 497 条，收缴资金 17.41 万元；区县比对发现 2332 件，办理结案 2263 条，收缴金额 7 万元。速度之快，效率之高，在未建立“互联网 + 监督”系统之前难以想象。

（3）为以财会监督为核心的村级小微权力监督体系提供信息平台。把权力关进制度的笼子里，是防范贪污腐败的有效手段。目前乡村财务管理存在财政衔接资金使用不规范、单据管理不合规、财务结算不合理、资金支出进度缓慢等问题，资金虚报、冒领、截留、挤占、挪用现象频发，村级财务审计流于形式，监督不严致使村级政府“到处都缺钱”和“资金睡大觉”的矛盾屡现。其重要原因在于基层缺少有效的财政资金财务管理平台与机制，集体资产管理及资金使用信息传递与沟通不畅，导致资金管理权界定不清、资金使用信息不透明，效率不高、监督不够，因此“互联网 + 监督”平台可以为乡村治理提供一个共享的财务信息管理系统。依靠“互联网 + 监督”信息平台，可以合力打造以财会监督为核心的村级小微权力监督体系。具体而言，可以将村级管理的财务收支、集体资产资源、工程管理、物质设备采购、村务财务公开、印章管理、社会保障、计划生育、规划国土等领域的 26 项小微权力，以清单模式将公开方式、时限、标准、内容、要求“晒”到网上，不仅打通了监督的“最后一公里”，也将政务服务延伸到了“最后一公里”。

以湖南省娄底市为例，2017 年以来娄底市利用省“互联网 + 监督”平台“1 + N”体系探索建设了村级小微权力监督特色子系统。结合现实管理的短板，借助科技手段，将监督贯穿全过程全流程。目前这一系统的运用已逐步显示出制度的优越性，财会监督围绕这一平台建设，积极有为，不仅主动融入监督体系，还继续深入村财民理乡监督改革，强化了村级财务管理。财政监督检查局安排了一名综合能力强的同志专门负责“互联网 + 监督”及“村级小微权力”监督管理工作。先从财政部动态扶贫直达资金监控系统与“互联网 + 监督”民生资金中提取数据，从查资金的来源，查“互联网 + 监督”的分配拨付，再查村（社区）上传到系统的开支原始票据，细化到提供的“四议两公开”会议记录及合同附件等，看是否符合政策和制度要求。这一模式的优势在于，农村居民只需要通过一部手机下载关注“三湘 E 监督”就可以在线查询各项小微权力的运行情况。对群众普遍关注的村级财务收支问题，不仅可以通过平台查询每一张原始单据的扫描件，还可以对质疑的问题进行在线投诉举报。

（三）乡村财会“互联网 + 监督”现行模式存在的问题分析

1. 村级财务公开的标准化建设和制度规范未建立健全

（1）会计准则执行不到位，填报平台数据标准口径不统一。目前“互联网 + 监督”信息平台尚未建立标准化机制，导致系统录入信息五花八门，难以整合成为可用于决策分析的汇总和结构数据。第一，部分项目的内容和范围未界定清晰，未能给信息录入人员一个明确的分类界限。如“收入/支出项名称”描述简单随意，支出明细记录中“支出名称”列为“其他”记录的占整个支出明细记录的比重过大。第二，基层政府会计准则执行不到位，未形成一个统一、规范且完整的项目类别系统，导致部分乡镇特有或个别业务无法归类。如个别乡镇在支出明细记录中使用“固定资产折旧”科目，有些则未计提固定资产折旧，致使其归总的固定资产有些是原值，有些则是扣除折旧后的净额。第三，各乡镇普遍存在“复合会计分录”的情况，上传原始单据出现“一笔支出款项对应多种支出类型的凭证”情况，导致“互联网 + 监督”平台财务数据存在偏差，平台数据分析无法发挥应有的作用。

（2）平台原始单据公开规则没有明确，附件公开待规范。目前各省市尚未对发票附件等原始单据上传公开作出具体要求，各区县在实际操作过程中基本上都是由录入人员自行确定方式，来进行发票附件的上传，导致各乡镇（街道）之间、各区县之间村级财务公开出现透明度不一致情况。如村级工程项目的发票相关附件有财务报账审批单、中标通知书、招投标合同、财政投资审批报告、验收资料等几十页，是全部上传，还是只需上传部分，文件没有具体规定，有的乡镇就存在大额工程项目支出只上传发票无明细附件等佐证材料的情况。

（3）敏感数据公开处理方式不能确定，填报质量需提高。根据乡镇财务公开制度的要求，每一笔支出都需要公开，但是对于可能对当地社会稳定会产生一定影响的一些支出项目数据，如征地拆迁补偿款、迁坟补偿等数据信息公开方式没有具体确定，处理起来不好把握。部分区县的部分单位监督平台上传公开的发票及附件，不同程度地存在图片拍摄不清晰、不整洁、不规范（大面积露出手臂、手指等）的情况，数据填报平台导入的原始单据信息质量不高。

2. 民生资金信息难以追本溯源，公开效果不佳

（1）民生资金项目未按单位进行分类，分拆公开不精准。目前数据填报平台及后台查询系统都没有对民生资金项目按单位进行分类，录入人员在数据填报时需要在所有资金项目中逐一筛选所需填报的项目，增加了填报工作量，并容易出现项目筛选错误的情况，从而导致区县财政部门平台监督员无法了解到各单位相应归口股室的填报进度，对财政部门各股室数据录入工作难以起到监督作用。上级拨款单位在资金下拨过程中，有时会将资金拆分成多个小项进行下达，因此拆分下达的资金项目与公开目录的项目名称存在一定偏差，录入人员在进行数据录入时无法界定该笔资金是否属于民生资金公开范围，资金录入可能发生遗录和错录现象。

（2）民生资金来源去向系统无法对接，民生专款未专用。系统无法进行民生资金来源与去向、收入与支出、上级与本级、本级与下级的数据自动对比及对接工作，错误录入的数据不能被检测，常常出现资金去向与来源数相差较大，或出现“半边账”情况，只能靠各民生资金单位及其业务股室进行人工核查，工作量太大，难以自查到位，影响数据录入的准确性。自然灾害救助资金应专项用于受灾百姓的救助，在特定情况下，一些乡镇当年自然灾害较少，同时因临时救助资金不能满足当年发放需要，该地就会出现将自然灾害生活救助资金统筹调剂用于困难家庭临时救助发放给百姓的情况，虽然资金确实已发放到位，但因发放项目与实际救助项目不一致，在平台进行公开公示，极易引发不必要的投诉。

（3）涉农整合资金录入口径不统一，人员设备没配足。统筹打包的涉

农整合资金录入口径没有统一，责任单位没有明确，在监督平台中整合资金性质不清楚，来龙去脉未得到体现。各区县只能自行摸索确定如何录入，导致工作极不平衡。如武陵源区未对整合资金进行录入公开；慈利县涉农整合资金由统筹办完成录入，但录入工作量大，涉及全县所有乡镇及相关县直部门，难以及时提供资金使用相关信息，总是无法按时完成网上公开。目前监督平台岗位没有核定相关编制，各责任单位无法配备带编工作人员，只能从各业务部门抽调人员开展监督平台具体工作，部分单位没有专人负责录入，录入人员变动频繁，工作交接不清，操作能力不强和业务技术不熟，有的仅安排 1 名录入人员，多为非专业人员，人员安排不合理。同时经费保障不足，没有专门预算保障，录入工作量大的单位录入设备、平台专网不能到位，有的民生资金部门录入股室一网多用，或仅开通一条专网、配备一台电脑，多名录入人员需要在不影响别人办公的情况下加班加点轮流操作才能完成录入工作。

3. 系统应用性能弱，平台运行维护存在困难

（1）平台系统操作功能设置存在缺陷，工作效率较低下。监督平台系统删除功能一次性批量删除记录的数目有限，基层人员平时录入填报各项数据时，常常会出现误传、错传等情况，平台数据修改时，删除记录的工作量会大大增加。监督平台系统没有试算平衡功能设置，部分乡镇有时资金收支不平会出现红字，操作人员只能重新再一笔一笔地核对，大大增加操作人员工作量。监督平台系统没有设置各项资金多个月份或季度数据的累计查询功能，平台操作人员对账不直观、不科学，需要从头核算、汇总合计，费时费力，工作效率低下。

（2）终端查询机无专人负责运维指导，使用人次需提高。目前各区县配备终端查询机初具规模，但在走访中发现不少地区的客户终端查询机界面，仍普遍采用触摸屏网页形式，设计不科学，优化不易、操作不便，特别是均未安排专业人员负责终端查询机有关日常运维管理，没有专业人员引导老百姓操作使用，群众查询信息的体验感较差、参与度不强，终端查询机实用性较差，很少有人在终端查询机前查询信息，终端机使用人次有待提高。

（3）乡村网络设施落后信号弱网速慢，宣传力度需加强。乡村互联网宽带等基础设施建设相对落后，部分乡镇网络会经常出现信号弱、网速慢的情况，特别是财政部门要求在每月初定期向上报送相关财务信息，网络负载量大，极易引起网络信号传输堵塞，加上部分乡镇监督平台网络一网多用，导致平台系统运行不稳，经常出现网速慢、卡机甚至死机的情况。

同时，乡村财政财务信息公开的宣传力度远远不够，如承载民众监督举报投诉职能的湖南省“互联网 + 监督”客户端“三湘 E 监督”平台，大部分区县将其宣传推广的重点放在了机关事业单位，而对广大乡村的老百姓宣传推广力度明显不够，如有的仅在便民服务中心放置宣传牌，特别是年纪大一点的老百姓对监督平台及微信公众号“三湘 E 监督”知之甚少。

（四）优化乡村财会“互联网 + 监督”现行运行模式的对策建议

1. 严格执行“互联网 + 监督”相关政策与新《政府会计制度》，统一规范监督平台公开数据采录工作流程、标准、口径、规则，切实提高数据信息公开填报质量

第一，加大乡镇财政所、民政所“互联网 + 监督”相关政策和新《政府会计制度》的培训力度，逐步提高基层会计工作人员业务素质，进一步规范村级财务会计和财务公开行为。第二，统一规范监督平台村级财务公开数据采集录入工作流程、标准、口径、规则。针对工程项目（村级）报账相关附件多的情况，本着“精简总量、提高效率、强化监督”的原则，对进行财政投资评审的项目，应公开财政投资评审结算结论报告、财务报账审批单和发票；对没有进行财政投资评审的项目，应公开村支两委项目决策会议记录、财务报账审批单和发票；其他会计业务都要严格按照相关要求将所有附件予以公开。第三，涉及敏感项目财务数据的公开，坚持一事一请示，经省办批复原则，首先提出处理方案，由市“互联网 + 监督”工作协调领导小组办公室签批意见并单独上报省办批准以后再进行处理。第四，各县区要保证“互联网 + 监督”平台的运行经费支持，为各责任单位配备高质量的高拍仪，统一使用高拍仪进行附件拍摄，对上传附件要定期复检，对清晰度不高、不整洁（大面积露出手臂、手指等）附件及时重新拍摄上传，切实提高数据信息公开的填报质量。

2. 升级完善平台系统，按民生项目单位分类将资金来源与去向自动对接，统一整合资金录入口径，务必保障人财物到位，严格按照省市目录进行公开

逐步升级完善监督平台系统，实现监督平台及后台查询系统对于民生资金项目按单位进行分类，将资金来源与去向实现自动对接，提高数据填报准确性。民生资金使用部门严格按照省市民生资金目录进行公开，如果对某些资金性质有疑问，主动询问上级拨款部门，或根据资金拆分前的资金名称对照省定目录，确定民生资金性质后予以公开。严格按照省市民生资金公开目录，规范地公开涉农整合资金拨付与使用情况，对整合以前要

求公开的省市两级民生资金组成的涉农整合资金，务必通过监督平台予以公开，各区县统筹办为涉农整合资金统筹安排的资金拨付部门，负责在监督平台公开资金的拨付数据；涉农整合资金使用部门具体经办资金审批报账工作，负责在监督平台公开资金的使用数据。确实因为特殊原因，某些民生项目资金需要调剂使用的，其民生资金使用部门应在系统内备注栏予以备注相关调剂信息，确保调剂使用的民生项目资金让群众“看得明白”。

3. 优化监督平台业务科目、权限和功能的设置，推广便捷的平台终端机手机APP模式，优化扩容乡村互联网络，加大“三湘E监督”宣传推广力度

第一，优化监督平台业务科目、业务权限和业务功能的设置。在不改变项目支出资金性质的前提下，允许各乡镇在资金项目栏后设置备注，或者直接赋予乡镇一级更改资金名称的权限，使资金项目名称更精确。第二，系统扩容并提升应用性能。放开监督平台批量删除10条操作上限，减少修改删除业务量；增加设置监督平台系统试算平衡功能，上线开通刷身份证便捷式查询功能，提高操作及查询的便捷性；增加设置多个月份或季度的平台累计数据查询功能；统一平台终端机，推广使用方便、查询快捷的手机APP模式；安排专业人员对各区县终端查询机优化进行指导，提升群众使用的体验感。第三，强化乡村互联网基础设施建设。加强乡村互联网宽带等基础设施建设，优化网络布局，对部分乡村网络进行扩容，运维管理部门对平台运行情况定期进行监测，最大程度地保证网络信号畅通、平台系统稳定。第四，加大“互联网+监督”的宣传力度。通过多种媒体积极宣讲“互联网+监督”工作的重要意义、工作目标和任务要求，提高各级各部门和人民群众的认可度、参与度，面对不同人群，有针对性地开展宣讲，让人民群众及时知晓各项民生政策的补贴种类、补贴额度、受理部门、申请条件和申请程序等基本内容。宣传工作尽力“下沉”，机关干部利用精准扶贫、村组干部利用工作之余进村入户做好宣传推广与指导使用工作，确保每个农户家中至少有一人会使用平台。努力加大微信公众号“三湘E监督”推广宣传力度，逐步提高人民群众的关注度，着力保证人民群众能监督、会监督。

4. 切实强化“互联网+监督”职能，进一步整合单个部门筹建的互联网平台数据系统，形成大监督合力

一方面，通过统一“互联网+监督”平台信息录入标准，并开展组织区域性监督平台操作业务培训，进一步规范统一监督平台公开数据采录工作流程、标准、口径、规则，逐步提高基层工作人员业务水平。另一方

面，由于乡村财政资金多以项目资金的形式下达，涉及不同的归口部门，比如财政衔接资金归口乡村振兴局管理，农业产业资金归口农业管理部门，其均有财政资金分配、使用、管理与核算的监督职能，乡镇财政所需与其进行充分配合，形成部门监管合力，实现乡村财会监督的高效高质。目前国家各部委为强化部门监督职能，已自上而下完成了各部门互联网平台数据系统建设，数据平台条块分割，导致基层数据录入人员工作重复、业务量增大。如移民、扶贫等部门都有自己的互联网平台数据系统。应协调将各个部门互联网平台数据系统进一步整合，切实强化“互联网 + 监督”工作职能，在降低基层操作人员工作量的同时，实现办事效率高、政务环境优、群众获得感强的简政便民“最多跑一次”政务改革。各级各部门要各负其责、协调配合、不留死角，真正实现整合数据资源、降低监督成本，彻底打破监督“九龙治水”式分散格局，全面构建大数据、大平台、大民生的精准监督系统，才能最终形成大监督合力。

（五）基于智能共享的乡村财会“互联网 + 监督”升级设计

目前我国“互联网 + 监督”信息平台主要涵盖民生财政资金使用及乡村财务公开等方面，未覆盖乡村财会监督的全领域，如农产品供应链上的业务财务管理、农村投融资管理等；也未能真正实现信息的全面共享与实时公开；且仍受限于财政财务信息领域，未能从源头上监控监督对象的经济业务实质。因此，有必要在目前“互联网 + 监督”信息平台的基础上，引入大数据和人工智能的新型信息技术，构建乡村的财会智能共享化监督系统。

1. “大数据 + 智能”带来的财会监督模式创新

随着“数字财务”理念的逐步深入，如何构建智能财务管理系统、实现财务数字化转型成为所有财务主体的共同课题。那么，“大数据 + 智能”到底能给企业（单位）的财务管理活动带来哪些变化呢？第一，“大数据 + 智能”能实现业财信息全面对接和整合，通过统一底层架构、流程体系、数据规范，横向整合各财务系统、连接各业务系统，构建因果关系的数据结构，对生产、经营和投资活动实施主体化、全景化、全程化、实时化反映，实现业、财、技一体化管控和协同优化，推进经营决策由经验主导向数据和模型驱动转变。第二，“大数据 + 智能”能将企业（单位）的财务管理转化为基于决策管控的数据分析中心。通过大数据应用平台，可以建立健全业财数据产生、采集、清洗、整合、分析和应用的全生命周期治理体系，完善数据标准、规则、组织、技术、模型，加强数据源端治理，提升数据质量，维护数据资产，激活数据价值。第三，“大数据+智能”能形成统一的业财税政信息共享系统。新技术能有效推进共享模式、流程和技术创新，从核算共享向多领域共享延伸，从账务集中处理中心向企业数据中心演进，不断提高共享效率、拓展共享边界。

目前财务共享服务和智能商旅模式等诸多财务数智系统已在我国企业推广和应用，越来越多的企业（单位）实现了财务管控的标准化、流程化和智能化。也就是说，财会监督的监督对象正在快速实现数字化转型，因此财会监督方式也必然需要进行转型和升级。第一，财会监督应全面嵌入业财信息管理系统，在被监督单位实现业财信息全面对接和整合的情况下，进行全过程、全方位实时监督。监督人员不再需要通过审核原始凭证去核实其业务的真实性，能直接授权进入被监督单位的业务系统，获取其业务数据并将其与财务数据对比检查，从中发现监督客体的经济问题。第二，在集业务、财务信息管理于一体的智能信息共享式平台中全流程嵌入监督节点，真正实现财会监督领域的“全程控”。财会监督可以授权参与财务共享系统前期的预算、计划、合同控制，真正实现业务环节的事前和事中监督。第三，监督方式上，除了单据检查和数据比对外，“大数据+智能”还能为财会监督提供全方位的数据分析模式，进行业财数据之间的溯源、因果分析，实现监督技术的信息化创新，有效提升财会监督效率与效果。

2. 智能共享技术在乡村财会“互联网+监督”中的应用

具体到智能共享技术在乡村财会“互联网+监督”中的应用，财政部门可以将现有的“互联网+监督”系统升级或置换成为“智能+监督”系统，在民主资金管理、乡村财务公开、农业企业财务监管、农村投融资管理等领域实现全过程监督和实时公开。

（1）应用智能溯源系统，以信息化助力民生资金下沉落地。在目前“互联网+监督”已实现民生资金数据采集、录入、公开的基础上，需要基于云技术和大数据的分布式架构，采用常用编码体系和接口规范，与民生项目管理系统实现无缝对接，达到数据共享，并与预算管理相结合，实时管控民生资金的来源及流向，加强对民生项目领域的预警监测、分析研判和风险排查，提高资金使用效率与效果。

以湖南省汝城县为例，2022 年汝城县民生工程项目具体涉及沙洲芙蓉学校和卢阳大道提质改造、城区次干道项目建设、老旧小区改造、污水处理厂项目、屠宰场冷链项目等民生重点项目建设。目前其主要的监督方式是通过“互联网+监督”信息平台，按照省财政厅规定的民生资金项目公开目录及信息采集要素清单，全面督查民生资金项目的到位、使用、发放和公示情况。督查通常采取公示平台巡查和现场督查相结合的方式进行，重点关注各项目民生资金发放数与结余数，现场查看其资金使用情况和项目开展进度。若应用智能溯源系统，将“互联网+监督”系统与项目管理系统进行对接，一方面可以直接根据民生资金项目预算安排，制定项目动态施工监管计划，实时监控项目资金的使用是否按照预算和计划执行；另一方面可以授权监督人员进入项目管理系统，全面掌握各项目的进展情况，对每一笔项目资金的使用去向（如施工方案设计、材料购买、人员工资等）进行全面监控，除了督查资金必须用于项目相关支出外，还要基于项目进展分析其资金使用效率和效果，督促各项目施工单位严格按照法律法规、技术质量标准、施工规范、工艺流程组织施工，严把质量关，严控工程变更和建设成本，确保民生项目资金下沉落地。

（2）构建智能财务共享制度，实现乡村财务实时公开。乡村财务公开是指将乡村财政财务收入、支出情况通过网络平台公示、村公开栏张贴、电子触摸屏、发放资料等方式告知全体村民，并接受群众和上级政府监督的民主管理行为，目前主要通过“互联网+监督”村账平台、“三湘E监督”微信公众平台定期公开公示村级账务情况。在执行中主要存在乡镇未及时上传村账附件、上传格式或数据录入格式错误以及财务公开及时性和真实性等问题。“互联网+监督”信息平台只是将村账数据集中采集并上传公示，并未真正涉及村级财务管理活动的监督。因此，需要在现有基础上，针对基层财政财务管理不规范的问题，需要立足于当前云计算、大数据和区块链等新一代信息技术发展，建立实质性的财务公开机制，通过强有力的内外部监督，规范涉农资金和集体资产的管理与使用。针对目前不同乡镇财政财务信息管理系统不健全不统一的现实，具体而言，可以改变村账乡管、村账村管各自为政的现状，以县级为单位成立一个集成化的报账、核算与管控中心，统筹乡村财政财务资金管理与核算。所有村级收入与支出均由财务共享中心管理，不再经乡镇或村级会计。财务共享中心可分设资金结算和业务核算两个子部门。资金结算部门按照村级会计或相关人员提出的业务申请，主要负责与供应商交易和费用报销等的结算支付办理、银行转账付款等流程。业务核算部门对已经扫描的审核无误后的原始凭证按照会计电算化模式进行分类、按要求填制会计凭证、编制项目资金预算报表、资金使用状况表等相关财务报表，再将这些报表上传政府平台进行公示，由财政部门和审计部门进行监督。这种模式直接连接第三方账户和财政资金账户，村级政府对财政资金不具支配权，有效避免了基层财务人员的贪腐、挪用等问题。

（3）基于农产品交易性平台，建立农业企业的智能化财会监督系统。对于农业企业而言，应基于资源开发协同的原则加强自身的智能财务管理体系建设。对内深化业财融合、产融协同，对外保持与投资者、债权人的有效沟通，强化产业链、供应链的有效链接，推动各方主体、各类资源、各种要素协同联动聚合发力，实现内外部利益相关者价值共生、共享。一是链接社会化，实现内外部资源共享。在与农产品供应链上下游合作方进行交易时，将企业内部与各类交易平台连接协同共享信息，实现“购”与“销”业务的风险可控，财务信息系统与业务系统对接，实时获取和积累大量交易数据，并基于交易数据自动获取会计原始凭证，自动生成会计凭证和报表信息，实现业财信息全面对接和整合，有效提高数据准确性与实时性。二是管控智能化。通过规则引擎智能管控，系统自动生成报账信息，发票自动验伪查重。三是接入多端化。支持手机、Pad、PC 等移动设备实时接入，实现财务管理的智能便捷式服务。

基于资源开发协同的智能财务管理，财会监督也能实现智能化监督。第一，“互联网 + 监督”系统应将拨付至农业企业或项目（如承包产业振兴项目的企业）的财政资金纳入监督范围，结合农业企业开放协同的交易性平台，对资金流向进行全程监督。第二，财会监督人员对农业企业行使监督职能时，监督人员核实财会数据，可以从业务源头上获取真实可追溯的信息，从而有效提高财会信息披露与监督的“信任度”；第三，财会监督无须一一审计单个农业企业的财务信息，而是可基于农业供应链视角，从内外部共享的业务系统获取交易信息，形成农业供应链的监管链，建立企业供、产、销全产业链的生态管控体系。智能化监督的前提是智能化财务管理的应用，因此应加强乡村财务管理的智能信息化方式是当务之急。

本章参考文献

［1］刘尚希．更好发挥财会监督的重要作用［N］．中国纪检监察报，2020－07－16（7）．

［2］李振，冯阳雪．动员常规化与技术赋权：以纪检监察信访为案例的研究［J］．经济社会体制比较，2018（1）：90－97．

［3］李晓冬．新时代乡村财会监督：重要意义、实践困境与调适策略［J］．财政监督，2021（11）：54－59．

［4］贺雪峰．乡村治理现代化：村庄与体制［J］．求索，2017（10）：4－10．

［5］孙强强，李华胤．乡村弹性化治理：一个概念性框架及其三重维度［J］．南京农业大学学报（社会科学版），2021（1）：42－51.

［6］伍中信，肖美英．信息、产权与博弈：会计监督的经济学［J］．会计研究，1997（12）：15－18.

［7］谢德仁．注册会计师行业管制模式：理论分析［J］．会计研究，2002（2）：12－20，65.

［8］吴联生，王亚平．有效会计监管的均衡模型［J］．经济研究，2003（6）：14－19，93.

［9］胡少先．加强财会监督的思考与建议［J］．财务与会计，2020（8）.

［10］汪雅萍，何召滨．新时代财会监督的定位、要素与路径［J］．财务与会计，2020（12）.

［11］王宏，梁璐璐．坚持"四度"思维，提振财会监督［J］．财务与会计，2020（8）.

［12］吴敬琏．大中型企业改革：建立现代化企业制度［M］．天津：天津人民出版社，1993.

［13］李明辉，曲晓辉．我国上市公司财务报告法律责任的问卷调查及分析［J］．会计研究，2005（5）：47－53，96.

［14］刘国强．论会计信息属性与政府会计监管［J］．会计研究，2006（7）：3－8，93.

［15］董普，田高良，严骞．非审计服务与审计质量关系的实证研究［J］．审计研究，2007（5）：42－49.

［16］李志斌．内部控制的规则属性及其执行机制研究——来自组织社会学规则理论的解释［J］．会计研究，2009（2）：39－44，93.

［17］武恒光，张龙平．经济依赖度，盈余管理水平与审计独立性——来自上市商业银行的经验证据［J］．财经理论与实践，2012，33（4）：74－79.

［18］武辉．会计准则执行中的政府最优监管模式选择［J］．财政研究，2013（1）：69－72.

［19］杨雄胜，陈丽花，曹洋，缪艳娟．会计理论范式革命：黎明前的彷徨与思考［J］．会计研究，2013（3）：3－12，95.

［20］李枢川．财政制度、经济增长与国家治理［D］．北京：财政部财政科学研究所，2014.

［21］周安平．"善治"是个什么概念——与俞可平先生商榷［J］．

浙江社会科学，2015（9）：38－44.

［22］李晓慧，庄飞鹏．不同视角和制度环境下非审计业务与审计质量的关系研究［J］．审计研究，2015（4）：88－96.

［23］唐国平，刘忠全，刘金洋．我国会计监督现状及优化思考——基于《会计法》修订的分析［J］．财务与会计，2017（21）：28－31.

［24］王竹泉，江玮滢．我国会计信息质量检查十年回顾与改进建议［J］．财政监督，2017（2）：5－10.

［25］褚尔康．基于制度经济学的审计监督“全覆盖”分析［J］．财会月刊，2019（15）：96－99.

［26］黄世忠．上市公司财务造假的八因八策［J］．财务与会计，2019（16）：4－11.

［27］周华，刘俊海．审计监督体系的完善路径研究——从注册会计师审计制度的局限性谈起［J］．社会科学，2019（4）：40－52.

［28］喻冬梅．财会监督在国家治理体系和治理能力现代化中的定位及思考［J］．财务与会计，2020（12）：20－22.

［29］Simunic D.，Auditing，consulting and auditor independence［J］．Journal of Accounting Research，1984，V22：679－702.

［30］Zeff，S. A. A Perspective on the U. S. Public/Private—Sector Approach to the Regulation of Financial Reporting［J］．Accounting Horizon，1995，9（1）：52－70.

［31］Glaeser，E. L.，A. Shleifer. A Reason for Quantity Regulation［J］．American Economic Review，2001，91（2）：431－435.

［32］Robinson D.，Auditor independence and auditor－provided tax service：evidence fromgoing－conern audit opinions prior to bankruptcy filings［J］．Auditing，2008，27（2）：31－54.

［33］Alexander D.，Hay D. The effects of recurring and non－recurring non－audit services on auditor independence［J］．Managerial Accounting Journal，2013，28（5）：407－425.

［34］CausholliM.，Chambers D. J.，and Payne J. L. Futurenonaudit service fees and audit quality［J］．Contemporary Accounting Research，2014，31（3）：681－712.

［35］Kowaleski，Z.，B. W. Mayhew，A. C. Tegeler. The impact of consulting services onaudit quality：an experimental approach［J］．Journal of Accounting Research，2018，56（2）：673－711.

第八章　乡村治理中的企业治理变革：从共同治理到共享治理

一、从单边治理到共同治理：企业内部治理的变革

公司治理是基于产权关系，通过权力调配来协调股东权益与其他相关利益方的制度安排，涉及指挥、控制和激励等方面的活动内容。公司治理起源于现代公司制度下两权分离的制度变迁，为解决受托责任问题，需要通过一系列的权利制衡机制去激励和约束代理人，以维护产权所有者的合法权益，当前被学者提出的公司治理模式为单边治理模式和共同治理模式。

（一）单边治理

单边治理模式亦可称为“股东至上”的企业治理观。这种观点是基于“资本雇佣劳动”理论，以企业法人作为产权主体，非人力资本所有者作为治理主体，通过调配企业管理者、员工、供应链合作方等不同产权方的权利结构，实现股东所有者对企业剩余控制权和剩余索取权的维护和控制。这种观点以物质资本所有者为中心，忽视了其他产权主体的权利诉求，近年来受到越来越多的挑战，主要体现在：第一，股东作为企业剩余索取权的拥有者，承担了一定的经营管理风险，但在现代公司制度下，企业作为法人主体，其股东往往只需承担有限责任。根据权利与义务对等的原则，在义务既定的情形下，其权利边界也应有所限制，不宜影响甚至侵害债权人、供应商、员工、管理者等其他产权主体的财产权利。第二，金融市场稀释了公司的股权结构，大多数股权所有者的占股比例非常小，不具有对企业经营管理的决策权，这种情形下，由于信息不对称和信息不完全，中小股东的权益难以通过目前企业内部的治理结构予以保证。第三，随着自主创新战略的发展，企业创新团队的价值和影响持续扩大，人力资本所有者的产权意识需要企业治理主体高度重视。

（二）共同治理

共同治理模式亦可称为“利益相关者”的企业治理观。随着社会化分工的精细化，企业内外部形成了大大小小、难以脱离的产权关系网络，形成了公司管理者、股东、债权人、政府相关部门、供应链合作方、员工、社会公众等诸多利益相关联。不限于拥有企业剩余索取权的股权所有者，其他所有利益相关方的财产权利都不容忽视，需要通过一种合理的治理结构予以保护。这种逻辑体现在公司治理层面即衍生出“共同治理”的概念。共同治理模式认为，企业是不同要素所有者权利的集合。企业的会计目标应是为所有利益相关者作出决策提供信息支撑，为其创造财富，实现财产增值，因此企业的目标不仅是股东利益最大化，而且应是利益相关者权益最大化，即公司整体价值最大化。因此，应实现公司董事会、管理层等治理主体的多元化，鼓励公司核心员工、债权人、供应链重要战略合作方、政府部门等参与公司的经营管理决策，实现基于财权关系的共同治理机制。在“共同治理机制”下，各利益相关者的财务关系更趋向是平等的关系：各利益相关者在缔结企业这个契约的时候就是以平等方式加入的，而不是一种单向的、科层式的结构，也就是说各利益相关者共同对这块“蛋糕”进行分割。

由前面两点提到的，从单边治理到共同治理，其均属于同一个财务主体之间的治理模式，属于企业内部治理的变革，其本质追求的仍是同一财务主体（集团内部）的利益最大化。但是，对于不同的产权主体之间，各主体间有各自不同的利益趋向。那么如何将不同产权主体（企业）间的利益趋同，实现价值的共同追逐呢?

二、从共同治理到共享治理：企业间治理变革

关于企业间的治理研究具有现实的必要性，由于科技的快速变革以及市场竞争的加剧，企业仅仅依靠自己内在的经验、信息、技术等资源难以获得竞争优势，还必须依赖和其他企业的“关系”。企业集群正是市场与企业之间的相互作用，由于市场交易的不确定性、企业自身规模实力以及抵御经济风险的能力低下等因素促使企业通过集群寻求交易成本与交易风险的分摊，通过企业的联合来对抗市场中复杂多变的交易状况。这些企业之间存在着比较密切的联系，而且这种联系一般是产业或领域上的关联，

主要表现为产业领域产品或服务的共享、产业信息的分享，而且集群的企业往往属于同一产业领域，因此在原材料采购与市场销售方面可以一起进行，共享原料与销售市场。当然，企业集群的首要前提是彼此信任。当前，区块链技术的发展给企业集群带来了新的契机，通过智能合约、联盟链、跨链技术以及共识机制等技术的发展，能够为企业集群搭建价值网络，最大限度地使集群联盟实现内部互信、权责一致、信用增级及发展数字资产，以促进企业集群的发展。企业集群是企业之间的一种战略合作，通过共享企业特有的知识、技术等资源以获取竞争优势，企业之间形成了利益一致的命运共同体，最终追求价值的最大化。集群的企业之间虽然存在着密切利益联系，但是彼此之间不是从属关系，在发展中是平等互助的关系。集群内的企业之间是相互独立的，产权明晰，财务上独立核算，自主经营、自负盈亏，集群内的企业没有形成完善的治理结构，集群内部的企业数量并不是固定的，而是随着进出的企业不断变化而处于动态的发展过程中，不利于长期的稳定发展。由此，可见企业间治理的必要性。企业间治理的目标在于在快速变化和激烈竞争的市场环境中，企业通过联合生产来获取竞争优势。本文将企业间的治理模式主要分为四种：纯供应链、纯企业化、全产权供应链以及部分产权供应链。

（一）纯供应链

由于科技的进步以及经济全球化的发展，企业外部环境发生了重大变化，比如市场竞争愈发激烈、产品生命周期缩短、产品品质增加、消费者需求不断多元化和个性化等。当一家企业不具备它发展所需要的全部资源时，就需要以某种形式与外部进行资源交易、融合和共享，进而在内部技术、知识、信息等方面形成自己的核心竞争力。这就迫使核心企业与其供应商、次级供应商、客户等保持空前紧密的关系，因此，促使越来越多的企业选择既竞争又合作的生存模式——纯供应链模式。

纯供应链的目的在于实现从战略目标层面到一线运作层面的协调、高效，从而提升供应链整体竞争优势。其优点在于：一是节约供应链采购成本。纯供应链模式下，供应链上中下游企业之间属于战略合作伙伴关系，通过信息共享，合作方之间可以实时获取原材料市场的采购信息，从而降低采购成本，强化供应链管理。二是降低企业间的交易费用。供应链上下游之间普遍存在竞合关系，通过战略合作，可以降低企业间的协议成本，缩短合同交易周期，提高合作效率。三是降低企业的库存成本。在信息对称性较高的情形下，企业可以通过最佳订货量的模型设计和动态调整，实现库存成本的最小化。

然而，供应链作为一种企业间合作关系的新型模式，既缺乏严格的组织约束和保障，也没有充分有效的市场规则和纽带，具有典型的委托代理特征。首先，由于成员之间不存在行政隶属关系，相对来讲，机会主义行为在供应链中比在企业组织中更容易发生。其次，供应链成员之间是相互独立、分散决策的，其集成参与关键业务活动，却在个体理性的基础上追求自身利益的最大化，由此产生供应链行为与整体目标的冲突。最后，供应链成员之间不是单纯的“买”和“卖”关系，而是在参与者资源与能力互补性前提下，通过信息、技术、资金、人员等方面的交流与合作，产生协同效应，创造相对于单纯市场交易而言更大的收益。然而，参与者的信息不对称和对于“套牢”风险的担忧，可能会影响成员之间的长期投入与合作，进而影响供应链的联合收益。

（二）纯企业化

关于企业与市场的关系研究最早可追溯到科斯的研究。科斯认为，交易费用决定资源的配置方式，进而决定企业与市场的边界。企业作为一种集约化的团队生产模式，可以通过设置内部激励与约束机制，降低内部单元的交易费用，但这种交易费用的节约是有边界的，当企业规模扩大到一定范围时，内部管理成本会逐步增加，从而无限接近于市场，这就是企业的边界。

当今时代，企业与市场既存在紧密联系也存在差异。作为主要的市场主体，企业构成了市场交易的供需双方，成为市场竞争的参与者与追逐者。不同市场主体之间存在不同程度的信息不对称，其在竞争与合作中需要通过不断的重复性博弈达成市场交易，产生市场交易费用。市场交易费用的高低与市场的有效性息息相关，有效市场具有信息的高度流通、完备的交易制度安排和监督机制，能有效降低企业的信息成本和交易成本。然而通常情况下，市场并非完全有效，市场交易费用往往居高不下，需要通过企业间的兼并、收购等方式，将这种交易费用内部节约化，从而提高效率，实现财富增长。

纯企业化是企业与市场结合的一种形式，属于企业中的市场，它以企业内部各分部，或者子公司作为企业内部市场的经营管理单元，将市场的灵活性与企业管理的效率性充分融合，实现企业内部交易费用的节约。通过优化内部组织结构，能够控制机会主义行为、减少企业交易成本、利用市场专业化生产，同时，也能够不断地利用互补性资源、分散化知识以及技术进步来提高竞争优势，减少利益竞争。然而，企业内部管理成本与其规模通常呈现正相关关系，纯企业化的扩大并不是无止境的，当企业的组织成本超过了市场的交易费用时，企业就应该停止扩张。

（三）全产权供应链

随着企业间合作关系的建立，供应链相关企业之间结成了相对稳定的联盟关系。供应链企业之间通过购买、兼并、新设等方式实现一体化经营，根据控股参股的形式可以把产权关系分成两类：一种是供应链中的一方是另一方的全资子公司，通过这种方式形成的产权关系称为全产权供应链；另一种是供应链多方之间相互参股，互为股东，存在交织的产权关系网络，这可称为部分产权供应链。

全产权供应链是指在供应链中处于上下游关系的企业之间的并购和处于平行关系的供应链和供应链之间的并购，涉及的是企业之间的产权交易。各企业之间或者企业与非企业之间通过并购把不同的生产环节的企业纳入同一产权主体内，是调节各参与主体利益关系的一种利益调节机制和运行机制。为了避免产生股权比例上的矛盾，处于供应链上的每个产权主体股权结构是一致的，但又是不同的产权主体。

显然，这种模式具有较为明显的优点。一是能够节税。将供应链上的生产、加工、销售三个主体相联结，在原来的企业基础上，上游设立一个用于研发的科技型企业或者用于生产的农业企业，可以达到节税的目的。二是能够增加上下游收入。供应链上的企业能够利用互补性资源，且降低了讨价还价的成本，以及企业间关系的投入成本，从而能够增加上下游收入，同时也可以利用留存收益进而进行新的资产投资。三是能够减少交易费用。由于供应链上的企业属于同一个产权主体，降低机会主义发生的倾向、道德风险及信息不对称的程度，能增强企业间的能力信任、善意信任，减少了收集信息和相互谈判的成本，从而能减少交易费用。四是能够增强竞争优势，通过促进供应链知识分享、提高供应链资源依赖、提升供应链内外部整合能力，可以提高供应链企业之间的稳定性，赢得供应链持续的竞争优势。但是，这个模式也存在着不足之处，就是这个模式需要每个产权主体投入全部的资金。

（四）部分产权供应链

部分产权供应链是供应链企业间通过相互投资、相互占有对方的部分产权而形成的产权模式，供应链企业之间部分占股或者相互占股，介于纯市场和纯企业化之间，是典型的“共享”模式。部分产权供应链模式具有前三种模式的所有优点，又能避免全产权供应链的不足，因为它总体上能大大降低建设供应链高昂的先期投入成本，借助优势适时进行全链条扩大再生产，从而打破企业成本限制、盘活资产，使得企业生产资料增加，达到利用少量的资金而扩大企业规模的目的，真正地实现了共享。

我们认为，纯供应链、全产权供应链和部分产权供应链构成了企业间共享治理的三个层次。从纯供应链到全产权供应链，从资本积累到资本积聚是一次飞跃，把一个蛋糕做大并共同分享；从全产权供应链到部分产权供应链，利用相互的资本又是一次飞跃，分享各自不同味道（优势）的蛋糕，实现多方共赢。

共同治理和共享治理，二者在某些方面相同，但也存在明显的区别。共同之处在于：一方面，共同治理和共享治理这两种治理的对象相同，都是一种“关系”。共同治理的对象是较直接的利益相关者关系，主要是企业内部所有者与管理者的关系，共享治理的对象主要是企业与企业之间的关系，包括更广泛的利益相关者关系。另一方面，这两种治理在理论体系上有着相似之处，都是研究治理的机制、体系和结构。不同之处在于：首先，从起源上看，共同治理起源于两权分离的公司体制，是企业内部的治理，而共享治理更取决于供应链理论和企业关系理论的兴起。其次，从二者的目标来看，共同治理的目标主要是利益相关者价值最大化，而共享治理的目标是多方共有价值的最大化。

从共同治理到共享治理的转换，可能仍然面临着许多的困难与挑战。但是，不得不承认，共享治理的来临已势不可挡，值得进一步研究和探讨。

三、从财务共享到共享财务

（一）企业集团下的财务公司

企业集团下的财务公司是企业集团为了实时、便捷地集中管理成员公司的资金，促成改善资金配置、加强风险调控等目的，而创建的集团“内部银行”，对提高内部资金管理效率起着积极、重要的作用。

首先，财务公司为集团提供存款、贷款、资金调拨和资金运营等功能，减少了因信息不对称产生的集团内与外部资本市场的交易成本，同时将内部的闲置资金聚集起来，并用来投资优势项目，提高内部资源的利用效率，确保集团内资金的有序运行。其次，财务公司作为集团内部的金融机构，充当着集团资金的筹措中心、调配中心和监控中心等角色，与内部有着高度的利益相关性，能够更好地掌握内部成员的资金需求，从而以更低的价格为其提供更好的、更优质的金融产品和服务。最后，内部银行模式在集团内部企业之间形成信息畅通的融资供需网络，从而降低集体企业的整体融资成本。

（二）企业集团管理下的财务共享

财务共享特指在企业集团化进程加快的背景下，集团内部进行信息汇聚、集中账务处理和财务流程再造的财务转型和组织创新。具体体现为集团通过建立财务共享中心将分散在各个子公司和分公司的重复性账务处理进行整合处理，由财务共享中心提供会计核算服务，大大缩短了会计核算链条，并减少因重复性工作所花费的人力、物力和财力等资源，使得集团能够将更多的资源分配至核心业务，以此提高企业的核心竞争力。

财务共享服务中心的目的是将集团内复杂财务工作进行有机整合，形成一套标准化、流程化及系统化的模式，而不是简单地机械集中，以此提高集团财务工作效率并降低整体成本。由于每个企业集团的经营管理方式以及对每项业务的财务处理的要求不尽相同，为了确保财务共享服务的效果，可将财务共享服务业务范围分为三个阶段实施。第一个阶段是基础核算职能，如存货、应收账款、费用等科目的管理；第二个阶段是财务管理职能，如决算报告和管理报告的编制等；第三个阶段是战略规划职能，如战略规划和税收筹划等。由于每个集团的实际情况有所区别，集团可选择合适自己企业的职能，从而最大程度地提高企业的效率、降低企业的成本。

目前财务共享中心的发展方向大致有两个，一个是在公司内部建立财务共享中心，即“财务内包”，另一个就是“财务外包”。“财务内包”是指母公司和子公司财务同步化，将不同地点的财务业务集中在一起报告，实现财务工作的跨区域和跨时空。“财务外包”则是指利用互联网技术搭建一个平台，聚集众多优秀的财务人员，公司在上面自由、灵活地选择合适的人员来做财务。无论是“财务内包”还是“财务外包”，均属于同一产权主体之间的共享，且财务共享中心主要处理的是会计核算业务，并未发挥资金管控作用。

（三）企业集群管理下的共享财务

前面两点提到的，企业集团下的财务公司是一个集团内的“内部银行”，主要是资金融通方面的共享，企业集团管理下的财务共享主要是会计核算方面的共享，这两者均属于同一产权主体（集团）内的共享。那么不同产权主体之间的共享呢？

随着物联网与移动支付的兴起壮大，共享模式已经发展成为一种新型的模式。“共享模式”已经影响到人们生活的方方面面，如共享单车、共享汽车、共享充电宝、共享雨伞、共享健身仓、共享住宿等，共享经济更是成为全球创新发展的新趋势。共享经济是指拥有闲置资源的机构或个人，将资源使用权有偿让渡给他人，让渡者获取回报，分享者通过分享他人的闲置资源创造价值的一种模式，分享经济在可持续商业模式构建上具有可行性。共享经济的发展已经势不可挡，作为共享经济的重要组成部分，共享金融也就应运而生。共享金融是通过大数据支持下的技术手段和金融产品及服务创新，以资源共享、要素共享、利益共享为特征的一种金融模式。

借助“共享经济”和“共享金融”的概念，本文将不同集团、不同企业之间的财务共享称为“共享财务”，其中不仅包括资金融通上的共享，还包括会计核算等方面的共享。通过构建企业集群下的共享财务平台，使得不同产权主体利益共享，通过分享各自不同味道（优势）的蛋糕，实现多方共赢。由于企业集团下的财务公司出现时间较早，可以与目前的企业集团管理下的财务共享合作，使之成为更有实际内涵的“财务共享”，它是一个集团内部的共享。共享财务与共享金融、共享经济一致，是不同产权主体之间的共享。

四、共享财务的内涵

作为一个全新的学术概念，对于共享财务如何进行界定，仍然需要进行深入的研究及探讨。作为起点，本文尝试对共享财务的内涵进行粗略描述。所谓共享财务，就是在大数据支持下，不同企业（集团）直接构建以产权共享、信息共享和业务共享为特征的财务模式，努力实现财务资源（包括资金融通和会计核算）更加有效、公平地配置，以获取核心竞争优势。对于共享财务来说，技术的突飞猛进为其创新插上了翅膀，制度的变迁则创造了良好的市场环境。展望未来，共享财务可以主要从集群财务公司和集群财务服务中心这两方面发展。

（一）集群财务公司

参考企业集团下的财务公司，集群财务公司是指集群内的企业以资金集中管理和提高资金使用效率为目的，为集群成员单位提供资金管理服务的非银行金融机构。集群财务公司通过以资金为纽带，以服务为手段，增强了集群内部的凝聚力。一方面，集群财务公司将集群内的企业吸收为自己的股东，以股本金为纽带将大家联结在一起，形成利益共同体。另一方面，集群财务公司所吸纳的资金又能为集群内的企业提供信贷资金，实现资金的共享，从而将集群内的企业更好地联结起来，形成一种相互支持促进、共享发展成果的局面。

集群财务公司主要的功能在于资金融通方面的共享。集群内的企业之间可能会出现一些企业资金十分紧张，而另一些企业资金闲置的情况。集群财务公司的存在使得集群内的成员企业成为其股东，集中了各成员企业的资本进行经营，同时也可以运用金融手段将成员的闲散资金集中起来，统筹安排使用，提高资金使用效率。集群财务公司作为一个内部资本市场，集群内的企业在资金层面互通有无，有闲钱则贷出，缺钱则贷入。其应该在金融产品和服务的提供中发挥更大的作用、拥有更高的地位。

（二）集群财务服务中心

同样地，参考企业集团下的财务共享服务中心，集群财务服务中心是指集群内的企业通过集中处理标准化的财务业务，以减少重复投入、提高效率、增强竞争优势为目的服务中心。集群财务服务中心由专业的人员进行集中处理标准化的纳税、账务处理等管理和控制服务，不仅有利于减少差错率，还可以提高员工的工作效率、减少人力成本。

虽然财务共享中心与传统财务模式相比，具有不可比拟的优越性，但是也存在一定的局限性。因此，集群财务服务中心可以结合区块链技术的去中心、可追溯、防篡改等特点来完善相应的问题。将区块链技术引入财务共享中心，依托共识确定参与者与共识协议，依托代码对业务前端进行有效控制，依托联盟链扩展财务共享的外延。将财务共享中心分为底层业务模块（主要负责会计核算和费用报销）、中层资金模块（主要负责资金管理）以及顶层战略模块（主要负责为高层决策提供建议）。

（三）财务共享与共享财务的关系

财务共享与共享财务有着密切的关系，既有相同之处，也有明显差异。相同之处在于都涉及企业的财务处理上的共享。不同之处在于财务共享聚焦企业集团内部财务资源的共享，产权主体为企业集团；而共享财务则是一个更大的共享服务平台，是不同产权主体之间的产权共享、信息共享和业务共享，能有效地促进资源的流动和互补，实现交易费用和资源配置的整体更优，最终达到不同经济实体间协同利益共享的目的。

（四）共享金融与共享财务：交叉融合

共享财务模式下，一方面，集群财务公司作为一个非银行金融机构，可为集群内企业提供综合金融服务，是典型意义上的“共享金融”。另一方面，集群财务公司又具有财务共享的所有功能，实现不同产权主体之间的产权共享、信息共享和业务共享。因此，本文认为“共享财务”与“共享金融”存在交叉融合。

五、基于产权共享的乡村治理路径

（一）构建隐性贫困评价测评体系，分层分类制定帮扶政策

立足财产性收入视角，合理界定隐性贫困。随着我国乡村振兴的推进，农村居民收入持续增加，脱贫人口和中产阶层数量也稳步上升，需要充分考察不同阶层收入结构与其财富增长持续性的相关性，以合理评价居民脱贫效果的稳定性和财富结构的实际演变路径。因此，需要在现有隐性贫困界定和评价标准的基础上，考虑工资性收入、经营性收入、转移性收入、财产性收入增加对居民财富增长持续性的影响，重构隐性贫困的概念边界和测量标准。有效规避工资性收入、转移性收入等现金性收入对居民财富增加的短期性，特别是防范政策变迁所带来的返贫风险，强调财产性收入的资本增值效应。可以从经济上将总收入超过贫困标准，但财产性收入较少，难以形成持续性的财产增加长效机制的人群合理纳入监测户，并对其动态建档立卡。在此基础上，设计科学的隐性贫困财务测度方法，构建合理的隐性贫困评价指标体系。在现有贫困评价指标体系的基础上，验证居民总收入增长、财产性收入增长与财富增加的相关性，考察居民财产

性收入与总收入量、财产性收入所占总收入比重、财产性支出等指标，合理设置居民贫困水平的综合评价标准，分设显性贫困和隐性贫困区间，从而制定有针对性的扶贫方案。同时，我们需要定期测算不同时期不同地区农村隐性贫困水平。基于重构的综合贫困评价标准，重点动态考察农村“监测户”状况，在合理测度农村居民隐性贫困水平的基础上，深入剖析隐性贫困形成的原因及影响因素，分层分类制定不同的解决方案，增加农村居民的财产性收入。

（二）持续深化农村土地三权分置改革，提高农村居民财产性收入

目前“三权分置”已基本形成土地集体所有权、成员承包权、耕作者经营权的权利框架。农村土地经营权从承包经营权中派生出来，在法律上赋予经营者平等的、受法律保护的耕作权利，能有效提升农村居民的土地收益权，为农村土地流转提供了制度基础。农村宅基地和农用地作为农村居民拥有的主要财产，其产权优化配置能有效推进科学城镇化进程，允许农民以承包经营权入股发展农业产业化经营。助推社会主义新农村建设，拓宽农民财产性收入来源，实现城乡“双赢”发展。一是加速农村土地产权确权登记。进一步明确宅基地和农用地的主权地位，清晰界定农民及集体经济组织对农村土地的物权关系。立足当地经济发展实际，结合土地产权的特性，加快各类土地产权确权登记制度，创新产权类型和分层配置，规范产权登记程序和确认程序，保障宅基地和农用地产权分层优化配置和产权顺畅流转。二是明确土地产权分层归属和结构优化配置。宅基地和农用地所有权应始终归国家和农民集体所有；使用权归农户，而农户不限于农村集体内部成员，也可扩展到农村集体以外的成员；农村宅基地和农用地即可为单一产权，也可为共有产权；农户既可将宅基地和农用地低于50%的使用权以资产化形式入股，又可将这部分使用权转让给集体内部成员或集体外部成员，转让后宅基地和农用地管理权归农村集体所有，农户根据参股比例获取红利或部分转让使用权获得收益。三是健全土地使用权流转和管理机制。一方面要建立有效的价格评估制度。在充分考虑农村宅基地使用权和农用地经营权流转过程中正常收益损失、潜在收益损失、间接收益损失的基础上，合理确定农村土地使用权流转的基准地价，形成价格调整机制。另一方面要构建土地流转信息中心，培育农村土地流转中介服务组织。通过组建农村产权交易所和农地经营权价值评估中心，形成市、县、乡三级服务平台，为农民提供有关土地使用权流转的信息沟通、价格评估、合同签订、纠纷处理等一系列服务。此外，地方政府因地制宜

地选择和创新土地使用权流转模式，通过出台和颁布相关配套政策措施明确土地使用权流转的主体及其权责利，确定流转后土地用途和使用期限，加强土地使用权流转的合同管理等方式，完善农村土地使用权流转的配套政策。

六、基于共治共享的乡村财务治理路径

（一）乡村财务治理诸范畴

1. 公司治理与财务治理之间的关系

这涉及产权与财权的关系。产权即财产权，包括以所有权为核心的物权、债权和知识产权等，也包括实物形态和价值形态的财产管理；而财权则是市场主体对财力所拥有的支配权，财权 = 财力 + （相应的）权力，侧重于从价值形态上对资金进行配置，包括收益分配权、投资权、筹资权、资金使用权、定价权等。财权依附于产权，构成了产权中最核心的权能。公司治理是以产权为纽带、关于企业剩余索取权和控制权配置的制度安排，而财务治理本质为公司财权的配置，是公司治理的核心（伍中信，2006）。任何财务活动都要以经济组织的名义参与到市场竞争中来，财务治理需要在公司这一财务主体的“笼子”内独立开展筹资、投资和利润分配行为，并实现财权制度安排。公司治理结构影响其财务治理结构（陈晓伟，2011），股东大会、董事会、经理、监事会都是财务治理主体，而外部债权人等也可能参与公司内部的财权划分，也构成企业的财务治理主体。这种多元的财务治理结构需要进行财权分层，解决不同利益主体之间的财权分割问题，通过不同的权能赋予与责任界定，服务于单一财务主体的共同目标。

2. 乡村治理与公司治理、财务治理之间的关系

与国家治理的其他治理主体一致，乡村治理揽括了乡村管理的各项公共服务项目，乡村范围内的所有经济组织、社会关系及行政事务管理都是乡村治理的重要内容，具体包括乡村社会这一特定区域内的公司治理、社会治理和政府治理。其中，乡村区域内的公司治理是乡村治理的核心内容和经济基础，为实现产业兴旺的发展目标，乡村治理需要立足于农业产业链对“三农”资金的筹集、使用和分配进行有效管理，并优化伴之而生的收益分配权、投资权、筹资权、监督权等财权配置，这就涉及财务治理领

域。鉴于前文所述，财务治理应服从于单一的财务主体，并对内外部多元财务治理主体进行财权分层和分割。因此，乡村治理的重中之重即为现代公司制度框架下乡村经济组织的财务治理活动。

乡村区域内的经济组织主要包括乡镇企业和村集体经济组织两种类型。第一，乡镇企业产权清晰，是独立的法人主体，在《公司法》约束下开展独立的经营管理活动，普遍与农村地区的其他主体（村民、村委会等）缺少产权关系，属于公司财务治理范围，但在肩负扶贫任务或承接农村产业扶贫项目时，可能存在村集体或村民个体以财政扶贫资金入股的情形，与农户形成了一定程度的产权纽带。第二，专业合作社、专业农场等村集体经济组织作为乡村自治结构中维护村民权利的重要载体，在参与农村经济发展、实现集体资产保值增值上发挥了巨大作用（于国萍，2021）。村集体经济组织代表了农民的经济权利诉求，是发展乡村经济、巩固脱贫攻坚成果、高质量完成乡村振兴的重要载体。乡村振兴和治理的有效实现需要发展壮大村社集体经济，引导公司、农庄、农户等参与者形成利益联结体，借助现代化的公司治理制度和市场运营模式（朱雅妮，高萌，2020），带动农业经济高效发展。

现有财务治理的相关研究大多只囿于单一公司治理范畴，而乡村财务治理打破了公司的边界，赋予了其新的内容。第一，乡村财务治理包括但不限于公司财务治理，其治理主体超出了公司财务治理的范围，上升到了社会治理和政府治理层次，既有公司财务治理的内容，又涉及社会治理和政府治理领域，具体包括乡村公司财务治理、基层政府财务公开和村集体、个人的投融资行为。第二，乡村财务治理涉及的利益相关者远远超过了企业范围，包括企业、政府、农户、银行、电商平台等多方产权主体，其治理领域涵盖了整个农产品产业链，涉及企业间共同治理的内容。第三，作为跨企业治理，供应链治理是乡村财务治理的重要内容，但仅分析农产品供应链关系是远远不够的，需要在此基础上，分析不同农户、企业、政府等利益相关者之间的产权关系，从“产权链”视角剖析农产品供应链合作伙伴之间的产权纽带。从公司财务治理扩展至供应链协同治理，再延伸至基于农村居民财产性收入增加的多方产权主体之间的财务管理与财权活动。

因此，乡村财务治理机制建设应以农村居民财产性收入增长为根本目标，以与农村居民财产有着一定产权纽带的村集体经济组织或产业扶贫项目作为财务主体，将乡镇政府、村委会、乡镇（农业）企业、村民等相关利益方作为多元财务治理主体。乡村财务治理可以界定为村集体经济组织或产业扶贫项目有关财力物力筹集、使用、收益与分配权的配置过程，具体涉及不同层级政府、农村、社会资本、集体经济组织等利益相关方共同治理与分配有关农村、农民、农业的财产权利，以建立一种有效的财务激励约束机制，解决农村发展过程的资金融通和资本运作问题，以形成乡村资本运作内循环，为缓解相对贫困和实现乡村振兴提供财力基石。

（二）乡村财务治理的现实问题

为了对目前我国乡村财务治理现状进行深入了解，笔者选择湖南省部分市县作为样本，以问卷调查和实地调研相结合方式对县、乡镇、村三级政府部门、农业企业（如安化县诚丰生态庄园、湖南东立农特、湖南嘉菲等）和村民展开研究，对乡村财政资金分配、使用与财务管理状况、三权分置改革、公司治理与农村金融等问题进行了深入探索，从乡村财政财务管理、村民与集体经济组织的融资治理、股权投资治理三个方面分析其财务治理问题。

1. 财务主体的产权边界不清，治理目标不一致

首先，一元财务主体的产权边界不清晰。财产的产权属性（国家、集体或个人）和产权结构（产权主体对剩余索取权的支配和处置能力）构成了不同的产权清晰程度（谭劲松、郑国坚，2004）。产权属性越趋于个人，且产权主体的处置能力越强，产权越清晰。一方面，农村集体经济组织“劳动雇佣资本”的特性决定所有成员对集体资产拥有共同的剩余索取权，而农村集体资产的共有属性也决定了不可能由“全体成员”共同经营管理，造成名义上“人人有份”、实际上“人人无份”的难解局面（张浩等，2021）。而乡镇政府或村委会兼具农村集体资产所有者和管理者双重角色，集体资产剩余索取权与剩余控制权相分离，难以实行有效的责任约束机制。这种产权的不明晰和共有化，会导致村委会政企不分、管理和监管“越位”与“缺位”、“剩余利益”分配不均（孔祥智，2017；赵新龙，2019）、集体资产利用率低等问题。另一方面，现有产业扶贫项目多以帮扶企业为经营主体，政府与企业对农户享有的收益分配权作出约定，这种项目模式的财务主体是帮扶企业，服从企业的产权意志，农户除固定的收益权外，不参与其他财产权利，利益关联度不高。可见不管是农村集体经济组织还是现有产业扶贫项目，其财务治理均缺少农户产权关联度，难以有效维护农民的权益。

其次，多元财务治理主体的治理目标存在差异。在以村集体经济组织或产业扶贫项目作为一元财务主体的同时，还应将乡镇政府、村委会、帮

扶企业、村民等相关利益方作为多元财务治理主体。普通企业中股东（大）会、董事会、经理、监事会等多元治理主体的治理目标虽有差异，但会基本遵从企业价值最大化这一根本目标。而乡村财务治理主体的目标函数却存在较大差异，如乡镇政府下放涉农资金的主要目标在于产业扶贫和农业产业发展；村委会作为基层自治组织，承担着村庄管理、公共服务、和谐发展等职能，故其在经营村集体经济组织时自然会以公平稳定作为治理目标，而忽视部分经济效益目标；乡镇企业和村民等产权主体则更多地关注自身的经济利益。不同治理目标会带来不同的效益，特别是农村集体资产剩余索取权和剩余控制权相分离的情形下，会导致财务主体的整体治理目标向管理者目标倾斜，难以有效维护集体资产所有者（农户）的“剩余利益”。因此，需要进一步强化不同治理主体之间的制衡与监管，弱化村委会对集体经济组织治理目标的影响，其可行路径即为通过信息公开来建立共享共治的民主监督体制。

2. 以土地为核心的股权合作模式创新缺乏观念和制度基石

目前，农村集体经济组织多为股份合作制的治理形式，股份合作制作为农村生产关系的代表，充分发挥了农户协作劳动、合作互助的品质，形成了农村共享经济发展的制度基础。但其资本与劳动相结合、民主管理与股份管理相结合、按资分配与按劳分配相结合的特点，也带来了合作制与股份制、一人一票与一股一票、股东职工与非股东职工之间的矛盾。特别是集体股比例过高，让股东大会形同虚设，不利于农村集体产权的明晰（张浩等，2021）、农民财产权利的保护（邓大才，2018）和外部投资的引入（朋文欢、傅琳琳，2018）。杨杰和于鹜隆（2015）发现集体股比例与村民收入、合作社绩效负相关，而吸引外部投资者为个人股则与农村集体经济发展正相关。基于此，学者们纷纷从股权设置、治理结构方面提出农村集体产权制度改革的内容，认为改变合作方式（马翠萍、郜亮亮，2019）、多元化个人股配置（孔祥智，2017）、提高农民集体资产股权处置能力（方志权，2016）、引入社会资本（余丽燕等，2017）是改革的关键。其中，丰富的工商资本投入有助于缓解合作社内生的资本约束问题，实现资本向农村的流动，扩大企业的规模，提升企业的竞争力和活力，改变目前集体经济组织规模小利润低风险高现象。

除农村集体经济外，随着我国“三权分置”改革的顺利推进，以土地为核心的股份合作模式在基层探索实践，形成了土地经营权入股公司、扶贫资金入股公司、土地租金入股公司等多种模式，在探索合作入股方式、运行机制、治理结构、激励与监督等方面取得了较明显的效果，出现了一部分可借鉴、复制和推广的典范。一是土地经营权入股公司模式。以湖南安化县诚丰生态庄园为例，香岩村樟楠湾小组共28户（67人）农民在自愿、平等和互利的原则下组建公司。建立之初，公司负责人投入资金60万元，占股10%，其他居民则以土地经营权2万/亩的价格入股公司。各方共同约定，在公司盈利的前提下，各方根据股权比例获得分红，但没有保底分红。股东参与公司的农业生产劳作，获取工资性收入。股东与职工存在较大程度的身份重合，具有资本与劳动相结合的特点。二是扶贫资金入股公司模式。以湖南溆浦县嘉菲农产品发展有限公司为例，公司总投资为400万元，其中财政扶贫资金200万元（贫困人口扶贫资金150万元，企业财政补助资金50万元），嘉菲公司自筹200万元。财政扶贫资金按2000元/人的标准分摊到农户身上。嘉菲公司出资的250万元占股62.5%，贫困户扶贫资金的150万元占股37.5%，由嘉菲公司负责经营管理。前5年贫困户每年按财政委托帮扶投资资金不低于10%的比例享受收益。5年期满后，贫困户可以选择继续合作，也可以选择退股，继续合作的与公司同股同利，风险共担，选择退股的，由公司回购股份。三是土地租金入股公司模式。湖南省凤凰县是积极探索土地租金入股的典型地区，该模式下，农户将土地出租给公司，并以土地出租价入股。对农户股东采取“保本保底收益+按股浮动分红”模式，保障其本金安全，年分红比例不低于股金的10%；在公司或农民专业合作社具有稳定经济效益后再返还其租金，农户还可以原来股权份额获得分红收益，与公司同股同利、风险共担。农地租赁价格往往没有市场指导价，通常由村干部与农户协商形成合理的价格区间，并在政府协调下，企业与村两委或村集体签订土地租赁或入股协议。受到土地供给与地理环境的差异影响，目前凤凰县农地租赁价基本在每年200—1000元/亩之间，多数为每年300—500元/亩。

这些创新化股权合作治理模式给农村居民财产性收入增加提供了多种渠道，但也存在诸多障碍，致使其难以广泛推广：一是制度层面上，制度变迁与创新具有时滞性和路径依赖，是一个利益博弈和调整的过程，过程往往艰难且复杂。我国“三权分置”改革作为社会主义农村土地产权制度改革的一大创举，并无现存制度可以借鉴，只能“摸着石头过河”。在农村土地产权制度改革尚未完成的情形下，制度衔接与调试过程不可避免存在缺陷，如合作公司股东人数设置、土地股权转让与退出、保底分红的经营风险均存在缺陷，需要不断进行渐进式“废改立”，这种过渡式制度环境带来了极大的政策风险，限制了社会资本参与农村土地流转的积极性。二是观念层面上，相对于正式制度，农村传统小农思想等非正式制度文化更具局限性，多数农户不愿主动掏钱参与投融资活动，并对土地这一生产资料具有天然保护欲，不愿承担土地流程中的失地风险。调研发现农户普遍缺乏以土地和资金为基础的资本理财意识，更未形成参与、监督股份合作公司经营管理的观念，利益表达受阻，难以充分行使和维护其合法财产权利。三是技术操作层面上，农村土地经营权转让与租赁多以村集体为单位，而农户土地的集中与协商需要花费大量的人力与时间资源，公司需要花费较大的土地集中与协商成本，此时往往需要乡镇政府干预完成。同时，现有股权合作模式多以公司为主体，农户与企业的产权纽带不强，利益联结方式过于单薄，缺少横向和纵向的强连接关系，这对农户财产权利的保护不利，需要改变单一股份合作模式，引入多方主体形成利益联结体，实现真正的股权共享，达成多赢局面。

3. 基层财政财务管理不规范，财务的实质性公开需进一步加强

村集体经济组织的资产来源包括了村集体资产、上级专项资金及补助收入、社会捐赠资金、集体资产处置收入、经营性收入、一事一议资金等，其中政府拨款为主要渠道。由于农村集体经济组织管理的社区性及成员关系的复杂性，主要委托村干部代理记账，随着我国“三农”资金投入的增加，现实中涉农资金的发放、使用、核算与管理已难以满足农村发展的需求。涉农资金、扶贫资金等专项资金资出多门、投向分散，难以形成连片开发效应（吕翠丽，2018）；收入体外循环、账外账和小金库现象严重（李叶，2021）；资金使用与管理过程报账流程不规范（杨光勇，2018）；资金虚报、冒领、截留、挤占、挪用现象频发（谢艳云，2018；李斌等，2019）；村级政府“到处都缺钱”和“资金睡大觉”的矛盾屡现（宋美喆，2018）。以扶贫资金管理为例，目前我国产业扶贫资金由各级财政专项拨付，实行归口管理，最终下拨至贫困村村级账户或农村会计代理中心代管资金专户，村居（社区）委员会拥有资金使用权，村会计负责记账报账，扶贫、农业、林业、财政、审计等部门负责监管和审计，并通过政府门户网站、政务服务平台等载体进行公开公示。在层层监管下，村级扶贫资金管理仍存在较大漏洞，以郴州市宜章县为例，2017—2019 年全县 246 个村实施扶贫项目 1257 个，共安排项目资金 429370744.8 元。截至 2020 年 5 月 22 日，已完工项目 1163 个，已使用项目资金 414047791.8 元；审计发现问题共 1699 个，涉及问题资金 100396775.34 元，占已使用项目资金的 24.2%。其重要原因在于基层缺少有效的财政资金财务管理平台与机制，集体资产管理及资金使用信息传递与沟通不畅，导致资金管理权界定不清、资金使用信息不透明，效率不高、监督不够，因此构建一个

数据共享的财务信息管理平台就尤为重要。

4. 农村市场主体融资约束大，资金供求不均衡

第一，封闭的股权结构制约了农村集体经济组织的融资渠道和规模。农村股份合作制不允许企业职工之外的主体入股，且集体股和个人股均不能自由转让，导致其资产来源主要是集体资产、政府拨款、职工出资及自有收益，难以满足其发展壮大的资金需求。要缓解这种体制上的融资约束，必须要引入社会资本，实现资本向农村的流动，而吸引外部资本的关键在于为其提供低风险的稳定收益，打开农村要素市场，建立健全农村全产业链的政策扶持和金融服务平台。

第二，农村金融政策利用不足。目前我国农村金融已形成普惠金融、扶贫小额信贷、农户小额贷款、社区发展基金、内置金融合作社等多种创新化方式，其中扶贫小额信贷和农户小额贷款是分别针对建档立卡贫困户和有生产经营需求的农户专门设计的扶持政策，内置金融合作社则是“三权分置”改革下农户资金互助的大胆尝试，这些都为农户投资村集体经济提供了一定的融资渠道。然而农户对这些政策性贷款的认知与利用极少。以溆浦县伍家湾村农商行扶贫小额信贷的落实工作为例，一则扶贫政策安排与农村实际存在不匹配之处。目前驻留农村的多为老人和留守儿童，符合“四有两好一项目”条件，同时又有资金需求的农户并不多，而扶贫政策指定了授信率和扶贫金额发放指标，使得贷款实际发放面临困难。二则政策宣传工作不到位，部分农户仍抱有坐等救济金的错误观念，对扶贫小额信贷定位不准，扶贫资金发放信用环境还需改善。三则部分农户限于自身的知识储备与判断能力，其投入产业的资金投资回报率不高，风险大，难以偿还贷款本金，有悖于扶贫资金的初衷。这些问题导致在农村金融政策持续发力的情形下，农户政策性融资获得率并不高。

第三，资金筹措渠道狭窄，农民融资难问题未得以解决。我国金融服务重心在农村地区下沉不足，单个农户和专业合作社均缺乏抵押资产或有效担保（申云等，2018），农村地区的借贷业务风险大、成本高、收益低，导致信贷市场失灵（张龙耀等，2018），特别是小型农户融资成功率低；而农村借款的主要途径仍为社会关系，农户本身信贷需求相对不足，进一步造成“金融贫困恶性循环”（申云等，2019），使得农村金融政策落地效果欠佳，农户贷款需求往往无法得到满足。如何通过提高银行与企业、农村的信息对称性来降低信用风险、提高信贷成功率，并利用现有政策的融资杠杆作用，帮助农民扩展非信贷融资渠道，满足乡村内部发展的资金需求，是目前亟待解决的现实问题。

剖析目前乡村财务治理诸多现实障碍的根源，可以发现其均可归咎于信息不对称和资源不共享等问题。不管是构建数据共享的财务信息管理平台以优化财务资源配置，还是扩展信贷和非信贷融资渠道，抑或引入社会资本、创新股权合作模式，都需要拥有历史视角和全局视野，打破区域、角色和环境限制，树立共治共享理念（秦中春，2020），扩展外部资源，构建政府、社会资本与村民“多元共治”的乡村财务治理框架体系（王生斌，2020）。基于资源配置视角，农村集体经济组织资源的获取渠道包括自有财产（自助）、社会资本（互助）、财政资源（补助）等，乡村财务治理作为优化乡村资源配置方式、提高资源配置效率的具体方式，也应从资金管理、集体经济组织自有财产保值增值、社会资本引入与共享这三个方面进行探析，这与自治、德治、法治“三治”结合的乡村治理理论也是一脉相承的。

（三）农村共享财务治理路径

面对基层财政财务管理不规范的问题，需要立足于当前云计算、大数据和区块链等新一代信息技术发展，建立实质性的财务公开机制，通过强有力的内外部监督，规范涉农资金和集体资产的管理与使用。针对目前不同乡镇财政财务信息管理系统不健全不统一的现实，可参考企业集团财务共享服务模式，在股权共享综合平台——这一新型乡村财务主体外部建立乡村财政资金共享中心，内部建立综合平台“共享财务”服务模式，以提高财政资金和村集体资产使用效率，解决涉农资金管理信息不透明、腐败和非常损耗严重等问题，为农户、社会资本等产权主体积极投资于股权共享综合平台提供信誉保证。

农村共享财务治理具体包括股权共享、财务业务共享、资金共享等方面。为解决农村集体经济组织财务治理在核算管理、投融资管理、股权治理等方面存在的诸多问题，需要充分融合财务共享、共享财务、共享金融等理念，通过“产权链”和“供应链”双管齐下和共同发力，强化产权纽带，引入政府、电商企业、金融企业等多元利益主体参与，构建多方股权分享的农村综合电子商务平台，形成覆盖农产品产供销全产业链的利益联结体；同时通过改进财务管理模式，创新农村产业扶贫共享金融服务，形成农民财产性收入稳定增长的长效机制。

1. 股权共享治理层面，建立“产权链 + 供应链”的乡村股权分享综合平台

在 15 个省试点之后，2020 年农业农村部发布全面推开农村集体产权

制度改革试点的通知，试图折股量化集体资产估值，并采用份额或股份制形式进行分配，建立健全集体经济组织（李保楼，2021），这种方式能有效明晰产权，将共有性质的集体产权私人化，有利于农民充分行使剩余索取权，保障其财产权益。这是股份合作制转换为股份制、实行股权共享的基础，为农村集体经济组织形成市场化的治理模式、吸引社会资本提供了制度基石。在此基础上，为解决农产品供应链产权纽带不强、利益联结力度弱、集体经济组织融资约束大等问题，农村集体经济组织可以跳出组织内部框架，甚至跨越村庄管理范畴，将其治理边界定位于农产品供应链和产权链视野，将产业链内部化，并改变目前集体股和个人股的固化形式，充分引入社会资本、政府部门、农业企业、电商企业、农户等治理主体，多元化股权结构，设计农产品“产权链＋供应链”共享股权模式（部分产权供应链），即构建“企业＋政府＋电商平台＋农户”的股权共享综合平台。

在财务主体与治理主体的确定上，股权共享综合平台可作为一个独立的法人主体，设置市场化的治理结构。实行村委会与综合平台分治模式（于国萍，2021），村委会只执行村庄自治的行政职能与集体资产的监督职能，不再参与综合平台的经营管理，有效解决其内部控制人问题；综合平台可以在经理人市场寻求合适的管理者，通过委托代理机制实现治理主体目标与财务主体目标的一致性。并按照现代公司制度建立综合平台权力机构（股东会、职工代表大会）、执行机构（董事会、经理等）和监督机构，严格规定职工代表大会中村民股东的比例，合理保障村民权益。

在股权结构设置上，第一，综合平台应在深化农村集体产权制度改革的基础上，将投资入股的集体资产量化折股至村民个人，作为村民个人股入股；不能量化分配的经全体成员同意后也可以集体股形式入股，分配方式由村集体组织成员内部约定，并可以在成员之间自由转让，但不可转让至非集体成员。第二，除集体股外，村民还可形成个人股，以“三权分置”后的个人土地权益、技术、自有资金、贫困户免息贷款额度等方式入股，平台与农户签订农产品期货合同，形成稳定的供应链和产权链关系。第三，政府部门可以财政扶贫资金、涉农资金、技术等折价入股，将股权让渡予贫困农户，贫困农户以个体或村集体形式分享溢价股利，以增加其财产性收入，实现乡村振兴目标。第四，农业企业或电商企业等供应链中下游利益方可以资金、技术等资本入股，通过全产业链的捆绑式经营，确保农产品供给效率与质量，降低交易成本，达成多赢局面。同时，综合平台再以公司法人名义向农村商业银行、农村信用合作社等金融机构贷款融资，确保产业链资金充裕。可见，股权共享综合平台是村集体、村民、政府部门、农业企业、电商企业等产权主体，以村集体资产、涉农财政资金、自有资金、土地、房产、农产品期权、人力资本、技术等方式入股，以村或乡镇为单位建立“政府＋电商＋企业＋农户＋金融机构”的乡村股权分享综合平台，形成全产业链的长效利益联结和共享机制。农业企业投入资金和技术，农户进行生产、经营、管理和销售，同时基于县级统一的电商平台构建线上线下的销售网络，实现农产品供产销一体化运作。其中，农户可获得稳定的农产品价格和销售渠道，降低农业生产风险和市场风险，并取得经营性收入（产品销售）、工资性收入、财产性收入（股份红利）等多元收益。在股权形式上，若为村集体经济组织转变为股权共享综合平台，为保护村民的合法权益、防止外部资本过度干预企业内部治理、确保其获取稳定收益，可将农业企业、电商企业等工商资本设置为优先股；若为扶贫股份合作项目转变为股权共享综合平台，为有效吸引社会资本参与投资，应全部设置为普通股，且以帮扶公司作为经营主体，充分运用市场化经营管理模式实现平台价值最大化。股权共享综合平台的治理结构如图 8－1 所示。

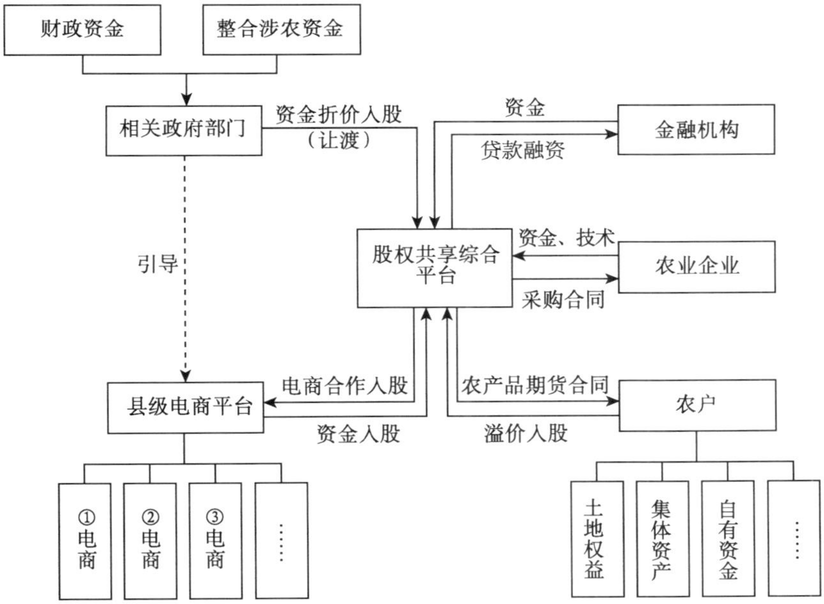

图 8－1　股权共享综合平台的治理结构

2. 业务共享治理层面，构建农村财务共享服务模式

第一，平台外部建立乡村财政资金共享模式。除自有收益外，目前村

集体经济组织的主要资金来源为政府涉农资金投入，在股权共享综合平台股权结构设计中，政府的财政资金投入作为股权折价入股，可能是县级、乡镇级相关部门的项目支出，也可能是下拨到村级的涉农资金，因此财政资金在层层下拨及管理使用过程中存在的因资金使用、核算不规范而带来的低效、浪费、贪腐或挪用、基层财务人员配备不足等问题，会影响综合平台资金使用效率与效果。为预防这种情形，应运用新型信息化手段且从源头考虑，可参考企业集团财务共享模式应用，以县级为集团单位，将各乡镇作为县财政资金管理的分支机构，统筹财政专项资金使用与核算，建立乡村财政资金财务共享中心，确保综合平台这一外部资金来源及时稳定足额投入使用。

通过多方博弈，在具备现实条件的基础上，可建立县级财政资金财务共享中心，乡村财政资金财务共享中心的职能可界定为：制定乡村财务管理制度、会计制度、财务共享中心相关制度，执行统一的财务政策和业务处理流程；为村级财政和乡镇财政提供费用报销、收付款报账、政府采购和合同管理的报账支持；原始单据处理，接收、整理、分发原始单据；负责涉农财政资金收支核算并负责编制会计报表，办理涉农财政资金的接收与支付业务，会计档案整理、归档和保管；提供财务会计政策的培训与指导，对交易处理人员进行监督和考核，进行核算相关系统的日常维护工作等。村级会计的工作职能可界定为：按规定扫描原始单据；将原始单据与影像单据匹配，审核单据的真实、完整、合规性；保管原始单据。财政部门则具有财政预决算管理、风险控制、资产管理、财政资金归口下放至财务共享中心等总部财务职能。

关于乡村财政资金共享的具体运作，有三种模式可供选择：模式一是财务共享中心统筹财政资金管理与核算。所有财政资金均由财务共享中心统筹管理，不再经乡镇或村级会计。财务共享中心可分设资金结算和业务核算两个子部门。资金结算部门按照村级会计或相关人员提出的业务申请，主要负责与供应商交易和费用报销等的结算支付办理、银行转账付款等流程。业务核算部门对已经扫描的审核无误后的原始凭证按照会计电算化模式进行分类、按要求填制会计凭证、编制项目资金预算报表、资金使用状况表等相关财务报表，再将这些报表上传政府平台进行公示，由财政部门和审计部门进行监督。这种模式直接连接第三方账户和财政资金账户，村级政府对财政资金不具支配权，有效避免了基层财务人员的贪腐、挪用等问题。模式二是财务共享中心只负责财政资金的会计核算。财务中心只负责会计核算，财政资金的使用决策权还是按照原有制度，实行归口管理，最终下拨至村级政府。这种方式能大大降低基层会计人员的需求，降低基层会计管理成本、提高财务核算效率，但对财政资金的使用效率与效果的提高益处不大。模式三是财政资金的核算与使用权实行两条线管理。将涉农财政资金分级分类管理，产业发展、精准扶贫、农业基础建设等大额专项资金划入财务共享中心管理范畴，由平台按照申请进行统采统配，与供应商直接对接，参照模式一的方式；财政经常性支出或小额支出的使用权则可参照模式二执行，这样既能在确保基层干部一定的财政资金使用自主权和积极性的同时，又能有效防控资金贪腐风险，提高专项资金的使用效率。

财务共享中心的设立将打破各级政府部门的传统利益格局，但因其可能损害相关部门和人员的既有权益，从而带来改革和转型的重重阻碍。若现实尚不具备成立县级财政资金财务共享中心的条件，也可基于当前云计算、大数据和区块链等新技术，将共享经济理念引入基层财政财务管理领域。这种方式不涉及机构调整，不进行财政资金管理领域现有利益格局的重大调整，仅以县级为单位构建统一的涉农财政资金管理与共享平台，在不同乡镇之间实现基层涉农财政资金项目管理、财务管理等信息共享，有效整合涉农资源，实现农村与农业企业、金融机构、电商企业的产权共享、信息共享、会计业务共享、利益共享，最大化财政资金使用效果与效率。

第二，构建股权共享综合平台的“共享财务”服务模式。一方面，在乡镇政府或村集体创办的单个股权共享综合平台中建立管控型财务共享服务中心。作为一个多元治理主体的综合平台，已从产权链和供应链上构建了一个全产业利益联结体。因此，以综合平台为中心建立财务共享服务中心有助于实现农户、政府部门、企业等不同产权主体之间的信息共享。管控型财务共享中心的核心是强化管控和业财融合，可以建立平台内部全产业链的信息溯源系统，横向打通平台公司的业务系统与财务信息系统．从上游农产品生产着手，到电商平台构建线上线下的销售网络结束，所有的业务信息和财务数据均可通过共享中心进行追溯联查。这种模式将带来巨大的比较优势：一是所有治理主体均可实时共享财务信息，有效减少了平台内部不同利益集团之间的信息沟通成本，能更好地维护一向处于弱势谈判地位的农户权益；二是共享化的财务信息能实时对综合平台的农产品供应链闭环进行有效的预测、控制和指导，提供全价值链的财务服务增值；三是业务信息的全程溯源，有助于加强农产品质量监管，强化食品安全标签，提高产品市场竞争力。

另一方面，在同一县（乡镇）建立共享财务下的集群融资平台。对于单个股权共享综合平台可能存在的独立信贷融资难问题，可以由县（乡镇）政府部门牵头或担保，对同一（相邻）区域内的两个或两个以上综合平台开展集群投融资活动。集群投融资平台具有集群财务公司功能，利用地缘或邻里关系网络，将相邻有融资需求的股权共享综合“捆绑”起来，建立不同综合平台之间的财务信息共享机制，采用相互担保、政府担保、政策融资、供应链融资等方式，实行信用增级，去争取银行信贷融资，以获取更多的融资渠道。

3. 资金共享治理层面，建立乡村共享财务公司模式

由于多元财务治理主体涉及整个农产品供应链层面，故资金共享应跳出集体经济组织或产业扶贫项目的边界，立足于整个农村的金融发展。与共享财务下的集群融资平台不同，这一资金共享以政策性银行或农业商业银行为依托，立足于农村共享金融和金融模式创新，直面乡村建设所有主体的融资问题。

为解决股权共享融资平台、农业企业或农户的信贷融资难问题，县（乡镇）政府可充分利用现有农村金融政策，开展以熟人社会为信用基础的互助融资模式，拓宽农村的非信贷融资渠道。具体而言，应基于共享财务和共享金融理念，覆盖整个村庄（乡镇），构建农户、企业、金融机构等不同产权主体股（债）权合作、资金共享互助的乡村共享财务公司，实现社会资本与农户闲散资金的集群化投融资管理，为股权共享综合平台实行供应链金融提供资金融通服务。如图 8 – 2 所示，第一，政策性银行和农村信用社或农商行在政府授权示意下合资形成一笔“种子资金”，作为控股股东引导县域内创建共享财务公司。第二，鼓励农户积极参与产业扶贫共享财务公司模式。一种方式是将涉农资金、免息贷款额、闲散资金，以债权、债转股或股权方式投入共享财务公司，收取稳定的利息或股息收入；另一种方式是以农户土地承包经营权、宅基地和房屋作为抵押物，向共享财务公司贷款，或作为资本入股共享财务公司。第三，共享财务公司将筹集的资金汇聚为一个资金池，贷给或入股当地带动力强、在产业链中处于优势地位或具有强劲发展潜力的股权共享综合平台、农业企业或农业大户；股权共享综合平台、农业企业或农业大户也可将盈余资金反向借款或入股共享财务公司，进行资金的融通，提高资金的灵活性和利用效率。第四，可将扶贫小额信贷和农户小额信贷整合为扶贫小额信贷，并统一由共享财务公司放贷给有需要的农户。第五，随着共享财务公司的发展壮大，可引入其他社会资金。待财务公司运作成熟后，可在其内部银行职能

基础上扩展融资服务平台职能。借鉴产业集群财务公司模式，培育农村信用互助等准内源性融资方式，并以财务公司为融资服务平台，以整体信用向外部金融机构进行担保代理融资，为产业股权分享模式和供应链金融模式提供融资中介服务。

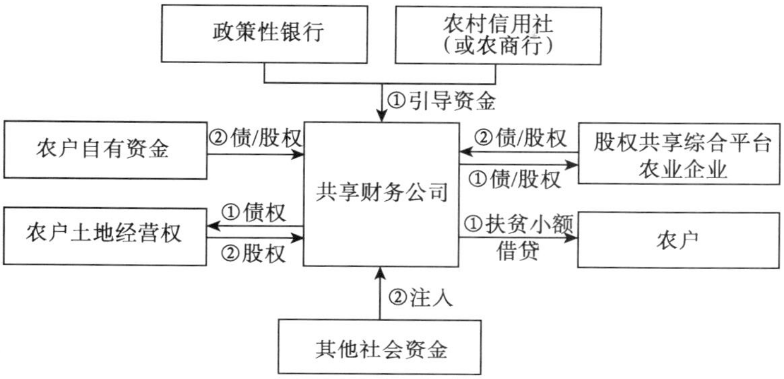

图 8－2　农村共享财务公司的治理结构

注：①表示农户或股权共享综合平台的筹资活动；②表示农户或股权共享综合平台的投资活动。

共享财务公司并非民间非正式金融组织，而是专业正规的、有政府力量参与的区域金融创新形式。共享财务公司可作为一个有效的组织载体，较强的政策性使得共享财务公司不会受到商业利益的驱使而出现“精英捕获”现象，能稳定发挥内部融资机构职能，便捷、高效地匹配各集群成员的资金供需，提高资金的灵活性和针对性，增加整体资金的边际收益，从而增创区域性收入。作为一个内部金融市场，共享财务公司汇聚了政策性银行、农信社或农商行、农户、股权共享综合平台、农业企业和农业大户的资金，广泛的资金来源渠道保证了共享财务公司充足的资本量。且在村社内置模式的成功经验下，将农户土地承包经营权、宅基地和房屋纳入共享财务公司模式也是没有政策障碍的。而农户将资金投入共享财务公司，也能提高资金利用效率，避免个人对资金的有偏和低效利用。从产业股权化视角来看，股权共享综合平台、农户与共享财务公司建立起长期产权关系，能有效扩展综合平台的融资渠道，进一步加强了其与农户、共享财务公司之间的财务关联，提高了农户参与理财的积极性。

4. 小结

伴随信息化、市场化及城乡一体化改革，我国乡村治理空间及结构受到新兴市场力量的强力冲击，农村社会正面临快速的体系解构与结构重塑，治理秩序失范在所难免，单一权利主体已无法实现农村“善治”，需要在政府推动下，使各方权力主体建立合作关系，实现利益关联或捆绑化，构建乡村振兴的内生性力量。作为乡村治理的核心内容，乡村财务治理从财政资金管理、农民自有财产保值增值（投资）、社会资本引入与共享这三个方面，打破区域、角色和环境限制，树立共治共享理念，构建政府、社会资本与村民“多元共治”的乡村财务治理框架体系。

本章参考文献

［1］Alchian A A，Demsetz H. Production，Information Costs，and Economic Organization［J］. IEEE Engineering Management Review，1972，62（2）：777－795.

［2］Coase R H. The Nature of the Firm［M］. Oxford University Press，1991.

［3］Milgorm. J and J. Roberts，Economics，Organization and Management［M］，Englewood Cliffs，NJ：Prentcie Hall，1992.

［4］Donaldson，T.，and Preston，L. E. The Stakeholder Theory of the Corporation：Concepts，Evidence，and Implications［J］. Academy of Management Review，1995，20（1）.

［5］俞可平．治理与善治引论［J］．马克思主义与现实，1999（5）：37－41.

［6］Sundaram and Inkpen. Cross－border acquisitions in response to bilateral/regional trade liberalization［J］. Transnational Corporations，2001，10（1）：93－123.

［7］柯明．财务共享管控模式的探讨［J］．会计之友，2008（12）：61－62.

［8］刘昱岐．产业园区中小企业集群融资模式创新研究［D］．贵阳：贵州财经大学，2014.

［9］Agrell P J，Lundin J. Norrman A. Horizontal Carrier Coordination through Cooperative Governance Structures. International Journal of Production Economics，2016（8）：34－51.

［10］徐勇．城乡一体化进程中的乡村治理创新［J］．中国农村经济，2016（10）：23－26.

［11］陈亚辉．政经分离与农村基层治理转型研究［J］．求实，2016（5）：71－78.

［12］李维安，李勇建，石丹．供应链治理理论研究：概念、内涵与规范性分析框架［J］．南开管理评论，2016，19（1）：4－15，42.

［13］董啸天，张梦冉．共享金融：国内外述评、发展演变与最新进展［J］．理论学刊，2016（6）：81－85.

［14］贺雪峰．乡村治理现代化：村庄与体制［J］．求索，2017（10）：4－10.

［15］赵翠萍，侯鹏，刘阳，余燕．传统农耕村的土地股份合作社实践——豫省L村案例［J］．农业经济问题，2018（12）：86－93.

［16］伍中信．现代企业财务治理结构论［M］．北京：中国财政经济出版社，2010.

［17］卢现祥．新制度经济学［M］．武汉：武汉大学出版社，2011.

［18］廖家生．企业集团财务公司风险防范问题研究［D］．成都：西南财经大学，2011.

［19］张瑞君，陈虎．企业集团财务共享服务的流程再造关键因素研究——基于中兴通讯集团管理实践［J］．会计研究，2011（7）：57－63.

［20］李常青，卡晶晶．集团公司实施财务共享服务的关键［J］．当代经济，2011（20）.

［21］蔺鹏，孟娜娜，周艳海．小微企业集群融资的“痛点”分析及区块链技术应用探索［J］．农村金融研究，2018（9）：62－66.

［22］孙凯，王振飞，鄢章华．共享经济商业模式的分类和理论模型——基于三个典型案例的研究［J］．管理评论，2019，31（7）：97－109.

［23］朱建明，郝奕博，宋彪．基于区块链的财务共享模式及其效益分析［J］．经济问题，2019（10）：113－120.

［24］丁淑芹．区块链思维下的财务共享实现路径研究［J］．财会月刊，2019（7）：171－176.

［25］朱雅妮，高萌．乡村治理现代化：治理模式、关键问题与实现路径［J］．华中师范大学学报（人文社会科学版），2020（2）：42－47.

［26］秦中春．乡村振兴背景下乡村治理的目标与实现途径［J］．管理世界，2020（2）：1－16.

［27］徐世雨，范新嵋，张莉．新时代乡村治理体系构建与实现路径研究［J］．中国集体经济，2020（11）：1－2.

［28］高青莲，于书伟．“三治合一”乡村治理体系的逻辑演绎与实现机理［J］．学习论坛，2020（11）：77－83.

［29］郑志刚．利益相关者主义 V. S. 股东至上主义——对当前公司治理领域两种思潮的评析［J］．金融评论，2020，12（1）：34－47，124.

［30］仇叶．城乡一体化地区乡村治理逻辑的转换——对沿海农村村级治理行政化改革的反思［J］．求实，2020（6）：82－95.

［31］孙强强，李华胤．乡村弹性化治理：一个概念性框架及其三重维度［J］．南京农业大学学报（社会科学版），2021（1）：42－51.

［32］张浩，冯淑怡，曲福田．“权释”农村集体产权制度改革：理论逻辑和案例证据［J］．管理世界，2021（2）：81－106.

［33］于国萍．分治视角下村委会与村集体经济组织关系探究［J］．山西高等学校社会科学学报，2021（1）：36－41.

［34］Hejnowicz A P，Kennedy H，Huxham M Retal. Harnessing the climate mitigation，conservation and poverty alleviation potential of sea grasses：prospects for developing blue carbon initiatives and payment for ecosystem service programmers［J］．Frontiers in Marine Science，2015（2）：32.

［35］洪银兴，许光伟．马克思的财富创造理论及其现实意义［J］．经济理论与经济管理，2009（8）：5－11.

［36］侯为民．城镇化进程中农民工的多维贫困问题分析［J］．河北经贸大学学报，2015（3）：99－105.

［37］郑双柳．我国农民贫困原因浅析［J］．农业经济问题，2016（31）：24.

［38］赵艳霞，张宇艳．农村女性隐性贫困问题研究［J］．农村女性隐性贫困问题研究，2018（20）：186－188.

［39］伍中信，龙海明．试析财权与产权［J］．财会月刊，1999（3）：22.

［40］张艳纯，伍中信．基于财权的国有经济财务理论体系构建研究［J］．学术论坛，2010（5）：116－120.

［41］Shen，M.，Shen J. Evaluating the cooperative and family farm programs in China：A rural governance perspective［J］．Land Use Policy，2018（79）：240－250.

［42］Gong T（Charles），Battese，G. E.，Villano，R. A. Family Farms Plus Cooperatives in China：Technical Efficiency in Crop Production［J］．Journal Asian Economics，2019：1－29.

［43］Arsenio，William F. Willems，Chris. Adolescents' Conceptions of National Wealth Distribution：Connections With Perceived Societal Fairness and

Academic Plans. 2017, 53 (3): 463 – 474.

[44] 马晓河，方松海，赵苹. 脱贫减贫政策效果的评价与思考——基于河南 A 贫困县和陕西 B 非贫困县的观察 [J]. 宏观经济研究，2019 (7): 5 – 13，97.

[45] 王立平，王翠萍. 中国城乡收入差距影响因素分析——基于 EBA 模型的实证研究 [J]. 世界农业，2018 (5): 110 – 116.

[46] 李松龄. 农村土地“三权分置”改革的理论依据和现实意义 [J]. 湖南社会科学，2018 (1): 92 – 100.

[47] 伍中信，彭屹松. 提高居民财产性收入的对策研究 [J]. 统计与决策，2010 (12): 128 – 131.

[48] 彭屹松，伍中信. 财产权利视角下居民财产性收入的提高 [J]. 求实，2010 (6): 49 – 53.

[49] 郭晓鸣，张克俊，虞洪，高杰，周小娟，苏艺. 实施乡村振兴战略的系统认识与道路选择 [J]. 农村经济，2018 (1): 11 – 20.

[50] 周振，涂圣伟. 工商资本参与乡村振兴调查 [J]. 改革内参，2019 (12): 31 – 34.

[51] 伍中信，祝子丽，汪水澜. 探析股权合作模式财产性收入扶贫绩效 [N]. 中国会计报，2019 – 07 – 19 (7).

第三篇

乡村股权共享治理模式研究

第九章　“三权分置”改革下股权共享模式运作创新

一、我国农村土地制度变迁路径选择的一般理论

我国长期以来处于农业社会，农村人口占全国人口的比例很高，农业劳动力占全部劳动力总数的比例也很高，因而农业和农村经济的发展对于整个社会经济的发展具有举足轻重的作用。而我国总体生产力水平较低，第二、三产业对劳动力的吸收能力较小，城市化程度又不高，所以农村劳动力供给严重过剩，人地之间的矛盾特别突出，土地所承载的社会功能非常重大。如何解决农村土地问题，如何建立有效的农村土地制度是每个时期国家和社会所必须面对的问题，对我国正处于精准扶贫和持续反贫困工作有着十分重要的作用。

新中国成立后，我国的农村土地制度改革经历了四次重大的变迁：一是从解放后至土地改革在全国结束，实现了耕者有其田的农村土地个人所有制；二是在 1956 年，随着初级合作社向高级合作社的过渡，农民土地个人所有制转变为农村土地集体所有制；三是 20 世纪 70 年代末以后，在保留农村土地集体所有制的基础上，实行“两权分离”的家庭联产承包责任制；四是党的十九大前后连续推出“农村土地流转”和“宅基地”两个“三权分置”政策。

这四次农村土地制度变迁印证了，只有当资源相对于社会需要变得日益短缺时，才会出现改变所有权的压力。人口的不断增长，对土地以及农产品需求的大量增加，如何实现农业和农村经济的增长成为经济发展的迫切需要。诺思认为有效率的经济组织是经济增长的关键，而有效率的组织需要在制度上作出安排和确立所有权以便造成一种刺激，将个人的经济努力变成私人收益率接近社会收益率的活动。在这里，国家、集体以及农户都是组织，因为“国家可视为在暴力方面具有比较优势的组织”，而农户

则是以家庭为单位的最小的经济组织。值得提出的是，有效率的所有权制度是使私人收益率不断接近社会收益率的基本条件。私人收益与否就是参与任何经济交易的个人的盈亏，社会收益与否则是社会在交易活动中获得的公共利益或损失。缺乏效率的产权制度安排一定会造成私人收益或成本与社会收益或成本的极不一致，这种不一致意味着某个“第三者”不经他人的同意可以不支付任何代价免费地获得某些利益或好处，这种现象也称为“外部效应”。所以，如何通过有效率的组织确立合理的所有权，促进私人收益率接近社会收益率是我国农村土地制度变迁的路径选择方向。

诺思所说的有效率的经济组织是存在于以承认私人财产权利为基础的西方世界，因而，“政府（国家）可以简单看成是一种提供保护和公正而收取税金作为回报的组织，即我们雇政府建立和实施所有权”。因为政府的权威可以有效地避免“搭便车”现象，从而降低交易费用。当然，政府由于其独一无二的地位可以造成“所有权的残缺”，侵害私人产权。而在我国以公有制经济为基础的国家，政府不仅是“我们雇用建立和实施所有权”的组织，而且其本身就是直接从事生产经营的经济组织。所以，就我国而言，政府（国家）不仅仅提供所有权的保护和界定，而且是所有权结构的基础；它不仅可以造成“所有权的残缺”，影响其他经济组织的效率，而且其本身的所有权如何安排，更是制度效率的关键因素。

国家及其代理人的效用函数并不总是与个人或其他组织的效用函数一致，如何决定制度变迁的路径选择，不仅取决于每一选择的收益与成本，而且取决于不同组织在选择路径时所支配的力量。所以，制度变迁的路径选择最终是各个制度变迁主体重复博弈的结果。它很可能不是最佳的路径选择，但只要是在市场不断完善的条件下，各个主体重复博弈的结果总是在不断逼近最佳的路径选择。

二、改革开放以前我国农村土地制度变革的路径选择

我国在 20 世纪 50 年代初期所采取的农民土地个人所有制可以说是中国共产党领导的新民主主义革命时期实行土地政策的延续，是其取得胜利并建立新政权的基础。

早在 1905 年革命先哲孙中山先生就提出了“驱除鞑虏，恢复中华，创立民国，平均地权”的“三民主义”思想，把“平均地权”当作“民权”的重要内容。毛泽东于 1928 年在《井冈山的斗争》中分析土地问题

时指出："边界土地状况：大体说来，土地的百分之六十以上在地主手里，百分之四十以下在农民手里。""在上述土地状况下，没收一切土地重新分配，是能得到大多数人拥护的。"1931年，党中央提出"将封建地主土地所有制改变为农民的土地所有制"，抗战时期在革命根据地实行"地主减租减息、农民交租交息"的政策。1947年9月制定的中国共产党历史上比较完备的一部新民主主义的土地革命纲领——《中国土地法大纲》，明确规定"废除封建性及半封建性剥削的土地制度，实行耕者有其田的土地制度"。

农村土地被国家强行私有化，农民按家庭人口获得土地。而新政府合法性的确立也得自于对农民土地个人所有制的确认和人地矛盾的强制性解决。所以，此时农民土地个人所有的权利是新政府赋予的，农民的地位也是被动的。但从整个所有制结构来看，私人财产权利仍然得到政府的确认和保护，从而调动了广大农民的生产积极性，保证农业生产稳步回升，促使国民经济在新中国成立初期得到快速恢复。

政治斗争与军事斗争的背后仍然是各方利益格局的"争夺"，党中央依据国情，适时、动态地调整了保护农民利益的土地改革政策，争取了在当时算是绝大多数的"民心"。在这一系列的"革命"中，追求"产权平等"和"保护弱势产权主体利益"的思想贯穿始终。

随着新中国的建立，政权的不断稳固，按照苏联社会主义的建设模式，以及对中国自19世纪以来备受西方列强欺凌的教训，加快推进国家工业化，特别是优先发展重工业成为国家效用函数的主要因素。而在当时的国内国际形势下，国家工业化所需要的资本投入很难从国外取得，也不可能依靠原有薄弱的工业基础的资本积累，所以在"赶超型战略"的影响下，为了在短期内为重工业的发展提供资金，国家只能通过加大农业剩余向工业的转移来实现其目标。

为了实行农业支持工业发展，国家通过扩大税收、附加费用等手段从农民手中拿回部分地租，引起了农民的集体反抗。但由于农民的弱势地位，导致农民土地所有权被收回，其后的集体化运动也通过相同的方式予以剥夺。国家通过农村土地集体所有制的路径选择，使集体成为经济组织形式上的主体，而实质利用行政权力全面干预农村经济，高度集中农村剩余向重工业建设投资。此时的国家不再是干预私人财产所有权的组织，而成为直接管理生产经营的经济组织，它的所有权安排形成的制度效率成为经济增长的决定因素。

但随之而来的农业总要素生产率的大幅度下滑，从实质上反映出与集体化运动预期相反的结果。以 1952 年为基期，1955 年、1956 年、1957 年、1958 年，农业总要素生产率分别增长了 4%、2%、3%、2%；从 1958 年建立人民公社，实行完全的农村集体经济时起，到 1983 年在全国普遍落实家庭联产承包责任制以前，23 年间农业总生产率一直未达到 1952 年的水平，并且在 1959 年、1960 年和 1961 年三年间农业总生产率分别下降了 15%、26% 和 24%。农业总要素生产率的大幅度下降必然影响工业从农业的索取，同时从根本上动摇政权的稳定。

在这种政社合一的体制下，集体所有权以国家所有权来实现，但政府行政管理成本的膨胀并未带来农村收益的提高，反而引起社员以及集体经济实际管理者激励机制的丧失。同时，在这种体制下，社员是没有“喊叫权”和“退出权”的，他们只能通过减少集体劳动，或是更为普遍地降低劳动质量来表达对制度的不满，从而造成效率低下。

三年灾害造成哀鸿遍野，国家只能在增大对农村的投入和补贴，或是改变体制上作出一定的选择，才能保证其政权的合法性。从 1960 年到 1965 年国家对国民经济在短期内进行了调整，使我国的农村经济体制发生了一些根本的变化：一是进行了包产到户的有益尝试；二是农村家庭副业合法地位的获得，使农民在一定程度上获得了“部分退出权”；三是“三级所有，队为基础”的体制则为集体经济找到了一个合适的所有者代表，也为农民的“喊叫”找到了代理人。到 1965 年第三届全国人民代表大会宣布调整时期结束时，农村总要素生产率比 1960 年提高了 18%，但仍未达到 1952 年的水平。

纵观改革开放前两次农村土地制度变革的路径选择，国家（政府）由于在制度变迁中所处的优势地位，总是会采取符合其效用函数的制度安排，但以国家为主体的产权安排并未产生相应的经济效率。以生产队为基础的集体经济体制，在国家与农民的博弈中引入了集体经济的所有者代表，使农民增强了对集体的谈判的地位，集体则增强了对国家的谈判地位，从而降低了国家的行政管理成本，增强了集体经济实际管理者的激励机制，而农村家庭副业的合法化则提高了农民劳动生产的积极性。

三、改革开放后我国农村土地制度变革的路径选择

党的十一届三中全会以后我国的农村土地制度的变迁是一个逐步展开的过程。

（一）1979 年开始的农村联产承包制

1979 年 9 月十一届四中全会通过的《中共中央关于加快农业发展若干问题的决定》明确指出，“三级所有、队为基础的制度适合于我国目前农业生产力的发展水平，决不允许任意改变”，但安徽的小岗村却开始自行探索承包制。直到 1983 年 1 月中共中央才以中央文件的形式明确肯定了以家庭联产承包责任制为基础的农村集体经营体制。到 1983 年，中国农村地区几乎所有的农户都开始采用这一新的农作制度。

从 1979 年到 1983 年，农业的总要素生产率比 1978 年分别上升了 2.9%、5.8%、9.8%、16.1%和 26.9%，并且 1983 年的农业总要素生产率是自 1959 年以来首次超过了 1952 年的水平。而林毅夫通过实证分析表明，在促成 1978—1984 年产出增长的原因中，从生产队体制向家庭联产承包体制的转变是最主要的原因。

家庭联产承包责任制的制度安排在没有触动农村土地集体所有的前提下，较好地解决了原有人民公社体制下普遍存在的集体成员“搭便车”的问题，增强了农民的激励机制，促使劳动者在劳动质量和数量上供给的增加。同时，在根本上解决了生产队中劳动监督的问题，农户在“保证国家的，留足集体的，剩下都是自己的”的利益机制下，能自觉从事农业生产，克服了集体经营中高昂的监督成本。最为重要的一点就是，这种“两权分离”的所有制模式使农户成为基础的生产经营组织，它具有一定程度的生产经营自主权，并能取得相应的生产经营利益，从而这种经济组织能将个人的经济努力变成私人收益率接近社会收益率的活动，所以这种制度安排是有效率的。家庭联产承包责任制是在农户、集体和国家之间重复博弈的基础上形成的，国家行政管理权退出集体所有权，家庭承包权与集体土地所有权相分离，使农户成为具有相对独立经济利益的实体，促进了市场经济的发展。

家庭联产承包制实施以来取得了初步的成效，但随着时间的推移，原先家庭联产承包制所具有的激励作用逐渐减弱，制度效益递减，并且在制度的运行中出现许多问题：一是土地调整频繁，承包期限短，土地经营规模逐步缩小。据全国农村固定观察点调查，1978 年以来，有 95% 的村对土地进行了调整，其中调整 1 次的占 12.5%，调整 2 次的占 22.2%，调整 3 次的占 30.6%，调整 4 次的占 20.8%，调整 5 次的占 13.9%；根据对近 300 个村，2.8 万户十几年的追踪调查，1986 年户均土地规模为 9.2 亩，1990 年下降为 8 亩，1997 年又下降为 7.65 亩。二是家庭自主经营权屡受侵害。许多地方的村、乡镇，甚至县级政府部门仍用计划经济的思路，以行政干预的手段指导农户的生产经营，强迫农民种什么、养什么，规定不准种什么，甚至犁掉农民的庄稼，砍掉农民的果树等侵害农民家庭自主经营权的行为。在推行过程中，一些地方强行收回农民的土地承包权，随意提高土地承包费，变相增加农民负担，造成农户经营不必要的损失。三是农民负担过重。1994 年全国乡村人口为 85549 万人，每个乡村人口 1994 年的平均负担为 116.54 元，而 1993 年全国农村居民家庭人口人均纯收入为 921.6 元，1994 年全国乡村人口人均负担占上年平均每人纯收入的 12.6%，大大超过“农民负担不超过其上年平均纯收入 5% 的国家规定”。四是农户短期化行为。由于农户对自己承包的土地没有长久预期，促使农户过度使用土地，土地质量下降，造成农产品同期成本收益率明显下降，1985 年为 70.83%，1990 年为 60.15%，1996 年为 56.1%。

（二）1993 年提出承包期延长 30 年

1993 年 11 月，中共中央、国务院在《关于当前农业和农村经济发展的若干政策措施》中规定，农村土地承包期到期后，再延长 30 年不变。这一改革举措，无论是从时间还是从空间上都极大提高了农民土地的“产权属性”，可以安心地长期生产经营或者依法转让其土地使用权，获取财产性收入。

但国家的政策并没有效贯彻，其原因有：一是国家对农户家庭承包权界定不明。农户承包权在 1984 年我国第一批 15 年长期承包合同中主要集中在单一的耕作权上，排他性占有权、收益权界定不完整，在实践中常常出现集体或集体的代理人对农户承包权的侵犯；而对土地的转让权、抵押权、租赁权、继承权等没有在农户承包权中界定，从而无法充分实现其价值。二是原有制度下既得利益者的存在。我国《宪法》规定：中国农村的土地归农民集体所有。但对集体的含义并未作出明确解释：《民法通则》中则把集体界定为乡（镇）、村两级；《农业法》和《土地管理法》中则是乡（镇）、村或村内农业集体经济组织。所以，在我国的法律体系中并未对集体这个概念给出一个明确的界定。而集体所有权的履行则是通过不同行政层级的代理人，通过行使经济支配权力，实现对农业剩余的控制，一则可以壮大本集体的经济实力，二则可以满足自身的利益需求。三是农民作为集体的成员没有充分的退出权。任何农民对集体土地的享有是与生俱来的，而当他离开这个集体时却无法凭借其所有权获得相应补偿，因而集体与农民之间的权益关系是相当模糊的。四是家庭联产承包制的产权安排缺乏有效的法律保障。虽然我国的多部法规、法令都对家庭联产承包责任制有一定的规定，但对其解释还很不明确，不便于实践操作。有关农村土地制度的许多重要规则，往往采取党和政府政策或政令的行政手段实行，农户对政策多变的预期，减弱了政府对其产权安排的有效性，使之容易产生机会主义的短期行为。五是一部分完全依靠土地收入的农户，担心土地承包权稳定后，增添了人口没饭吃，因而也愿意选择具有不稳定性的政策。

正如诺思所说，“人们过去作出的选择决定了他们现在可能的选择”。我国农业和农村经济的发展得益于家庭责任制这种产权安排，使农户成为具有一定生产经营自主性的经济组织。而目前出现问题的原因则是家庭联产承包责任制是多个制度变迁主体重复博弈产生的制度。在各个主体的效用函数不完全一致的前提下，博弈的结果并不一定是最优解，也就是这种产权安排没有使农户成为完全自主经营的经济组织。而如今，面临城乡二元结构的加剧，农村亟待增加产权要素资源并增加财产性收入，农户能否自主经营已经成为其能否成为市场主体即产权主体的必要条件，制约着农村经济的发展。

而使农户成为具有完全自主生产经营的经济组织可以通过两种方式：一是通过农民土地私有制，把农村土地所有权完全赋予农民。但这存在两方面的困难，一方面是不同的农村家庭人口不同，对土地分配有不同要求，难以达成统一意见；另一方面将人口作为土地分配的依据，难以考究其合理性，初期容易形成土地权利不均等和人口增长趋势，并缺乏稳定的产权边界。目前，这两方面的困难仍然存在，并且随着人口总数的增加变得更为突出。如果考虑到我国政治制度和意识形态的延续，采取农民土地私有制是不可能的路径选择。二是稳定农户的家庭承包权，进一步通过法律形式明确界定承包权权能范围。

（三）2017 年“三权分置”政策与“承包期再延长 30 年”双管齐下

党中央在 2017 年“一号文件”和十九大报告连续发布“农村土地承包权增加 30 年”和对“土地流转实施三权分置”的政策，在此基础上，2018 年“一号文件”进一步推出“对宅基地实施三权分置”的突破性“新政”。2019 年 8 月，新的《土地管理法》出台，将“三权分置”相关政策以法律的形式固定下来。

“三权分置”提出的所有权、承包权、经营权，对应农民集体、承包农户、经营主体对土地所享有的权利，其最大特点是将原先家庭联产承包责任制中土地所有权和承包经营权“两权”分离的局面进一步转变为土地所有权、承包权和经营权“三权”分离的局面；三权分置实际上是在坚持农村土地集体所有的基础上，对家庭联产承包经营这一形式的延伸和发展；农地承包权与经营权分离是现实生活倒逼和引导下的制度创新。

四、“三权分置”改革试点的主要内容

为加快农地金融的发展，推动农业现代化发展，目前制定了一系列政策以推动土地改革进程。

（一）制定土地确权颁证具体方案

农村集体经济组织内部实行家庭承包经营的耕地需全面进行确权登记颁证。分为调查摸底、核查认界、技术测绘、核对公示、审核确权颁证、总结归档六个阶段。首先，在二轮承包的原始资料档案、户籍资料基础上，组登记员逐户上门调查，对原承包人和承包土地地理位置、空间位置、土地变动与流转等信息进行收集、整理、归纳、核对，并查清承包方、发包方身份信息。其次，根据调查摸底信息和基本工作底图，由村组干部、组登记员、组民代表、专业技术公司、户主共同对各农户承包地块指界确认，专业技术公司根据认清地块界限后的信息绘制组承包地块分布图、宗地图。各组登记员对专业技术公司提供的农户承包信息表、组承包地块分布图、宗地图进行张榜公示，并逐户核对，及时纠正错误的地方，由农户签字确认后再次公示。最后，由专业技术公司根据正确的信息和数据，以户为单位打印土地承包合同，经发包方代表签字盖章后，由组登记员上门与农户重新签订承包合同，同时农户对所有归档资料确认无误后签字并按手印，建立方便群众查询并管理的土地承包经营权信息应用平台。

（二）推进宅基地制度改革

建立农村宅基地退出资金库，即对自愿退出宅基地且不再申请新宅基地的农民给予一次性经济补助。进城落户农民可自愿有偿退出或转让宅基地，清理整治一户多宅和宅基地闲置现象，坚持一户一宅原则。对于城镇落户的农民，自有宅基地可在“自愿”的前提下，由村集体出资购买。

允许农村宅基地使用权跨镇、村流转，按规定流转的宅基地连同附属房屋可颁发不动产证书。因地制宜，根据当地农户遭遇灾害的特殊性，创

新原本宅基地不能跨镇、村流转制度，保障农户权益的同时解决了历史遗留的农户迁移无产权证书难题，并优化了土地资源配置，促进了土地与资金、技术、信息、人才等生产要素的合理流动，进一步发展了农村生产力，促进农村经济的发展，加速了农业产业结构调整和农村劳动力转移，更好地适应农村、农业发展的要求。

（三）建立部分土地流转市场机制

为防止因供求关系、通货膨胀等因素影响流转价格，损害农户利益，由政府牵头建立土地价格流转协商机制，规定流转双方协商确定流转价格，并依据市场的实际情况，调整合理的流转价格，以减少价格纠纷。

目前试点地区政府建立专业的土地交易平台，向农户发布最新的土地流转信息，同时开展拍卖、转让等业务，并规范土地产权价格，构建土地流转担保和保险体系。自部分试点地区市农村资源流转交易中心成立后，农村资源的承包、租赁、转让等信息均由各乡镇农村资产资源管理员负责收集、初审后，提交至相关部门进一步审核。交易中心作为鉴证方，能够有效促进农村资源流转交易环境的公平、开放。同时完善土地交易信息收集、处理与公开发布制度；公示土地流转价格，使得流转价格透明化，保障交易双方的知情权，建立土地流转信息登记册，记载和反映流转情况，并公示规范企业和个人的定价以确保交易双方信息对等。

（四）完善土地流转风险监管机制

完善土地流转备案制度，要求各级政府和相关管理部门对土地流转进行备案并及时录入信息系统。调研显示，土地流转中部分为内部熟人间流转，双方多采用口头协议，忽视书面合同。外部流转中，相较于企业等经营主体，农户处于交易劣势，当因流转程序操作不严格、未签订流转合同或合同内容不规范等问题发生纠纷时，农户权益无法得到保障。强制化的书面合同备案制度将更好地保障农户权益。同时，要求各县乡村完善纠纷调解仲裁体系，解决土地流转中矛盾纠纷，维护土地流转各方主体利益。

（五）构建新型经营主体政策扶持体系

一是扶持农民合作社发展。各级政府和部门对有意愿开展农民合作社、家庭农场和规模经营的农民群体提供支持和帮助，引导合作社扩大规模、做强产业，并加强管理、出台扶持政策，推动农民合作社健康发展，同时出台相关政策对农民合作社成员进行为期三年的全员培训，启动农民合作社分类管理，实行优胜劣汰，并在合作社账务代管、信贷、塑造品牌等方面制定扶持政策。

二是培育生产大户。培育流转耕地在1500亩以上的大规模种粮大户，重点支持大规模种粮大户集中育秧设施、机耕道、水利设施等农业生产基础设施建设。政府部门把农牧结合家庭农场作为发展现代农业的重要抓手和突破口，加强组织领导、科学规划、示范带动、加大投入，积极鼓励农民创办家庭农场，有力推动农牧结合家庭农场的发展，促进传统农业向现代农业转变。

三是给予适度规模生产经营者补助奖励。粮食生产适度规模经营补贴对象为主要粮食作物的适度规模生产经营者，即种粮大户、家庭农场、种粮农民合作社、粮食生产社会化服务组织。政府的补贴政策重点向种粮大户、家庭农场、种粮农民合作社、粮食生产社会化服务组织等农业生产新型经营主体倾斜，进一步推动土地流转，实现农业生产的适度规模经营。

（六）完善土地流转配套机制

强化社会保险保障制度，弱化农地保障功能，允许部分地区实施集中搬迁居住以改变农户的传统生活方式。拓宽返乡务工人员、失地农民及家政从业人员就业渠道，增加就业岗位数量，优化失地农民的就业结构，破解民生难题，维护社会秩序，为家庭服务业规范化、标准化的开展作出贡献。

一是完善农村金融制度。构建“股份+合作”土地流转分配方式，即农户以土地经营权入股建立合作社，政府依照“群众自愿、土地入股、集约经营、收益分红、利益保障”的原则引导农户入股，村民小组对本村山地、水田、旱土、水塘等土地经营权进行统一流转管理。把土地经营权变成股权，股东以红利形式分享每年土地产出。

二是完善农业保险制度。通过多项举措，制定出运作规范、优质高效的政策性农业保险。其一是通过公开招标政策性农业承保机构，严格遵循政府采购程序；其二是加强监督工作；其三是不断提高理赔效率，加大赔付力度，加快赔付进度、提升保费补贴资金拨付效率。通过农业保险降低农业产业自然灾害、市场波动、技术条件带来的威胁，增加抗风险能力。

五、三权分置下股份合作模式运作的田野调查

（一）数据来源与样本特征

为了对湖南省农地“三权分置”的执行现状和成效进行研究，本课题组选择益阳市安化县、怀化市溆浦县以及吉首市凤凰县这三个县作为样本进行分析，并于2020年7月对这3个县区并各选择一个乡镇和一个自然村进行走访调研，调研形式以发放问卷和现场座谈为主。一共对调研地区发放了200份问卷，有效问卷为192份，有效率为96%。同时，对每个地区县级和乡（镇）级的部分农业企业进行了深入访谈，一共访谈了26家农业企业，其中龙头企业有17家。由于这3个县均属于国家级贫困县，并在“三权分置”改革和产业扶贫方面取得了较明显的成就。通过调查农户对“三权分置”政策的了解情况、农地和宅基地的用途和流转意愿，以及企业方对于农户土地经营权入股的意愿等，能够为股权扶贫模式的创新提供支撑。

表9-1是调研样本的基本特征，样本性别分布上具有代表性，调研对象的年龄大部分在55岁以上，说明现在农村空心化现象严重，大部分年轻农民选择外出务工。在家庭成员最高学历方面，一半以上的农户只有小学及以下的学历，有本科及以上学历的农户只占7.81%，这说明农村受教育水平普遍偏低。在家庭人均年收入方面，3000元以下的占63.22%，而10000元以上只占3.13%，说明还是存在大量贫困农户需要脱贫致富。

表9-1　　　　调研样本基本特征

项目	选项	比例	项 目	选项	比例
性别	男	54.69%	家庭成员最高学历	小学及以下	53.13%
				初中	22.92%
	女	45.31%		高中（中专）	16.15%
				本科（大专）及以上	7.81%
年龄	25岁以下	7.81%	家庭人均年收入	3000元以下	63.02%
	25—40岁	14.58%		3000—6000元	24.48%
	41—55岁	16.67%		6000—10000元	9.38%
	55岁以上	60.94%		10000元以上	3.13%

（二）农村土地“三权分置”现状和问题

1. 农村土地“三权分置”现状

第一，农户对“三权分置”政策的了解程度。如图9－1所示，在受调查的农户中，不了解“三权分置”政策的农户占22.92%，比较了解的农户占42.19%，初步了解的农户占25.52%，但是非常了解的农户仅占9.38%。这说明当地农户对于土地相关政策有一定的了解，但是了解程度还不够。“三权分置”下土地成为农民最重要的财富，如果农民对“三权分置”政策存在一定的不清楚和误解，这在一定程度上会影响到“三权分置”改革以及土地流转的顺利开展。

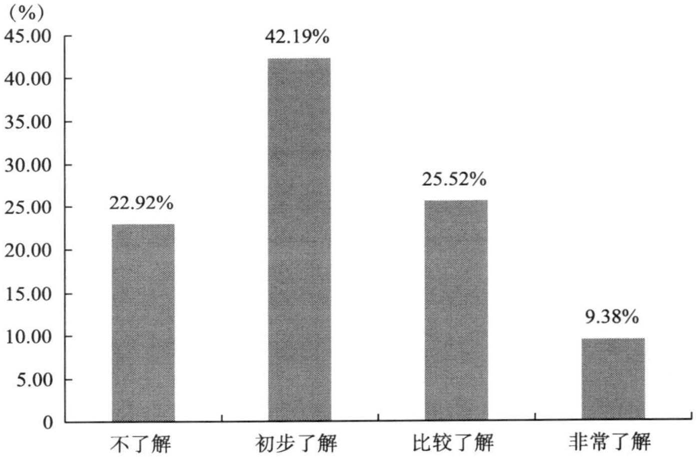

图9－1　农户对“三权分置”政策的了解情况

第二，农户宅基地和农地转让意愿。如表9－2所示，对于宅基地转让意愿，有65.10%的农民不愿意转让宅基地，有21.35%愿意转让，还有13.54%要视具体情况而定。这说明大部分农民是不愿意转让宅基地的，这可能是因为农户传统思想根深蒂固，对土地的依赖程度较高，担心宅基地转让之后失去住所或住房条件降低从而不敢轻易流转。对于农地转让意愿，有45.31%的农户愿意转让，有42.71%的农户不愿意转让，有11.98%的农户要视具体情况而定。相对于宅基地，农户更愿意转让农地，可能的原因是大多数年轻的农民都外出打工，农村只留着年龄较高的农民，他们无法从事农地生产劳作，为了防止土地荒芜而愿意将农地流转。在宅基地和农地流转价格决定方式方面，调研结果相似，分别有72.40%和71.35%的农户希望流转双方商定宅基地流转价格和农地流转价格，分别有13.02%和13.54%的农户希望按政府指导价格作为宅基地流转价格和农地流转价格，分别有14.58%和15.10%的农户愿意以市场价格作为宅基地流转价格和农地流转价格。农户更愿意通过流转双方商定的方式进行宅基地和农地的流转，这可能是因为大多农户转入的都是相对较熟悉的人，认为不需要政府指导，双方自主协商即可，可省去较多不必要的流程。

表9-2　　农户宅基地和农地转让意愿

项目	选项	比例	项目	选项	比例
宅基地转让意愿	愿意	21.35%	宅基地流转价格决定方式	流转双方商定	72.40%
	不愿意	65.10%		按政府指导价格	13.02%
	看情况	13.54%		按市场价格	14.58%
农地转让意愿	愿意	45.31%	农地流转价格决定方式	流转双方商定	71.35%
	不愿意	42.71%		按政府指导价格	13.54%
	看情况	11.98%		按市场价格	15.10%

第三，宅基地和农地主要用途。如表9-3所示，对于宅基地的主要用途，有66.06%的农民用于居住，有20.31%的农户用于出租给他人，还有15.63%的农户将宅基地折算成资金入股合作社或者公司。这说明大部分农民家中还有老人需要居住并可用于社会保障，较少选择入股是因为认为宅基地价值难以评估或评估不当及入股后的社会保障问题。对于农地的主要用途，分别有34.37%和28.13%的农民主要用于种植和出租，而37.50%的农民主要用于入股合作社或公司。相比宅基地，农户更愿意以农地入股，原因可能是家中劳动力不足，农地存在大量闲置情况，入股虽有一定风险，但是可以获得保底收益，同时也提高了农地的利用效率，因此农户更倾向于用农地入股。

表9-3　　宅基地和农地主要用途

项目	选项	比例	项目	选项	比例
宅基地主要用途	居住	66.06%	农地主要用途	种植	34.37%
	出租	20.31%		出租	28.13%
	入股	15.63%		入股	37.50%

第四，企业对“三权分置”下土地经营权入股的需求。首先，对于企业是否愿意农户以土地入股的问题，在受调查的企业中，有80.77%的企业愿意农户以土地经营权入股企业，11.54%的企业不愿意，还有7.69%

的企业要根据具体的情况而定，如表9－4所示。由此可见，大部分当地企业还是愿意支持农户入股成为股民，不仅可以满足企业用地需求，还可以帮助农户脱贫。然而，还是有少部分企业认为农户自身素质较低，难以对其进行管理，影响公司的决策效率，所以不愿意农民入股而更愿意采取直接帮扶的形式。其次，对于土地入股的价格决定方式，有76.19%的企业更倾向于按市场价格计算，有14.29%的企业选择由企业和农户双方协商，还有9.52%的企业更愿意按政府指导价格，大部分企业认同土地经营权入股市场价格较为公允。再次，对于其他资源入股的方式，分别有88.46%、73.08%、53.85%及42.03%的企业愿意农户分别以农业生产设备、农产品期货、扶贫贷款资金及技术入股企业，这可能是因为农业生产设备可以用作企业固定资产投入使用，而农产品期货可以作为企业的库存商品销售出去，其风险相对较小，企业的意愿相对较高；而对于扶贫贷款资金和技术而言，企业可能担心农户的还款能力，同时也对农户的生产技术存在一定的质疑，因此企业的意愿相对较低。最后，针对愿意农户入股的企业，还进一步对其拟采用的股权结构设置进行了访问，其中，有52.38%企业愿意按照资本同股同权设置，47.62%的企业愿意让农户多占股而企业少占股，但是没有企业愿意完全让渡给农户。这说明将近一半的企业遵循完全市场化的机制，一半的企业愿意将市场化行为与爱心帮扶相结合，将股权折价使农户多占一些股份，但是企业不会完全让渡给农户。

表9－4　企业对“三权分置”下土地经营权入股的需求

项目	选项	比例
是否愿意农户以土地入股	愿意	80.77%
	不愿意	11.54%
	看情况	7.69%
土地入股的价格决定方式	企业和农户双方商定	14.29%
	按政府指导价格	9.52%
	按市场价格	76.19%

项目	选项	比例
是否同时愿意农户以其他资源入股（多选）	扶贫贷款资金	53.85%
	农产品期货	73.08%
	技术	42.03%
	农业生产设备	88.46%
股权结构设置	按资本同股同权	52.38%
	农户多占股,企业少占股	47.62%
	全部让渡给农户	0

2. 农村土地“三权分置”问题

第一，缺乏对“三权分置”政策的了解。受到地域、教育水平及宣传手段的限制，农村居民较少主动去了解和获取国家政策信息。而乡镇干部人手有限，难以对其管辖的乡村进行全方位的宣传。这导致农村居民对农村土地“三权分置”政策缺乏充分的了解。在不了解政策内容的情形下，农村居民更难以对政策改革的背景、目的及影响有正确的认识，特别是涉及他们赖以生存的土地，大部分人“小农思想”严重。即使知道国家将土地承包权和经营权分离，也不愿意轻易将其经营权转移出去。

第二，土地确权不彻底。土地确权是“三权分置”改革顺利开展的制度基础，只有给土地打上“产权证”，才能明确不同居民所属土地的产权边界。随着我国土地确权工作的顺利开展，表面上看已有部分地区的土地确权工作取得了显著成效。但据实地调研可知，大部分农村存在土地确权不彻底的现象，如因农户土地面积纠纷而导致确权工作停滞，政府没有办理相关权利证书，或已有证书但土地边界仍然不清晰等。主观上是因为地方政府政绩观偏差、土地确权相关工作人员职业胜任能力较差、农户对土地确权的认知不足。客观上是由于部分农村地区土地情况较为复杂、土地界限不清晰、测量工作量大、测量成本较高以及存在历史遗留问题。

第三，缺乏专业农业经营人才。政府、社会组织及企业等主体为产业扶贫发展提供了支持，但需要专门的技术人才来应用先进的技术和经营管理模式。近年来，越来越多的农民选择到城市务工，农村空心化现象日益严重，农村劳动力普遍老龄化，农村专业技术人才欠缺。根据实地据调研发现，在对土地进行价格评估时，由于农村技术型人才对新技术的了解掌握不够，无法娴熟地运用相应的技术工具进行衡量，土地流转较为艰难。近些年来，由于缺乏农村人才资源，严重制约了农村经济的发展，即使大量的先进技术和硬件设施的投入，也无法从根本上解决问题，缺乏专门从事农业生产经营的人才现已成为影响和制约土地流转的重要原因之一。

（三）农村股份合作模式运作的现状和问题

1. 现有农村帮扶模式分析

第一，直接帮扶模式。直接帮扶模式是政府通过资金、贷款贴息等政策支持，由企业根据农村当地产业发展的需要，直接向需要帮扶的村民提供种苗、农具、饲料、化肥等生产工具和原料，并提供技术指导、市场信息、产品保底价格包销等服务。企业和农户双方确定相应的利益连接机制，由企业引导农户进行农业结构调整。突出农业增效，农民增收，发展特色产业，形成一村一品格局。如湖南坡茶叶有限公司，湖南坡茶业确定了茶产业为主，辅以中药材种植业、无公害养殖业、土地流转、技能培养、就业帮扶与贷款资助七大类帮扶措施，使其拥有长效收益机制而不再返贫。对此，湖南坡茶业制定了与农户签订茶产业种植、销售契约（免费提供优质茶苗、肥料和技术支持，并与农户签订无限期保证回购茶叶合同)；积极对接蔬菜，水果及无公害养殖固定销售渠道；吸收农户劳务用工等措施固化方案。此外，对于无条件自身实施措施的农户，通过组建“企业+农户茶叶合作社”的生产形式，由企业控股利用产业扶贫资金合作开发茶园，增加劳动力就业与茶园产出分红，切实帮助他们享受产业发展带来的利益。湖南华莱生物科技有限公司作为安化县黑茶产业龙头企业，以黑茶产业结对帮扶的方式助推脱贫攻坚，免费为当地茶农提供优质茶苗，定期为茶农培训茶叶栽培技术，在全县范围内累计扶助农户2.3万人。此外，公司还通过“分贷统还”的运作模式，集中农户金融贷款指标，在不需要农户出一分钱的情况下，返还农户不低于10%的年收益，可为农户每年增收5000元以上，预计惠及贫困农户5000人。

第二，委托帮扶模式。通过购买社会服务方式，将国家给予特定对象的扶持资金直接委托给有意愿合作的、有社会责任感的、讲诚信的和有实力的农业企业、农民专业合作社和家庭农场，实行项目统一开发、统一管理、统一经营、统一核算，项目产权归特定对象的农户所有，相互间以契约形式明确责权利关系，项目收益按比例分成。如溆浦嘉菲农业发展有限公司，项目总投资400万元，其中财政帮扶资金200万元，按一定标准折算为农民加入该公司的股权，公司自筹200万元，委托发展产业项目。前5年，给农户每年按财政委托帮扶投资资金不低于10%的比例享受收益。5年期满后，农户可以选择继续合作，也可以选择退股，继续合作的与公司同股同利，风险共担，选择退股的，由公司回购股份。本项目实施达产后不但可以促进农村产业化，提高土地的经济附加值，而且有利于促进农民增收、农业增效。从而辐射带动更多的农民科技致富奔小康，使贫困人口发挥他们的自我创造力，变输血式扶贫为造血式扶贫，达到脱贫致富的目的，为建设社会主义新农村奠定基础。目前各基地每个月临时用工费用在35000元左右，这部分费用优先用于基地所在村特定农户。本项目完全达产后可以为农户带来可观的经济效益，可解决当地劳动力70余人，受益农户200余户，人均年增收3万元以上，同时拉动本地第三产业运输业的发展。

第三，股权合作模式。在政策引导和驱动下，该模式采取全民入股、特定农户增股的方式，将所有村民纳入到该模式体系之中来，有效防止了返贫的发生。该模式下政府将其财政资金作为农户股份，投入产业项目。如安化县诚丰生态庄园，为带动村民致富，鼓励农户以土地和少量资金入股，成为公司的“小当家”，农户生产积极性高涨。公司经营方式巧妙地将股份制经济、集体经济和个体经济三种模式融合，是值得推荐的新型农村经营管理方式。

积极推进土地股权合作是不断探索城乡融合发展的重要制度创新，也是丰富“三权分置”具体实现形式的重要举措。通过近几年的地方探索实践，土地股份合作在探索入股模式、运行机制、产业振兴等方面取得了较明显的效果，出现了一部分可借鉴、复制和推广的典范。根据实地调研，发现主要存在以下三种较为典型的模式。

一是土地经营权入股公司模式。在调研中发现，湖南安化县诚丰生态庄园是农村土地经营权入股有限责任公司的典型。该公司是香岩村樟楠湾小组共 28 户（67 人）农民在自愿、平等和互利的原则下组建起来的。在股东及股权构成方面，建立之初，公司负责人投入资金 60 万元，占股 10%，农民的土地经营权则以 2 万元/亩的价格入股公司。在农户股东的收益分红方面，如果公司当年经营成果较好并取得了一定的收益，公司根据农户以土地入股所占的股权比例获得分红，虽然没有约定保底分红，农户没有基本生存保障。但是公司允许有能力的农民股东参加农业生产劳作，工资以小时计价，因此，农户每月可获得一定的工资性收入。

二是财政帮扶资金入股公司模式。湖南溆浦县嘉菲农产品发展有限公司是财政扶贫资金入股模式的典型代表。在股东及股权构成方面，公司总投资资金为 400 万元，其中财政帮扶资金 150 万元，按 2000 元/人的标准分摊到特定农户身上，占股 37.5%。嘉菲农产品发展有限公司出资 250 万元，占股 62.5%。

三是土地租金入股公司模式。湖南省凤凰县是积极探索土地租金入股的典型地区。在该模式下，农户先以出租土地的价格入股企业，在公司、农民专业合作社具有稳定良好的经济效益之后再返还其租金，农户还可以原来持有的股份获得分红收益。对于农地租赁价格而言，凤凰县没有所谓的市场指导价，是由村干部与农户协商形成合理的价格区间，并在政府的协调下，企业与村两委或村集体签订土地租赁或入股协议。基于凤凰县当地的土地供给情况与地理环境的差异，农地租赁价基本在每年 200—1000 元/亩之间，大多为每年 300—500 元/亩。在股权方面，前 5 年，农户将土地出租给公司，然后以土地租金入股企业，5 年之后，公司获得良好的经济效益之后将租金返还给农户，同时，农户仍然持有股份。在农户股东的收益分红方面，前 5 年对入股的贫困户采取“保本保底收益 + 按股浮动分红”模式，保障贫困户的本金安全，年分红比例不低于股金的 10%；5 年之后，贫困户与公司同股同利、风险共担。

2. “三权分置”背景下现有股权共享模式运作存在的问题

与西方国家成熟市场相比，我国早期农村经济发展程度相对落后，且长期受不完全农地产权制度所困，“三权分置”改革下的农地运作起步较晚，我国农村股权运作仍存在以下不足：

第一，农村股权运作在我国农村地区普及面极低。在我国目前的乡村振兴工作中，大多数措施没有涉及股权运作，即使涉及，也大多被应用于前文所述的第一类农村居民群体，未能充分发挥其在乡村振兴中的应有作用，这将使一些农民失去本可拥有的收入来源，从本质上降低农民获取收入的能力。从远期看，当地产业的发展也可能由此错失本可把握的发展机遇。

第二，参与乡村振兴的经济主体带动力较弱。龙头企业大多规模较小，带动能力有限，家庭农场和种养大户数量少、实力弱，合作社中存在大量的“空壳社”“挂牌社”，多数合作社处于闲置或半闲置状态，集体经济组织欠缺或者没有运营管理能力。从调研情况来看，如图 9－2 所示，主要是小型企业，微型企业次之，中型企业和大型企业再次。说明当前阶段主要是小企业充分参与了乡村振兴工作，但是其人力物力财力微薄，不具有强大的带动作用。尤为突出的是，这些小企业大多是“土生土长”的农业企业，很难达到“城乡融合发展”的要求。

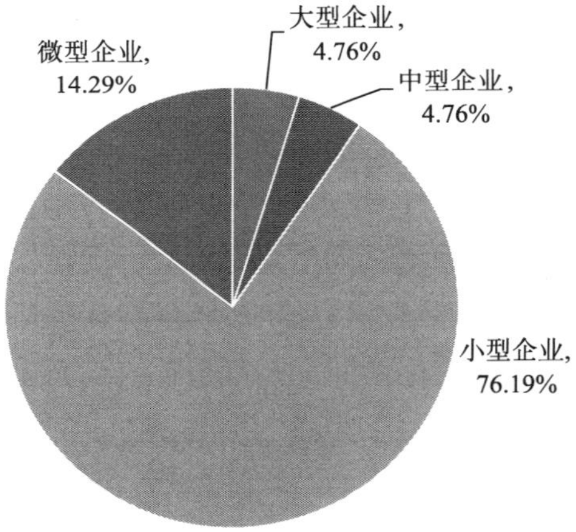

图 9－2　企业参与乡村振兴规模分布

第三，农地股权运作的运作模式简单僵化。近年来，我国已探索出多种农村股权运作的开展方式，为不同地区增加农村居民财产性收入提供了充足的选择方案。然而，伴随我国农村经济和产业发展，既有农地股权运作模式已难以适应现实情形。既然已有模式应用场景的内在局限性已愈发凸显，无法较好地与农村居民获取财产性收入和农村地区产业兴旺的实际诉求相匹配，那么就应当对农地股权运作的基本模式进行创新。

第四，农村股权运作实施中部分流程制度仍待完善。其至少包含以下几点：一是部分地区在实施农地股权运作时未对前期调研与分析予以重视，缺乏对我国四类农村居民财产性收入的基本需求进行差异化设计；二是部分产业主体的股利分配政策不健全，在经营状况突变时容易给农村居民财产性收入相关利益带来负面影响；三是部分产业主体的股东保护措施缺位，而农地股权运作的实施多具规模，农村居民财产性收入如果大面积受损可能引发社会问题。

通过调研，除了上述基本问题外，还存在如下具体现实问题：

第一，企业观念陈旧。在贫苦地区，大多企业管理决策者相对保守，认为自给自足、自力更生是企业的根本生存之道，因此，他们不愿意向信用社贷款，而是采取相对平稳的经营政策。此外，企业不愿意向农户租赁土地，由于向农户租赁土地难度大，集中农户的土地需要花费大量的人力物力和资源，企业大多不愿直接出面。而且农户对企业也抱有怀疑态度，因此，流转农户土地是当前的一大问题。

第二，法人设立超限。对于法人设立的基本要求而言，未有法律对农民专业合作社的设立进行严格规定，但对于有限责任公司设立做了明确的规定限制。《公司法》的第二十四条法文规定，有限责任公司应由 50 个以下的股东出资设立。然而，在土地经营权入股的具体实践中，农户很有可能会出现“抱团”入股的情况，从而使得参与土地经营权入股的农民超过 50 个出资人的上限，这与《公司法》的规定不符。

第三，股权转让受限。在“三权分置”背景下，土地经营权入股本质上是将实体土地权利转化为价值意义上的股权收益。土地经营权的转让和土地股权的转让在财产权意义上具有一致性，其本质就是土地权利的再转让。因此，当农民需要转让股权时，不仅会受限于土地权利转让制度，同时也会受限于股权转让制度。然而根据实地调研发现，部分公司只允许内部股权转让而限制外部股权转让，这就限制了土地股权作为财产权的基本属性。同时，在土地股权流转后，部分公司擅自改变土地的农业用途，损害了农户的权益。

第四，经营管理难度大。首先，由于农户文化教育水平较低，在资金、技术、知识、管理等方面存在不足，农民对公司的生产经营缺乏了解和监督，难以提出专业的、有建设意义的经营方案。其次，虽然农民入股成为股东，但是农民所占的股份比例有限，使得其对公司的整体经营决策影响有限，很难保证公司作出的决策都是对农民有利的。再次，当发生利益冲突时，农户可能会采取较为极端的方式与公司其他股东抗衡，影响公司的稳定运行。最后，如果农户“抱团”入股，股东人数较多，股权较为分散，会降低公司的运行效率，影响公司治理效果。

第五，保底分红有争议。目前，土地经营权入股的分配机制主要有三种方式，即“按股分红”“保底分红”“保底分红＋盈余分红”等方式。按股分红本身具有较大的不确定性，无法保障农户的基本生存；盈余分红是在保底分红的基础进行二次分红，无论农民股东入股的公司是否盈利，农民都可以得到固定的收益。但当企业经营不善未盈利时，为了保障农户的基本收益而保底分红，可能会对公司的长期可持续发展造成一定的威胁。

第六，退出机制未健全。一方面，如果农户在企业存续的情况下退出，大部分公司是不允许的。这是因为土地是不动产，价值相对较高，农民退股会对公司的日常生产经营活动产生不利影响，同时可能还会损害公司债权人的权益。此外，许多公司是不允许农户转让股权的，即使允许农户转让，也只能在股份合作公司内部转让，这就存在较大的封闭性。这种做法并不适应市场经济对股权流动性要求，对产业发展也会产生负面影响。另一方面，当农户入股的公司因经营不善等原因破产时，土地经营权作为公司法人财产的重要组成部分，应被纳入公司破产清算财产，用以偿还公司的债务和保护债权人的权益。不然会违反公司法人地位的本质，也无法确保市场交易的安全进行。即使农民还拥有土地承包权虽，但是农民失去了经营权，这对农民产生不利影响。因此，为弥补现有模式的不足，还需要构建和完善相应的退出机制。

六、农村股权共享的产权模式创新

（一）创新农村股权共享运作的产权模式

对农村股权运作的产权模式进行创新，可以使其更好地助力乡村产业振兴，符合农村居民对于财产性收入获取的要求。农地股权运作的财产性收入产权实现形式是股权实现形式，对其进行产权模型创新的一个思路是将其与现有其他非股权实现形式的运作模式充分结合。

一是农地股权运作与农地租赁运作相结合，形成农地租金入股。在该模式下，农村居民先以其若干年的租金为对价入股产业主体，后续再通过分红方式获取财产性收入。该模式较为适合在农地租赁运作发展成熟的地区开展，有利于促进双方就土地经营权股权价值达成一致。同时，农地租金入股有利于产业主体降低农地运作前期费用支出，使其获得更为稳定的经营周期。

二是农地股权运作与农地抵押运作相结合，形成农地抵押入股。在该模式下，农村居民先依据土地经营权在有关金融机构进行农地抵押贷款，再使用贷款资金在产业主体进行入股。这一模式可以解决我国部分地区农地资源与既有产业需求不匹配的困局，充分发挥金融机构的媒介作用，为农村居民获取财产性收入消除阻碍，同时解决产业主体的融资需求，降低其财务开支。

三是农地股权运作与农地信托运作相结合，形成农地信托入股。在该模式下，农村居民先将土地经营权让渡给信托公司，再借助信托公司在第三方实现入股，使农户间接获得股权实现形式的财产性收入。我国部分农村居民存在受教育程度低、高龄化等特征，不便于参与农地股权运作实施，也难以在风险发生时恰当保护其自身利益。农地信托入股可以缓解其在传统模式中可能面临的困难，通过机构对相关流程的专业化代理，该模式可以更好地帮助实现农村居民财产性收入的提升。

（二）完善农地股权运作流程制度

一是加强农村居民特征分析。产业主体应当在农地运作实施前期结合调研与分析结论，制定与现实情况相符的农地股权运作方案。当参股者多为劳动能力充足的农村居民时，产业主体可以发挥其自身优势，通过有关政策丰富农村居民收入类型，形成以财产性收入为核心、工资性收入与经营性收入为补充的运作方式。当参股者多为财产基础薄弱的农村居民时，产业主体可以结合当地政策，利用扶贫资金作为对其财产性收入财产基础的补充，实现转移性收入的财产性收入化。

二是完善股利分配政策。首先，除传统分红机制外，产业主体可以参照优先股股息派发机制，为农村居民设定保底分红数额，增强其财产性收入获取的稳定程度。其次，股利分配政策应当充分结合土地经营权价值评估进行制定与修正，避免价值高估导致产业主体股权现金流承压，损害其公司利益，或由于价值低估导致农村居民财产性收入受损。最后，应当明确主体发生重大经营亏损时的应对策略，制定股份分红的累计结转机制和股权退出机制。

三是健全股东保护措施。产业主体可以成立农地股权运作相关监督部门，委派企业管理人员、农村居民代表、村委会和其他政府人员共同参与。另外，实行农地股权运作资金的专项管理制度，由专人负责相关账务处理，借助内部机构和外部第三方的监管作用实现资金安全。同时，应当定期召开农地股权运作实施进度的跟踪会议，对产业主体经营状况进行定期分析与数据公开，使农村居民股东针对农地运作进行充分意见交换，实现农地股权运作风险的合理控制。

七、农村股权共享综合平台模式设计

在上述研究基础上，我们提出股权共享综合平台模式，指的是立足于共享经济视角下，基于产权共享的基础，把股份制引入农业生产经营领域而形成的一种制度安排，农户、企业、政府、电商平台等多方主体分别以不同的方式出资获得股权，由多方共同享有收益的一种模式。股权分享综合平台模式是乡村振兴战略中加快城乡融合发展的重要制度创新和根本举措。

（一）股权共享主体明确

在政府、农业企业、电商平台、社会组织及农户等各方主体共同参与的股权共享模式中，政府发挥着主导作用，农业企业、电商平台、社会组织、农户等是具体的产权主体。

政府的主导作用，一是体现在顶层设计上，通过制定相关的政策文件，组织推动产业振兴项目的实施；二是提供帮扶资金支持，通过整合各级财政专项资金和其他涉农资金，并按一定的比例折价入股企业，避免直接拨款导致农民的等靠要思想，又能确保让农户受益。农业企业、电商平台、社会组织、农户等经济主体是实施主体，负责项目的生产经营和管理，引导产业不断发展和壮大，并确保各参与方能够获得股权收益。此外，有劳动能力的农户也可以通过劳动参与获得工资性收入。

（二）股权分享各方资源组合

针对农户发展缺少资金和农民不愿意主动掏钱等问题，积极整合各类资金，通过来自城市资金的带动性和资信力，激发农民投资意愿，从而形成促进城乡融合发展和农民稳定增收的长效机制。

1. 政府财政帮扶资金入股

在原有的扶贫模式下，政府直接将各类帮扶、涉农资金投资到公司中去，并将全部股金分摊给农户，政府不占有股份。然而，如果政府直接将各类扶贫、涉农资金全部折算为农民股金，农民没有通过任何努力就获得股权，仍旧不能解决农民的“等靠要”思想，也不会提高农民主动参与脱贫的积极性，而政府也没有享受到任何回报。为此，我们认为政府需要占有一定的股权，但不是按同股同权的比例占有，而是可以通过折价的方式占有较小的比例，而将剩余部分让渡给农民，即政府各类涉农资金的总价等于自留折价部分加上摊给农户的部分。通过采取集中投入、产业带动、社会参与、农民受益的方式，集中投入到有限公司中形成股权，政府能够享受一定的回报，也能调动农民积累财富的积极性，实现政府和农民的双赢。

2. 社会组织帮扶资金入股

社会组织首先可以通过公开募捐、项目宣传及义卖义演等方式募集资金，然后将其所募集的资金进行折价量化入股，一方面把一部分股权分摊到农户，另一方面还应该留给社会组织一部分股权，即折价部分，使得总价等于摊给农户的股权加上社会组织自留的折价部分。不直接将资金给农户的原因在于，一是容易助长农户的“等靠要”思想，二是容易出现社会组织“离村返贫”的现象，不能保证农户脱贫致富的长期性和稳定性。因此，社会组织应该以折价的方式入股公司，实现社会组织和农户双方利益的捆绑，有利于发挥社会组织的积极效应，发挥社会组织的销售渠道优势，主动将农产品推向市场，增添农户对农产品生产的信心。

3. 农业企业资金入股

目前普遍存在的委托帮扶模式，由政府与当地的龙头企业签订“委托帮扶”协议，政府对企业投入一定的财政资金，并委托企业实施产业振兴项目。从短期来看，委托帮扶实现了农业企业和农户双方的效益。但是从长远来看，一旦项目结束，企业就没有责任和义务帮助农户，在这种模式下，无法确保农业企业帮扶农户的长期性和稳定性。因此，对于当地的农业企业而言，直接以其自有资金入股合作公司，弥补了委托帮扶的不足，将当地农业企业的利益和农户利益进行捆绑，确保在农户在脱贫以后还能获得财产性收益，防止出现农民脱贫后又返贫的现象。

4. 电商平台资金入股

目前农村电商各自为政，完全以趋利为目的，电商的主动帮扶意愿不足。一方面，农村电商本着商业目的，大部分村级电商只提供快递收发、代缴费用、火车代售等服务，或者是充当农村便利超市提供商品代售服务，没有发挥帮扶的作用。另一方面，农村电商没有发挥其应有的积极效应，农产品的生产加工都由农民承担，存在生产效率低、产品质量差等问题，难以打造特色农产品品牌，形成品牌效应。同时，电商推销农产品的积极性不高，农民存在农产品滞销的顾虑，无法安心生产。因此，为确保电商长期主动地推动农产品“走出去”，提高农产品的品牌知名度，要将电商的利益与农户的利益捆绑起来。股权参与是建立长期合作，实现利益捆绑的有效途径。因此，应以县级为单位，由政府牵头建立统一的电子商务平台，县级电商平台再以资金入股合作公司，实现电商与农户的捆绑式经营。农民生产得到保障，农民可以安心地进行生产，而电商也有动机与零售商对接，积极地将农产品销售到全国各地，既有利于当地农产品质量和品牌知名度的提高，又增加了农民收入。

5. 农户土地资源和其他资源入股

“三权分置”下土地资源入股。“三权分置”改革有效激活了农村土地流转和农民土地财产权利，农户可以以农地经营权和宅基地使用权入股企业，参与股份合作。

农地经营权入股。随着现代化的发展，农村年轻劳动力不断涌向城市，留在农村的大多是老弱病残，无法从事劳务生产，导致大量农地出现闲置。“三权分置”改革为盘活农地提供了重要的契机，在不改变农户的土地承包权的基础上，农户能以农地的经营权入股公司，由公司统一经营管理，并按照合同约定分配收益。通过股份合作的形式，农户与公司建立了紧密的利益联结机制，能够带来较明显的效益。一方面，农地入股后，打破了农户与农户之间的农地界限，把分散的农地集中起来，实现了农地的规模化经营，有利于进行统一的经营管理，有效提高了农地利用效率和农业生产效率，并促进了农产品产量和质量的提高。另一方面，农民将农地入股公司后，将劳动生产力从农地上解放出来，农民不仅可以获得财产性收入，又可以到入股的公司参与农业生产劳作或者进入第二、三产业进行劳作，从而增加了工资性收入。

宅基地使用权入股。当前农村存在空心化现象，大部分年轻农民外出务工，常年远离农村，无暇利用宅基地，又存在“建新不拆旧”的现象，宅基地大多处于闲置状态，造成了土地资源的严重浪费。随着宅基地“三权分置”改革的持续推进，逐渐放活了宅基地使用权，为宅基地使用权入股提供了可能。在满足农户宅基地建房需求的前提下，将空余的宅基地入股公司，通过规划调整转变为公司厂房建设用地或者乡村旅游、养老休闲等产业用地，发挥闲置宅基地的最大效益。宅基地入股后，既可以提高宅基地的利用效率，优化土地资源配置，解决企业缺少建设用地等问题。同时，农户通过入股公司可以获得财产性收入，为从根本上实现脱贫提供了途径。

其他资源入股方式。在“三权分置”下土地入股资金不足的情况下，除了农户自有资金和农业生产设备之外，还可以通过扶贫贷款，农产品期货以及人力资本等资源作为补充形式入股公司。

帮扶贷款。国家针对农村地区推出了政策性贷款项目，如“农户贷”、小额信贷等，这些贷款以免息或贴息为主，符合一定条件的农户可持当地乡（镇）政府部门的有关证明，获得农村信用社等金融机构贷款资金。符合条件的农户将贷款需求提交给银行，再由银行和公司对接，推动农户的银行贷款资金直接投资公司获得收益，农民既是银行的债务人，又是公司的股东，即把农户的债权转化为股权。贷款期满后，由公司负责一次性向金融机构偿还本金，不仅增强农户贷款的积极性，还打消了金融机构放贷的顾虑，激发了贫困户脱贫的积极性，并拓宽了农民的增收渠道。

农产品期货。由于我国农业生产经营容易受到季节、天气等多种因素的影响，产量和价格的波动性较大，农民容易遭受巨大损失，从而降低了农民生产的积极性。农产品期货模式下，在农产品未种植之前，农户和公司签订协议，由公司提供种植材料，农户在一定的时间内进行种植生产，农户定期生产完成之后，公司再以固定的价格（协议价格与市场价格孰高）进行收购，农户则以农产品的价格量化为股金入股企业。通过把未来的农产品作为一种预定，形成稳定的股权关系。这样不仅可以分散农产品生产经营的风险，提高农户生产的积极性，又可以解决农户发展缺少资金和农民不愿意主动掏钱的问题，还可以通过入股企业获得股权收益，增加农民的财产性收入。

人力资本。当前农村空心化、劳动力老龄化严重，大部分年轻人都外出务工，留在农村的都是老弱病残，他们自身的脱贫能力较差。对于如何吸引更多有知识和有能力的年轻农民回到农村从事农业生产，推动农村脱贫致富，人力资本入股具有非常关键的作用。对于在年龄、农业专业技能方面存在优势的农民，可以直接以人力资本入股公司获得股权收益。人力资本入股作为一种新型的投资方式，将农民的知识及专业技能等转化成资本，有助于充分调动年轻农户回乡参与脱贫的积极性和创造性，同时也有助于培养新型职业农民，实现人才价值，促进农村的可持续发展和实现乡村振兴。

以上资源组合模式，可以是全部组合，也可以是局部组合，可以因地制宜开展各种组合模式。建议在条件具备的地区实施全面综合平台组合模式，这样将更能确保城乡资源的高度融合，有利于乡村振兴的稳定性和长期性。通过各种模式的组合，实现了真正的现代企业制度，使得股权共享模式更加规范化，能够区别于现实中“名为入股，实为出租”的情况，更好地解决现有诸多模式下的法人设立和股权转让等现实问题。农村股权共享综合平台如图 9－3 所示。

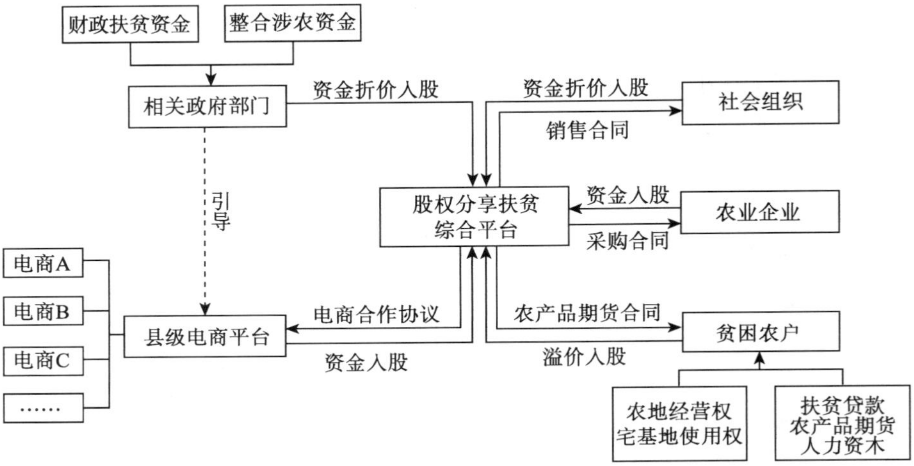

图 9－3　农村股权共享综合平台（去掉扶贫、贫困）

（三）农村股权共享模式的营运管理

农民作为公司股东，因在资产建设、生产技术、专业知识及管理经验等方面存在不足，使得其在公司中处于弱势地位，因而对农户股东权益的保护尤为重要。在组织架构方面，建立“三会”（股东大会、董事会和监事会）、“四权”（收益分配权、民主决策权、管理权和监督权）制度，农户股东按股份比例行使一定的权利、分享收益及承担责任。在股权结构方面，要规范农民股东的股权比例配置，注意农户股东与其他股东所持股权比，避免农民小股东受大股东的操控，一方面是要实现“多股制衡”，股权结构多元化；另一方面是创建股权转让机制和股东代表诉讼制度，当农户的合法利益受到损害时，农户可以要求转让股权，并要求损害方赔偿损失和承担相关法律责任。

（四）农村股权共享模式的股利分配

在股东分红方面，为了保障农户每年能够获得一定的股权收益，采用“优先股＋盈余分红”的分配方式。在确保农户获得固定分红收益后，公司再将剩余利润分配给农户股东。在土地经营权入股时，公司与农户约定好优先股的固定股息收益率，若公司年度有盈余，则在支付优先股后再进行二次分红，若发生亏损时则只支付优先股。优先股通常有固定的股息收益率，当公司经营不善而破产清算时，优先股股东清偿顺序在普通股之前，可见其风险较小。同时，农民作为优先股股东，对公司的重大经营决策无投票权，享有有限表决权及表决权以外的其他权利，如查阅权和提案权等，防止其他非农民大股东滥用公司权利，以保护农民的合法利益。通过这个模式，不仅能激发农户入股的参与积极性，还有助于降低农民以土地经营权入股企业的风险，促进公司的长期可持续发展。

（五）农村股权共享模式的退出机制

一方面，在公司存续期间，如果公司的经营损害了农民的合法权益，可以赋予农民特定条件下的“退股权”，将股权转让给其他人，公司需要保证土地的农业用途。在“三权分置”视角下，农民土地的承包权和经营权实现“二权分离”，土地经营权已脱离农民承包人的身份单独转让给他人，且不再受限于内部成员。当农民将股权转让给他人时，农民就真正退出了公司，不再享受公司的二次分红，但因土地承包权仍被公司占用而拥有固定分红的资格。农民不仅实现了转让股权并退出公司的目的，而且能够解决自身基本生存保障问题。

另一方面，当公司面临破产或解散时，对于入股的土地经营权的处置，应建立优先购买权制度，即农民股东在公司破产或解散时，拥有对土地经营权的优先购买权。这样不仅可以保障债权人的合法利益，也可使农民重新拥有土地经营权，以保障农民的基本生存，从而实现债权人与农民股东的双赢局面。

本章参考文献

［1］张理恒，綦磊，李姗蔚．土地承包经营权入股机制研究［J］．农村经济，2014（11）：26－30.

［2］肖鹏．土地经营权入股的合作社模式研究［J］．农业经济，2017（11）：92－94.

［3］吴越，吴义茂．农地赋权及其土地承包经营权入股范式［J］．改革，2011（2）：104－111.

［4］刘雪梅．土地承包经营权入股农业公司理论分析［J］．管理现代化，2012（6）：68－70.

［5］焦芳芳，刘启明，武晋．基于“权力－利益”框架的农户参与问题研究——以L县“企业＋基地＋农户”香菇产业扶贫模式为例［J］．甘肃行政学院学报，2018（6）：93－103，128－129.

［6］姜长云，芦千文．贵州六盘水乡村“三变”改革实践经验及后续完善建议［J］．西部论坛，2018，28（3）：86－93.

［7］尹兆翌．公私合作视角下的产业扶贫模式研究［D］．昆明：云南财经大学，2018.

［8］申云，彭小兵．链式融资模式与精准扶贫效果——基于准实验研究［J］．财经研究，2016，42（9）：4－15.

［9］王邦习．农地经营权入股的法律风险及其防控——基于全国依法公开相关裁判文书的实证［J］．农村经济，2018（7）：28－35.

［10］张赛，吴九兴．农民以土地入股的风险类型及其防范机制［J］．江西农业学报，2019，31（5）：132－137.

［11］赵攀奥，陈利根，龙开胜．土地经营权入股合作社的基本内涵、功能价值与制度构建［J］．农业现代化研究，2017，38（2）：250－257.

［12］Coase，R. H. The Nature of the Firm［J］．Economica，1937，4（16）：386－405.

［13］林万龙，钟玲，陆汉文．合作型反贫困理论与仪陇的实践［J］．农业经济问题，2008（11）：59－65.

［14］伍中信．产权性收入：“财产性收入”的恰当表述［J］．财会月刊，2020：1－4.

［15］程令国，张晔，刘志彪．农地确权促进了中国农村土地的流转吗？［J］．管理世界，2016（1）：88－98.

［16］周艳，侯石安，胡联．财政专项扶贫的减贫效应分析——基于农村居民收入分组数据的实证检验［J］．财贸研究，2018，29（7）：55－66.

［17］Zhang H，Zhi X，Zhou D，Qiu Y，Shen D. Targeted poverty alleviation using photovoltaic power in China：Identifying financial options through a dynamic game analysis［J］．Resources，Conservation & Recycling，2018，139：333－337.

［18］孙志红，王亚青．农产品期货、龙头企业发展与农业产业化［J］．中南大学学报（社会科学版），2016，22（1）：98－105.

［19］谢家银．农村土地承包经营权入股的价值考量与风险防范［J］．广西社会科学，2015（3）：85－88.

［20］杨仕兵，魏雪．土地承包经营权“三权分置”下的农民股东权保护［J］．中国石油大学学报（社会科学版），2016，32（6）：45－50.

［21］吴义茂，吴越．土地承包经营权入股有限责任公司问题研究——以农民股东与非农民股东的利益冲突及其平衡为视角［J］．南京农业大学学报（社会科学版），2012，12（3）：73－80.

［22］丁文．论土地承包权与土地承包经营权的分离［J］．中国法学，2015（3）：159－178.

［23］Wang Q，Zhang X. Three rights separation：China's proposed rural land rights reform and four types of local trials［J］．Land Use Policy，2017，63：111－121.

［24］吴义茂．农地入股中农民股东与债权人的利益冲突与平衡［J］．华中农业大学学报（社会科学版），2013（6）：101－108.

［25］王成礼，薛峰．城乡二元社会解构与乡村振兴的耦合［J］．河南社会科学，2018，6：13－18.

［26］马晓河．构建优先发展机制推进农业农村全面现代化［J］．经济纵横，2019，2：1－7，137.

［27］诺思．西方世界的兴起［M］．北京：华夏出版社，1999.

［28］周其仁．中国经济学 1994［M］．上海：上海人民出版社，1995.

［29］崔晓黎．统购统销与工业积累［J］．中国经济史研究，1988（4）：120－135.

［30］林毅夫．制度、技术与中国农业发展［M］．上海：上海人民出版社，1994.

［31］方恭温．实行土地所有权公有和使用权农民私有［J］．改革，1999（2）.

［32］李爱红．完善农村集体土地“三权分置”下的法律制度［J］．重庆行政（公共论坛），2014，15（5）：67－69.

［33］潘俊．农村土地“三权分置”：权利内容与风险防范［J］．中州学刊，2014（11）：67－73.

第十章　基于城乡融合发展的农村“产权链+供应链”共享股权模式研究

依据乡村振兴战略，需要大力促进乡村“产业兴旺”，产业兴旺的持续性需要建立城乡融合发展的机制。本文调研了湖南省溆浦县和凤凰县，政府与对口帮扶单位依托当地特色发展产业经济，为当地农户带来了实质性收益，虽然具有政策性、时效性，却缺乏规模效益，难以形成长效机制。为此，我们试图通过研究现有乡村产业振兴模式中产权结构、供应链结构设计及内部管理存在的问题，吸收“共享经济”的理念，打通城市和乡村的要素资源，构建“产权链+供应链”共享股权模式，以形成城乡融合发展“产业兴旺”的长效机制。

一、现有城乡融合产业发展模式分析

（一）“供应链”模式

1. 供应链模式的内涵及特点

供应链是指企业从原材料的采购、运输、加工制造、分销直至最终送达消费者手中的业务流程，被看成是一个环环相扣的“链”。而这个链条不仅是一条连接供应商到消费者的物流链、信息链、资金链，更是一条增值链，物料在供应链上因加工、包装、运输等过程而增加其价值，给相关企业带来收益。

农产品供应链可以被描述为农产品沿着农户、生产企业、配送中心、批发商、零售商以及消费者运动的一个网状链条。区别于工业及服务业，农产品在生产过程中对自然力、自然条件及作物个体生命的依赖性较明显，农产品本身往往具有鲜活性；农产品生产的区域性、季节性、分散性等特点十分突出，同时，农产品又是生活必需品，消费弹性小，具有消费普遍性和分散性的特点。

供应链模式下，农产品从生产、加工到销售是单向传递的链条，上下游之间只有单纯的买卖关系，是各司其职的独立产权个体。如图 10 – 1 所示。

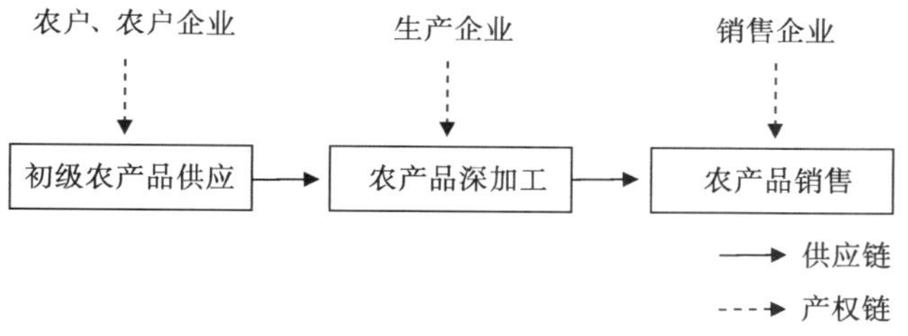

图 10 –1　农产品纯供应链模式

2. 农产品“供应链”模式在产业振兴中的运用

随着乡村振兴工作的推进，湖南省溆浦县农村产业经济逐步发展，使原本分散、无规模的个体农户逐渐形成组织化的农户企业或农业合作社，农产品的生产模式由原来单一的个体生产变为规模化的集成型生产。农产品“供应链”合作模式在溆浦县初步形成。

溆浦县三江镇龙山村成立了溆浦国民绿色食品种养专业合作社，从事红薯干和腊肉、干豆腐、竹笋等初级农产品生产，但在经营生产过程遭遇了产品销路不畅、资金有限、生产规模无法扩大的问题。当地政府发挥供应链模式特点，引入龙头企业参与，为农产品上行打开销路。龙头企业东立农特公司在龙山村成立了东立龙山腊制品加工基地，通过从农户企业收购优质的初级农产品，并从资金、技术和销售上全力帮扶，采取进一步深加工、检测认证、溯源体系、品牌包装等工序对红薯干、腊肉、竹笋等初级农产品进行赋值，后经由其自身物流配送、销售渠道或网络、电商销售的方式进行仓储、分销，最终形成溆浦县的“供应链”模式。据调查，当地仅种植红薯就达 200 余亩，综合年产值达 450 万元以上。溆浦县大江口镇虎皮溪村从事着柑橘种植产业，同样面临着产品滞销难题。经由东立农特公司“供应链”模式，截至 2020 年底累计销售柑橘 60 万千克，全村实现收入逾 200 万元。“供应链”模式有效助力了乡村振兴工作。

3. 农产品“供应链”模式优缺点分析

农产品“供应链”模式优点：“供应链”模式下，农户企业与帮扶企业间形成了供应链上的买卖关系。东立农特公司自身作为电商平台解决了农产品缺乏统一物流标准的问题，其特有的农产品检测认证和溯源体系使农产品有了统一的质量安全标准，农产品的质量安全也更利于监控。于农户企业而言，打开了农产品销路，相对稳定的销路有利于缓解农业产业化及规模化后有产无销的困境，提升了农户生产积极性；于帮扶企业而言，为其提供采购的多种渠道，帮扶方式也从“输血式”转化为“开发式”，减轻了帮扶成本。

农产品“供应链”模式缺点：于帮扶企业而言，单纯供应链上的买卖关系可能面临供应端市场价格的竞争，同时农业生产存在的季节性与风险性特点，初级农产品生产的时效性与产品质量无法得到可靠保证。帮扶企业与农户企业之间存在着供应链信息传递不通畅的问题，这将给供应链后端的加工、销售带来缺货风险。

于农户企业而言，存在着收入不稳定的问题，即农业生产的风险自身承担，一旦市场行情较差，帮扶企业减少采购，农户企业可能再次面临生存风险，农户的利益难以得到长期保障；此外，存在帮扶质量不高的问题，农户企业始终处于供应链最初端，在信息不对称的前提下，为了实现自身收益最大化，帮扶企业未必会把所有的产销信息传递给农户企业及生产农户，这就增加了由于信息不对称而支付的交易费用；农户企业的收益与市场反馈未能挂钩，不能充分掌握农产品流通中的全部信息，更不能根据这些信息安排生产，只能被动听从经销商或中间商的安排。加工、销售环节的高利润、高附加值仍为帮扶企业所获得，有违帮扶政策的初衷。

“供应链”模式只是企业与农户或农户组织独立个体之间的交易关系，各自以自身利益为中心，缺乏产权纽带来维系，缺乏统一平台传递供销信息、财务信息等，导致本应多边共赢的企业之间缺乏必要了解，增加了信任壁垒，阻碍了双方发展，农户与企业难以保持稳固的合作关系，长期帮扶也只是纸上谈兵。

（二）“产权链+供应链”叠加模式

1. 供应链企业间的产权关系

随着企业间合作关系的建立，供应链相关企业之间结成了相对稳定的联盟关系。为了进行深入的合作，企业间必然会涉及产权的问题。供应链企业之间通过购买、兼并、新设等方式实现一体化经营，根据控股参股的形式可以把产权关系分成两类：一种是供应链企业中的一方完全占有另一方的产权，通过这种方式形成的产权关系称为产权包含关系；另一种是供应链各方都互相占有对方的部分产权，形成的产权关系称为产权交叉关系。

产权包含关系是指在供应链中处于上下游关系的企业之间的并购和处于平行关系的供应链和供应链之间的并购，要求乙方完全并购另一方的产权，涉及的是企业之间的产权交易。如全资子公司模式和纵向一体化模式，根据产权包含关系，本文将这种模式归为“产权链+供应链”叠加模式。

产权交叉关系是指供应链企业间通过相互投资、相互占有对方的部分产权而形成的产权模式，供应链企业间的交叉持股，使各方成为利益连接体，形成股权共享，本文将这种模式归为“产权链+供应链”共享模式。

2. 农产品“产权链+供应链”叠加模式

农产品的“产权链+供应链”叠加模式是农业产业化的体现之一，农业内部的各企业之间或者企业与非企业之间通过并购把农业不同的生产环节纳入同一产权主体内，是调节各参与主体利益关系的一种利益调节机制和运行机制。如图10-2所示。

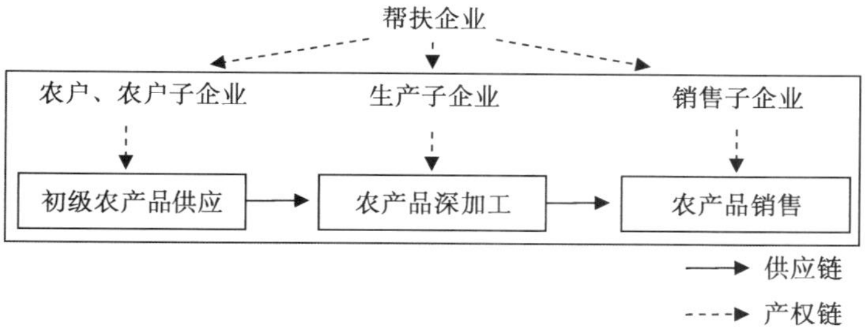

图10-2　农产品“产权链+供应链”叠加模式

3. 农产品“产权链+供应链”叠加模式在产业振兴中的运用

溆浦县“产权链+供应链”叠加模式体现在准纵向一体化模式上，龙头企业将处于一个农产品供应链上的生产、加工、销售三个主体相联结，采取“农户/农户企业+龙头企业+平台”的形式来延长设计的产业链长度，做到产供销一条龙。

东立农特公司投资8000万元打造了溆农优品农特产业园，产业园总建筑面积16000平方米，包括产品开发中心、产品检测中心、农产品精选生产线、GMP标准农产品加工中心、农特产加工生产中心、包装生产线、冷链仓储和配送中心等。东立农特公司将初级农产品生产活动纳入管理范围，收购了相关种植企业，雇用农户从事农业生产以建立相对长期稳定的购销关系。其下辖的桔颂现代农业特色产业园、祥福蔬菜基地、卫民肉类产品科技加工产业园、湘妃关生果酒科技基地、楚之古味红糖产业等基地生产粗加工产品，将农业生产融入自身产业链的初始环节，促进了供应链与生产的结合，实现了后向一体化。其后由产品开发中心负责产品研发，制定产品标准，同时也通过投资近2亿元建立的600多个村级电商服务站向农户和农产品基地采购其他的本地农产品，由产业园进行精加工形成最终产品。销售端上，东立农特公司除了溆农优品农特产业园中的冷链仓储和配送中心，还投资建设了溆浦电商产业孵化基地，实现农产品多渠道销售，实现了前向一体化。东立农特公司自身参与产销环节，形成了供、产、销立体化的经营模式，形成了农特产品物联网生态圈，2020年年收入已突破1.5亿元。

4. 农产品“产权链+供应链”叠加模式优缺点分析

农产品“产权链+供应链”叠加模式优点：“产权链+供应链”叠加模式将市场协调的方式转化为企业内部管理的协调。于帮扶企业而言，在市场信息不对称、契约难以有效执行的情况下可以帮助企业克服交易困难，减少企业交易成本、契约成本、运营成本。由于供应链上的生产环节转化为企业内部管控，后向产品生产时效性与质量能够得到有效保证，不会轻易出现断货之类的现象，减少了上下游企业随意终止交易的不确定性，保证了需求与供给的稳定性。此外，供应链信息内部化一定程度上减少了“供应链”模式下帮扶企业因供应链信息传递不畅可能带来的缺货风险。在后端，帮扶企业能及时获取、整合生产信息；在前端，帮扶企业能更快速获得、消化市场信息，加速供应链信息的传递，调整生产经营活动，使内部控制和协调更优、信息传递更及时、合作企业间的关系也更加稳固。

于农户而言，“供应链”模式存在收入不稳定的问题得到有效缓解，原本自身承担的经营、市场等风险转移至帮扶企业，农户参与生产经营无须自负盈亏，同时农户可以依靠劳动、土地等多种生产要素获得收入，收益的稳定性与质量得到了一定保障。

农产品“产权链+供应链”叠加模式缺点：于帮扶企业而言，首先，农业生产因自身特点原本的经营风险较高，采取供应链纵向一体化使原产权链下不同主体各自承担的风险归集到帮扶企业自身，经营风险陡升，产权链条中的某一环节（子公司）一旦出现经营风险，由于缺乏有效的阻隔机制，极易扩散导致出现全链条“一损俱损”的现象。其次，上下游皆为产权链全资子公司的模式下，企业经营跨度大，企业实行纵向一体化伴随着的规模扩张、结构调整、价值链延长等需要大量投入，先期投入成本高昂，“产权链+供应链”叠加模式获得对供应链有力管控的同时也限制了自身不能借助“股份制”的优势进行扩大再生产，进而受资金规模及成本制约，其产量与产品种类必然受限，很难扩充现有经营链条。

于农户而言，“产权链+供应链”叠加模式虽然为其提供依靠劳动、土地等多种生产要素取得收入的方式，但也同时将帮扶企业与农户的合作一定程度上转变为打工者与公司的关系，缺乏情感纽带维系，并且相对固定的收益也可能导致农户消极怠工，进而造成对生产端的负面影响，会导致企业与农户间不必要的矛盾和纠纷，最终使得帮扶功效不显著。

“供应链”模式下存在帮扶质量不高的问题仍未能得到妥善解决，农户仍处于供应链最初端，虽然农户可以依靠劳动、土地等生产要素多样化收入形式，但农户的收益始终与市场反馈未能挂钩，“产权链+供应链”叠加模式下大部分市场收益、高附加值也同样为帮扶企业所获得，农户不能共享，有违帮扶政策的初衷。

（三）“产权链+供应链”交叉持股的共享模式

1. “产权链+供应链”交叉持股共享模式内涵及特点

“产权链+供应链”交叉持股模式是介于“供应链”模式和“产权链+供应链”叠加模式之间的一种模式，指的是立足于共享经济视角下，基于产权分享的基础，把股份制引入供应链生产领域而形成的一种制度安排，即供应链企业间通过相互投资、相互占有对方的部分产权而形成的产权模式，供应链企业间的交叉持股，使各方成为利益连接体，形成股权共享。

2. 农产品“产权链+供应链”共享股权模式

农产品“产权链+供应链”共享股权模式是其通过股权共享的方式获取供应链上下游资源，诸如农户的劳动、土地等生产要素、深加工企业的高附加值工序、销售方的渠道等。上游供给方农户和下游深加工及销售企业可以入股供应链上的其他环节，可以入股一个或多个，也可以彼此交叉持股。处于供应链上的供、产、销三方，不是完全各自独立，也不隶属同一个产权主体，而是相互共享股权，除供应链外也依靠着产权纽带维系的方式进行着合作。农户、企业、政府、电商平台等多方主体各自可以不同的出资的方式获得股权，由多方共同享有收益的一种模式。股权共享是产业振兴中城乡融合发展重大机制创新的最重要体现。如图10－3所示。

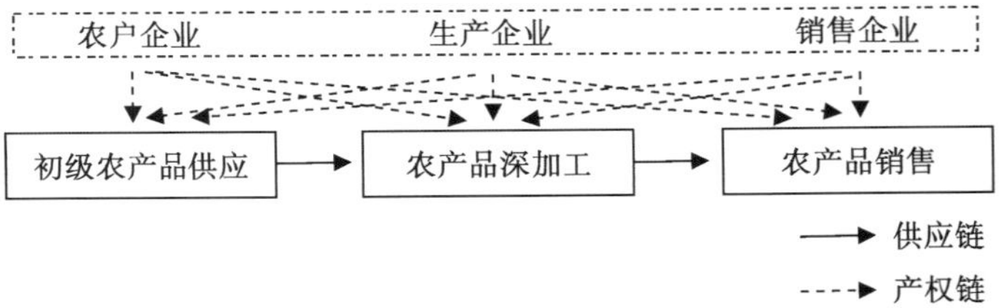

图 10－3　农产品“产权链＋供应链”共享股权模式

3. “产权链＋供应链”共享股权模式在产业振兴中的运用

政府与企业达成委托帮扶项目，引入有意愿合作的、有社会责任感的、讲诚信的和有实力的生产企业、销售企业乃至农业企业参与生产经营。将国家给予特定对象的扶持资金成立农业企业或与有实力的企业合资成立农业企业，农户也可持生产资料入股，该农业企业初始股权归被扶助的农户所有。在项目内，该农户企业与引入的生产企业、销售企业相互共享股权，交叉持股。

湖南凤凰兰科中药材公司是该模式的典型代表，该项目总投资 400 万元，其中财政帮扶资金 200 万元（包括农户帮扶资金 150 万元，企业财政补助资金 50 万元），凤凰兰科自筹 200 万元，凤凰兰科出资的 250 万元占股 62.5%，农户帮扶资金的 150 万元占股 37.5%。前 5 年，每年按财政委托帮扶投资资金不低于 10% 的比例给予农户收益。5 年期满后，农户可以选择继续合作，也可以选择退股。继续合作的与公司同股同利、风险共担；选择退股的，由公司回购股份。通过共享股权的方式获取供应链上游农户的劳动力及资金，本项目实施达产后不但可以促进农村产业化，提高土地的经济附加值，同时有利于促进农民增收、农业增效。从而辐射带动更多的农民科技致富奔小康，使贫困人口发挥他们的自我创造力，变输血式帮扶为造血式帮扶，达到脱贫致富的目的，为建设社会主义新农村奠定基础。

4. “产权链＋供应链”共享股权模式优缺点分析

“产权链＋供应链”共享股权模式优点：共享股权模式作为一种新型帮扶模式，对农民财产性收入的增加和农村产业结构的升级以及农村地区的经济发展具有显著促进作用。总体上大大降低了建设供应链高昂的先期投入成本，并且能够借助“股份制”的优势适时进行全链条扩大再生产，从而打破企业成本限制、盘活资产，使得企业生产资料增加，进而扩大帮扶范围与成果。

供应链上的买卖关系通过产权链的形式加以维系，承继了“产权链＋

供应链”叠加模式下的优势，供应链信息的有效传递有利于减少各环节中市场价格的竞争、降低交易、运营等成本、合理保证产品生产时效性与质量，能够及时调整产业产品结构，实现资源的优化配置，并且能够通过产权链下的股权设计分散经营风险，避免某一环节主体的极端风险“一损俱损”整个供应链与产权链。

于农户而言，“产权链 + 供应链”共享股权模式能够有效化解“三权分置”政策出口。农户拥有的劳动、土地等多种生产要素能够合理转化为股权形式，获取的回报不再是“产权链 + 供应链”模式下的固定收入，而是与市场反馈挂钩的共享收益，使得农户有效增加财产性收入的同时提高了帮扶收入的质量。

农户与帮扶企业成为收益同享、风险共担的命运共同体。“供应链”模式下的农户经营风险自担与“产权链 + 供应链”重叠模式下的经营风险帮扶企业全担的极端得到平衡。农户与帮扶企业处于产权纽带之中，一同承担一定的经营风险，这将使得农户有动力提高自身生产积极性促进生产经营。

此外，具有产权利益关系之间的企业主体多利用信息不对称，通过关联交易、操纵盈余管理、转移资产进行利益输送等手段谋求自身利益最大化，但此类“关联交易”所带来的缺点在实际帮扶工作不明显。一方面，农业帮扶企业和社会资金流向农村开展产业帮扶工作，自身扶农意愿明显，承担企业社会责任是其主要的行为动机，而通过价格调整来从事盈余管理、转移资产等手段谋求经济利益的目的则与其出发点相违背；另一方面，产业振兴工作除了帮扶企业、农户等主体外，政府力量始终参与其中。对于帮扶当地政府而言，改善民生是第一要务，监管帮扶企业行为、切实保障农户收入达到脱贫目标是其主要职能，同时国家层面对于帮扶资金监管力度加大，进而在帮扶工作中发生权钱交易概率极低。

“产权链 + 供应链”共享股权模式缺点：经营管理难度大，农民愿意参股的意识和愿望不强。由于农户文化教育水平较低，在资金、技术、知识、管理等方面存在不足。当发生利益冲突时，农户可能会采取较为极端的方式与公司其他股东抗衡，影响公司的稳定运行。此外，农户“抱团”入股，股东人数较多，股权较为分散，公司管理难度增大，会降低公司的运行效率，影响公司治理效果。

保底分红有争议。现存的土地经营权入股模式的分配机制大致有三类，即“保底分红”“保底分红 + 盈余分红”“保底分红 + 浮动分红”，后两者中的盈余分红和浮动分红是对农民股东二次分红权的不同规定，但是保底分红仍是基础。无论农民股东入股的公司盈利与否，农民都能得到固定的收益。但在企业未取得收益时，为了保障农户的收益而保底分红，可能会对企业的长期可持续发展造成威胁。共享股权模式能解决农户的长期贫困问题。但上述单一的“产权链 + 供应链”共享股权模式仍没能解决“白给”的问题，多数农户仍然无法摆脱强烈的“等靠要”思想，想要真正实现反贫困，“输血”的救济式帮扶绝非长久之计，需要进一步的制度创新。

二、“产权链 + 供应链”共享股权综合平台构建

上述“产权链 + 供应链”共享股权模式作为乡村振兴工作的一大创新，虽然有效承继了“产权链 + 供应链”叠加模式下的优势并且分散经营风险，但其模式内部仍存在着管理难度大、分配机制不完善的显著缺点。而构建“产权链 + 供应链”共享股权综合平台，不仅能对现有模式内部管理问题进行优化，也将促进利益联结机制的进一步完善。

共享股权综合平台是在现有的“供应链”模式和“产权链 + 供应链”模式的基础上，由政府、农业企业、电商平台、社会组织及农户等各方力量共同参与入股的帮扶模式。其中，政府发挥着主导作用，企业、电商平台、社会组织等是具体实施主体。国家财政衔接资金和社会资金投入到农户的资金可以形成部分“产权”，解决以前“白给”局面，消除农民“等靠要”思想，帮助农民形成对产权的正确认知。同时由于社会资金在农村沉淀了部分股权，也会给农产品的销路形成一个长期的“供应链”，使城乡资源融合产生持续性。如图 10 – 4 所示。

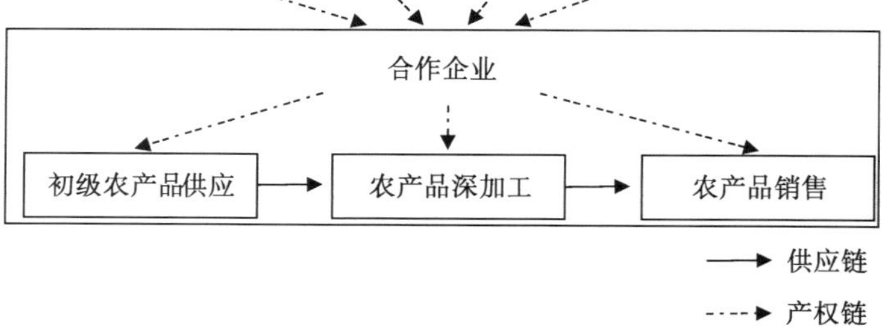

图 10 – 4　“产权链 + 供应链”共享股权综合平台

1. 股权共享主体

首先是强化政府的引导作用，体现在顶层设计，制定相关政策，组织推动产业帮扶项目实施；其次是提供资金支持，中央和地方各级财政通过财政衔接资金和其他涉农资金按一定的比例折价入股企业，形成“爱心股权”，让政府的折价变成农民的溢价。农业企业、电商平台、社会组织等经济主体是实施主体，负责项目生产经营和管理，发展壮大产业，并兑现农户等参与各方的股权收益。此外，有劳动能力的农户也可以通过劳动参与获得工资性收入。

2. 股权共享的资金来源

针对农户发展缺少资金和农民不愿意主动掏钱等问题，积极整合各类资金，激活放大资金使用效应，形成农民稳定增收的长效机制。

政府财政衔接资金入股。政府将各类帮扶、涉农资金量化为农民的股金（补贴、救济、应急类资金除外），在不改变性质及用途的前提下，采取集中投入、产业带动、社会参与、农民受益的方式，集中投入到企业、合作社等经营主体中形成股权。政府折价入股，多出部分作为农民的溢价收入，这是介于捐赠、救济式“白给”和同股同权之间的机制，这种机制能有效带动农民入股。在总价不变的前提下，该形式并不会影响企业法人及其他股东的利益。

农户企业和电商平台资金入股。对于当地的农业企业而言，可以直接以自有资金入股合作公司。对于电商而言，基于目前农村电商各自为政的现象，先以县级为单位，由政府牵头建立统一的电子商务平台，然后这个县级电商平台再以资金入股合作公司。

个体农户多要素入股。个体农户可以“三权分置”政策为出口，用土地、人力或产品等生产资料入股，甚至可以未来的农产品作为期货期权，通过把未来的农产品作为一种预定，形成产权并建立股份合作。

3. 股权共享模式的股利分配

在股东分红方面，为了保障农户每年能够获得一定的股权收益，应采用“保底分红 + 浮动分红”的方式。土地入股时，公司与农户约定好每年每股（亩）保底价，若公司年度有盈余，则在支付保底分红后再进行二次分红，若发生亏损时则只支付保底金额。采用这个模式，不仅能激发农地股份合作社各主体参与积极性，还有利于公司的长期可持续发展。

4. 提高龙头企业带动能力，完善利益联结机制

龙头企业必将成为产业帮扶的主力军，产业帮扶必须发挥龙头企业的带头作用，为提高龙头企业的带动能力，需要做好以下工作：一是完善龙

头企业的准入和退出机制。政府首先要完善准入机制，建立相关的指标体系，如以企业规模、经营能力、社会责任感、企业与产业帮扶项目的吻合度等作为评价标准，精准选择企业，保证参与产业帮扶相关企业的专业性，政府要以市场为导向，给予相关企业政策支持和充分的自主经营权，保证企业参与积极性；政府要完善相应的退出程序，要对参与产业帮扶的龙头企业进行多方面考核，考核内容不仅要注重帮扶的成效，更要看重脱贫的农户是否拥有技能和自主创造能力。二是创新龙头企业的扶持手段，鼓励更多优秀企业参与。全面落实龙头企业的各项优惠政策，加大对龙头企业的扶持力度，特别是在产品的创新和研发、企业专业人才的培养、基础设施的改善和升级等方面给予更多支持。三是对龙头企业实施动态监管，鼓励更多农户入股龙头企业。针对龙头企业的帮扶情况对龙头企业的帮扶政策进行调整，发现龙头企业有损害农户的行为就要取消政策扶持，并进行批评指导，实行动态监管，保证帮扶资金精准到位，农户能够从中受益；农户一直处于利润分配的劣势方，在产业链中一直只是从事初级农产品的供给，可以通过财政支出鼓励农户入股龙头企业，既提高了农户收入，又扩宽了龙头企业获取资金的渠道。

本章参考文献

［1］刘宇翔．欠发达地区农民合作扶贫模式研究［J］．农业经济问题，2015，36（7）：37 －45，110 －111.

［2］徐淑君．供应链企业间的交易成本研究［J］．工业工程与管理，2010（6）：25 －31.

［3］谭涛，朱毅华．农产品供应链组织模式研究［J］．现代经济探讨，2004（5）：24 －27.

［4］凌宁波．电子商务环境下我国农产品供应链运作模式研究［J］．江西农业大学学报，2006（3）：91 －94.

［5］沈慧敏．供应链企业间的产权关系［J］．企业改革与管理，2010（6）：11 －12.

［6］王斌，王乐锦．纵向一体化、行业异质性与企业盈利能力——基于中加澳林上市公司的比较分析［J］．会计研究，2016（4）：70 －76.

［7］白丽，赵邦宏．产业化扶贫模式选择与利益联结机制研究——以河北省易县食用菌产业发展为例［J］．河北学刊，2015（7）：158 －162.

第四篇

城乡金融与财务共享治理模式研究

在乡村振兴战略中，“产业兴旺”是重中之重，实行城乡资源融合是“产业兴旺”得以长效维持的根本措施。城乡资源融合不外乎人、财、物三个要素。在这三个要素中，“财”和“物”是与产业兴旺直接相关的“产权”要素。在城乡产权融合治理中，“物”与“财”的流动往往又不是单一“行动”的，同样需要进行融合。在第三篇中，我们已经研究了城乡资源融合中的涉及“物”的股权融合与共享，本篇将从金融和财务的“财”的角度，以及“财”与“物”相融合的角度继续探索城乡资源融合发展，在乡村振兴中探索金融共享与财务共享治理，实现城乡产权融合共享治理创新，最终达到共同富裕的社会目的。

第十一章　基于城乡融合发展的农村“供应链+产权链”金融股权融资模式创新

在我国农业生产中，信贷约束问题长期存在，制约着农村地区经济的发展和农户收入的增长，是影响乡村振兴战略落地落实的重要因素之一。从近几年政策和文件来看，金融政策方向强调向农村地区倾斜，作为金融帮扶的重要表现形式之一，供应链金融兼有“共享”和“帮扶”的双重含义，是城乡资源融合发展的重要手段和桥梁，将其在乡村产业振兴中进行推广和应用具有十分重要的意义。

一、供应链金融基本理论

（一）供应链金融的基本内涵

经济活动中，中小企业大多处于企业生命周期的初创阶段和成长阶段，需要投入大量现金流量，而内源性融资不足以满足其资金需求。从外源性融资途径来看，鉴于其本身的现金储备少、合格抵质押资产少、经营风险大等天然劣势，以及银行金融机构对其的规模限制和所有制歧视等其他因素，企业申请银行信贷的门槛很高，不得不转向民间借贷和中小企业间资金拆借。但限于民间借贷和企业拆借的短期利益导向和融资成本较高，这种融资模式仅能解决临时性资金短缺，很难支持企业的发展性投资需求。长期以来，融资难、融资贵问题一直是制约中小企业发展的重要因素。

供应链金融的出现为缓解中小企业融资约束提供了重要突破口。作为发展迅猛的新兴金融业态，供应链金融是指以供应链为基础纽带，根据核心企业的资金实力和信用等级对整条供应链上企业进行综合授信，为链条上的企业提供综合性金融服务。供应链金融跳脱了传统银行借贷的单一授信注资模式的局限，借助企业间的信用传递，弥补了核心企业上下游中小企业的信用缺位，提升了中小企业的资信能力，从而系统优化了供应链上企业的融资可得性和融资成本，达到提高整体资金利用效率的目的，提升供应链整体价值（宋华，2016）。而对银行金融机构来说，供应链金融整合了商流、物流、信息流与资金流，扩大了银行获取企业信息的来源，在一定程度上缓解了银企间的信息不对称，综合授信的方式也使得银行能够系统管理整条供应链上企业的风险，减轻了商业银行的不良贷款压力（范方志，2017）。

（二）供应链金融的主要业务模式

供应链金融的参与主体主要为供应链上的核心企业和中小企业、银行等金融机构以及第三方物流。实践中，根据业务发生的特点供应链金融主要分为三种模式，分别是预付账款融资模式、应收账款融资模式和动产质押融资模式（刘圻，2011；张伟斌，2012）。

预付账款融资模式建立在核心企业与其下游中小企业的真实贸易背景下。核心企业作为地位强势的供料方，要求原材料需求方的下游企业尽快支付账款甚至提前支付，造成了下游企业的资金压力和融资需求。在核心企业签订回购合同的前提下，中小企业可以存放在金融机构指定的第三方物流企业处的仓单申请贷款，同时金融机构控制原材料的提货权。这种融资模式能激励中小企业加强库存管理，通过加速原材料的周转减少流动资金的占用，从而降低融资成本（黄秋萍，2014）。

应收账款融资模式建立在核心企业与其上游中小企业的真实贸易背景下。中小企业资金被核心企业无偿占用，较长的营运资金周转期给中小企业带来较大的资金压力。在这种融资模式下，中小企业以未到期的应收核心企业的账款向银行等金融机构申请抵押贷款，同时核心企业承诺反担保，大幅减小了金融机构的信用风险。但郑忠良和包兴（2014）指出，银行应该设置一定的应收账款融资业务检查率和惩罚机制，以有效控制合谋骗贷行为。

动产质押融资模式同样也是基于核心企业主导的企业生态圈的一种融资模式。生产经营中，中小企业的原材料、半成品等存货往往占用了大量流动资金。借助核心企业的担保和金融机构指定的第三方物流的监管，融资企业可以将存货作为质押物，向金融机构出质并申请贷款。除监管存货外，第三方物流还承担着将产品的市场需求信息共享给金融机构的作用。这种融资模式能够有效盘活存货占用的流动资金，解决融资企业的资金缺口，而引入第三方物流企业监管并共享信息也可有效缓解信息不对称，提高融资效率（谭小芬，2018）。

由此可见，供应链金融使资金流向了供应链上的弱势企业，系统提升了链条上企业的资金配置效率和效果，实现金融资源优化供应链。进一步地，供应链金融可以促进企业间良性互动，夯实产—供—销链条，保证供应链的顺畅流转，提升供应链整体价值，同时物流企业也能获得新的利润增长点，实现多方共赢，即供应链运营实现金融增值。

（三）供应链金融是共享金融的一种“帮扶”模式

作为共享经济发展的必然产物，共享金融在金融领域逐渐渗透。所谓共享金融，是指在互联网信息技术的支持下，整合并优化线下金融资源，实现金融资源供需个体的直接匹配。就本质而言，共享金融强调互助互利，而供应链金融则强调强者扶助弱者，进一步可理解为供应链金融是共享金融的一部分。借助供应链金融的支撑，原本贷不了款的企业可以利用整体供应链的信用增级而享受贷款权利，供应链金融成为共享金融的一种“帮扶”模式。

在大数据、物联网、区块链等技术的推动下，供应链金融不断拓宽内涵范畴，进一步整合企业的资金流、物流和信息流，为供应链上所有企业提供综合金融服务，最终使得及时、便捷的金融服务嵌入供应链上企业的日常运作中，实现企业间的金融资源共享（姚余栋和杨涛，2015）。

二、农业供应链金融运用的可能性

在乡村产业振兴战略实施过程中，供应链金融因其分享式信用融资本质和夯实产业链等优势，正好与“延长产业链、提升价值链、完善利益链”的政策导向相耦合。可以说，在国家政策引导和农业农村内在发展需求的助推下，农业供应链金融作为乡村振兴战略的重要实践路径，迎来了前所未有的发展机遇。

（一）相关政策支持

向农村地区倾斜。2011 年 12 月，《中国农村扶贫开发纲要（2011—2020 年）》针对金融服务提出纲领性要求，积极推动金融机构创新贫困地区的产品和服务，尤其是在小额信贷和农业供应链金融等方面进行创新，以拓宽贫困地区的融资渠道，满足贫困农户和农业企业等主体的生产性资金需求，弥补贫困地区的金融服务缺位。2016 年 2 月，央行等八部委联合印发《关于金融支持工业稳增长调结构增效益的若干意见》，提出积极推动应收账款融资的发展，鼓励供应链加入应收账款质押融资服务平台，支持大型工业企业进行产业链金融服务试点，加快产融结合进程。2016 年 3 月，央行等七部委发布《关于金融助推脱贫攻坚的实施意见》，明确推动订单、仓单质押等产业链、供应链金融的发展，推进试点区的农村产权融资业务，以金融帮扶助推精准扶贫的实现。2017 年 5 月，中共中央、国务院出台《关于加快构建政策体系培育新型农业经营主体的意见》，引导金融机构加大对新型农业经营主体、农村产业融合发展的信贷支持，推动生产订单、农业保单融资，解决新型农业经营主体的融资约束问题。2017 年 10 月，《关于积极推进供应链创新与应用的指导意见》进一步明确了供应链金融对实体经济的重要意义，鼓励金融机构和核心企业积极参与供应链金融。自此，供应链金融被纳入国家发展战略。2018 年 1 月，中央一号文件提出创新投融资机制，鼓励更多金融资源投入乡村振兴，加大金融服务向农村地区的倾斜力度，健全农村金融体系。2019 年 2 月，中央一号文件进一步引导银行加大对乡村振兴和脱贫攻坚中长期信贷支持力度，直接表明了金融帮扶对于农村产业发展的重要支持与助推作用。

（二）理论界努力探索研究

尽管农业供应链金融已发展为农村金融帮扶最有效的实现途径之一，但理论界对其的探索研究还不够丰富，尤其是对减贫效应的关注程度尚且不足（郭捷，2020）。现有研究主要集中于模式演进与创新、风险识别与防范以及运行机制与效应三个方面。

在模式演进与创新方面，根据当地农业特点，农户意愿，可引入的农民合作组织、政府、科研机构、担保公司、保险公司、信托公司等参与主体以及互联网信息技术等多种因素，因地制宜地设计农业供应链融资模式和推进创新。宋雅楠（2012）以山东得利斯集团的生猪供应链为例，分析了“企业 + 担保公司 + 农户”融资模式和运行效果，并针对实践中出现的问题探讨了解决途径。李友华等（2013）基于龙江银行的探索实践经验，总结了龙江银行创新推出的五种农业供应链金融模式和六种金融产品，并进行了模式和产品体系推广的经济社会效益分析，其中五里明模式是我国农业供应链金融模式发展成熟的重要标志。邵娴（2013）在现有“菜篮子”产业链基础上，创新性提出以中心批发市场为核心企业，并针对生产和销售环节的不同供应链参与主体设计不同融资模式，实现农业供应链金融模式的推进。常玉栋（2019）基于成本控制和风险管理，提出产品和服务机制的创新方向，为农业供应链金融的进一步演进提供可行性建议。

在风险识别与防范方面，主要从整体视角和微观视角进行研究。一方面，部分学者从整体把控角度系统研究了农业供应链金融的风险种类、风险特征和防控原则。彭路（2015）深入分析了我国农业供应链的主要特征，并由此延伸出农业供应链金融的风险特征分析，在此基础上提出了风险防控的原则，即因地制宜地确定金融支持项目，同时遵循系统论原理进行风险管理。徐鹏（2018）对重庆市东北区农产品供应链金融企业进行了问卷调查，基于结构方程模型检验了农产品供应链金融的主要业务风险，影响程度从强到弱分别为质押农产品风险、资信风险、供应链运行风险、技术风险和法规风险，并相应提出风险防范建议。另一方面，部分学者从特定融资模式、参与主体等微观视角切入，对风险的调控进行了探索。杨军等（2017）构建了农业供应链金融下中小企业的信用评价体系，利用因子分析法和 Logistic 回归模型对银行承担的信用风险进行了有效预测，表明农业供应链运行状况在控制中小企业信用风险方面的促进效应。邹建国等（2019）利用实证方法对比了农业供应链金融和传统银行借贷背景下农户的守约概率，结果显示农业供应链金融能有效降低农户信用风险，从而降低农户信贷门槛。

在运行机制与效应方面，胡国晖等（2013）采用博弈论 Shapley 值法探究了农业供应链金融的收益分配机制，研究论证了农业供应链金融对各参与主体的增收作用和供应链整体收益的促进作用。申云（2018）总结归纳了金融宏微观减贫机制和减贫效应，并结合我国实际进一步推进至农业供应链金融的减贫机制，对农业供应链金融帮扶研究具有重要理论意义。进一步地，申云（2019）实证检验了农民合作社供应链金融信贷对农户减贫的显著作用，同时发现了不同主体领办的农民合作社对不同类型农户减贫效应的异质性，为金融机构更加精准地供给金融信贷产品提供了经验证据。在助力农村产业帮扶方面，冯延成（2018）指出，发展供应链金融是盘活农村生产要素存量的重要途径，要求农村金融机构研发针对农村集体资产交易流转的创新产品，着力推动农村土地等“沉睡”资产融入供应链，加大农村地区的金融支持力度，同时也符合共享金融的目标，农业供应链金融发展成为实现精准脱贫的重要抓手。

基于此，可以发现我国关于农业供应链金融的研究起步较晚，尽管目前已有相当数量的研究成果，但总体来看，其全面性和深入性还可进一步拓展。首先，现有研究多从理论层面阐述农业供应链金融对各参与主体在风险控制、收益提升等方面的优势，但较少考虑到实践时的应用障碍、农户和农业企业参与程度不高的内在机制原因，使得农业供应链金融的优势难以达到理论层面的高度。其次，现有研究对农业供应链金融减贫效应的理论探索和实证检验较少，仅有少数学者关注并提出深化建议。学术界对其减贫效应的关注程度还有待提升，从理论层面助推农业供应链金融在减贫工作领域的应用。目前，农业供应链金融主要依托预付账款、应收账款和动产质押等方式，随着乡村振兴战略的推进，可以进一步拓宽农户和中小农业企业参与农业供应链金融的有效联结物范围，夯实金融服务乡村振兴的作用。

三、农业供应链金融的独特性与现实困境

（一）农业供应链金融与非农供应链金融相比的独特性

1. 参与主体独特

我国农业目前正处于全面推进、重点突破的农业现代化阶段，尽管在长期探索和实践中已取得显著成就，但在当前时期，仍有相当部分农村地区的农业现代化程度不足，农业短板明显。相比于其他非农供应链，农业供应链具有市场分散程度高、农户数量众多的特征。农户位于农业供应链的最前端，限于自身资源禀赋，通常很难形成规模经营，话语权小，是链条上最弱势的参与主体。一方面，银行等正规金融机构对低风险农户的识别难度较高，仅凭借农户的个人信用等级和可抵质押资产，难以从正规金融途径取得农业生产经营所需资金，生产规模受限。另一方面，农户与银行金融机构的信息不对称程度严重，多依靠核心企业向银行传递其长期与农户交易而积累的农户种养能力等方面的软信息，核心企业成为衔接农户和银行金融机构的信息传递平台。而在农业供应链上同处于弱势地位的中小农业企业也相对非农中小企业更为艰辛。一般来说，中小农业企业多位于城乡接合部，实力不济，人才引进优势不强，经营管理规范性差，财务核算不健全，信用等级也较为低下，面临着明显的融资困境。

由此可知，在参与主体方面，农业供应链金融的单个融资主体的融资金额不高，但融资者数量众多，更依赖于核心企业的组织管理能力和长期积累的农户、中小农业企业的软信息，核心企业的优势地位显著，利润分

配权更强。

2. 应用场景特殊

从发展现状来看，与非农产业相比，农业产业设施建设程度相对较低。具体而言，农业产业的集约化和规模经营程度较小，农业生产、价格、流通、储运等配套设施不够完善，农产品同质化竞争严重，农户与买方企业无较强的议价能力，利润空间被压缩。此外，尽管近几年的政策也多次强调科技支撑是战略重点，但目前科技创新还有待进一步强化，以加快推进农业现代化进程。

从运作模式来看，在生产环节，农户限于经济实力，在购买农业生产资料时存在资金缺口，而正规农村金融机构在农村地区占据主导地位，缺乏竞争，再加上农户低收益与高风险的严重不均衡，通常无法满足农户扩大规模经营的资金需求。因此农业供应链金融的设计需在农业生产的初期阶段向数量众多的农户提供小额流动资金。在加工环节，由于农产品生产周期较长，产出时间较为集中，加工企业须在较短时限内向农户支付大量货款，否则农户会因企业拖欠货款而严重影响生产积极性。而这给加工企业带来不小的资金周转压力，更加依赖农业供应链金融中核心企业的信用传递、回购承诺、农业保险等设计。在销售阶段，由于农产品销售周期长，资金回收慢，大量囤积的存货导致了较高的资金成本，经销企业尤其需要农业供应链金融中的存货抵、质押贷款等模式设计融资，保证供应链整体运作畅通与稳定。

3. 风险防控突出

出于依托产业本质特征的不同，与非农供应链金融相比，农业供应链金融的风险预警与防控显得尤为重要。农业最显著的特征是其固有的弱质性，表现在生产周期长、面临市场与自然环境双重风险、抗御风险能力欠缺、投资回报率低、消费弹性小等方面。具体来说，农业产业受到市场供需和自然力的双重支配，一旦遭遇自然灾害，或是市场需求发生重大变化，供应链源头供给困难，生产积极性降低，而农业供应链抵御风险能力有限，极易造成整条供应链震荡，运行难以维持稳定。进一步地，农产品风险会传导引致小农户和中小企业的信用风险。农户对农业高度依赖，同时信用记录较差，其信用风险自然较高。对比非农企业，主营或兼营农产品的涉农企业也会因农产品的弱质性特征而在未来发展、财务状况、企业素质等方面产生更大的不确定性（徐鹏，2016）。正是由于农业产业风险与收益严重不均衡、农户和农业中小企业的合格抵质押物不足，而银行等金融机构的风险厌恶程度较高，多出于审慎经营原则而惜贷、惧贷，最终导致农业金融排斥问题尤为突出，亟待解决。

农业供应链金融的风险防控是一个核心内容，需要设计合适的模式对风险予以控制。如生产环节没有存货抵押，完全基于供需双方长期交易形成的信任与伙伴关系（宋华，2019），是风险是最高的环节，则必须有保险、担保等措施覆盖农业产业风险敞口。又如引入第三方物流企业管理动产质押物，实现商流与物流的分离，并向银行传递验收结果、资产价值评估和市场需求信息，增强风险隔离机制。

（二）农业供应链金融的现实困境

农业供应链金融在本质上是一种共同利益导向的同业监督行为（王力恒，2016）。相比于传统银行—农户信贷模式，农业供应链金融中核心企业的参与降低了银行与农户、中小农企间的信息不对称程度，但新引入的主体也使得供应链上的利益竞争更为复杂，现有农业供应链金融模式还存在以下障碍：

首先是依托的农业产业不利于现有农业供应链金融模式全面推广。一方面，农业最显著的特征是其固有的弱质性，表现在生产周期长、面临市场与自然环境双重风险、抗御风险能力欠缺、投资回报率低、消费弹性小等方面。具体来说，农业产业受到市场供需和自然力的双重支配，一旦遭遇自然灾害，或是市场需求发生重大变化，供应链源头供给困难，生产积极性降低，而农业供应链抵御风险能力有限，极易造成整条供应链震荡，运行难以维持稳定。另一方面，农业产业设施建设程度相对较低，农业产业的集约化和规模经营程度较小，农业生产、价格、流通、储运等配套设施不够完善，导致农产品作为非标准化的产品，产量和质量无法保证，也不能长时间作为存货保存。并且农业具有很强的地域特征，各地现有的专业合作社和农业园区都是在当地以某一特色农业产品为主，其发展程度不一，无法作为主要模式在全国进行普及，因此供应链金融产品设计成为难题。

其次是参与主体之间实力差距导致农户不能直接参与融资，农户与核心农业企业之间的利益分配不合理，存在核心农业企业“精英俘获”的问题。第一，农户作为供应链上最需要资金的主体，但农户自身的实力太弱，在现有的农业供应链金融模式中，贷款均由核心企业或农业合作社统一管理，农户无法进行直接融资，影响农户的参与积极性；第二，供应链上的参与主体都是为了提高自身利益才愿意加入农业供应链金融，当核心企业与农户（或中小农企）都想要更大的收益，那么利润分配是一项很重要的工作，但是核心企业处于优势地位，掌握更多的话语权，核心企业为了利益使用一些不合理的手段造成农户的损失会影响农户加入供应链的积极性；第三，核心农业企业在与农户长期的交易活动中积累了大量农户的生产能力、经济状况等软信息。除了农户以外，农业供应链上还有一些中小农业企业也同样面临着融资困境，中小农企多位于城乡接合部，实力不济，人才引进优势不强，经营管理规范性差，财务核算不健全，在融资时比非农中小农企更依赖核心企业的实力和核心企业积累的中小农企的软信息。因此，在核心企业占据绝对地位的农业供应链中，为了更好地协调与农户和中小农企的合作，核心企业难免会出现“精英俘获”行为：核心企业倾向于扶持禀赋较好、能力较强的农户和中小企业，贫困农户和实力弱小的中小企业无法享受供应链金融带来的利益，将被挤出供应链金融。

最后是参与主体的道德风险导致金融机构参与农业供应链金融的意愿不足。第一，农户整体的素质偏低，缺乏契约意识。当农户违约时，由于银行对农户提供信用担保，所以核心企业将承担农户违约后的部分兜底责任，而农户违约后暂时的收益将增加，虽然无法继续从贷款银行获得贷款，但仍有可能从民间或者其他金融机构获得资金，对于农户来说他们更偏爱当前的利益。由于违约后的惩罚太轻，农户存在侥幸心理，如果农户违约行为的识别成本过高，核心企业难以发现，就会在个人效用最大化动机驱使下出现偷懒、贷款挪用，甚至不履行订单合同等道德问题。第二，中小农业企业的违约率也较高，农产品受自然环境和市场的双重影响，其价格波动较大，中小农企实力不济，当高价收购的农产品价格下调，或是市场低迷，这些中小农企面临着产品滞销、资金无法收回和较大的仓管成本，为了减少损失选择放弃产品的剩余提货权，造成整条供应链的循环断裂。第三，当面对自然灾害等因素造成的严重债务危机时，核心企业也有可能违约，因为核心农业企业相比非农供应链的核心企业，普遍规模偏小，发展水平不够，资金、技术、信用等方面都不十分完备，即使是有规模、资金雄厚的农业企业，他们在生产技术、产品质量和价格等方面的综合竞争力也不如非农企业强大，由于农业供应链金融本质上是一种在共同利益驱使下的同业监督行为，因这类相对不强大的农业企业在对农户和中小企业的同业监督方面能力不足，又要承担农户和中小企业违约后的兜底责任，因此也可能发生违约行为，导致农业供应链金融模式无法维持运作。尽管我国农业供应链金融已有不少发展成果，但目前仍有较多地区农业生产的规模化和集约化程度不高，风险与收益严重不均衡，而农业保险体系、担保体系不健全，银行承担风险程度较高，这成为现有商业银行参与农业供应链金融的数量还不理想的主要原因。再加上金融服务重心在农村地区下沉不足，在垄断的银行市场，银行参与农业供应链金融的机会成本较高，进一步制约着银行参与的积极性。另外，部分地区尚未发展起资本实力雄厚、征信数据完备、财务核算健全的核心企业。相比于优质核心企业，这类相对劣质的核心企业偷懒的成本较小，对小农户和中小企业的同业监督能力较差。在信息不对称和市场不确定性背景下，银行需要广泛搜集和审查信息，审慎判断这类核心企业的金融信用，信任程度相对不足。此外，银行还可能面临第三方物流企业的道德问题。第三方物流对质押物的数量、价值评估以及市场需求情况是银行获取农业供应链信息的重要来源，是隔离风险的有效途径，但是一旦物流企业制度不完善不规范，甚至与核心企业、融资企业联合伪造信息骗贷，银行将面临极高的信用风险。

由于以上种种因素，农业供应链金融的辐射范围极为有限，仍有大部分农户和农业合作社融资困难，农业供应链金融亟待创新。

四、农业“供应链＋产权链”金融股权融资模式创新

目前供应链金融主要基于实际交易活动分为预付账款融资、应收账款融资和动产质押融资三种业务模式，很少有学者从股权化角度探讨融资个体与核心企业的长期产权关系对参与供应链金融的影响。随着提升农户财产性收入政策的提出与践行，可以拓宽农户和中小农业企业参与农业供应链金融的有效联结物范围，不应只局限于预付账款、应收账款和质押的动产，而应该允许农户或中小农企将持有核心企业的股权作为融资依据和紧密农业供应链的手段，强化链条上各参与主体的共同利益导向。

为此，本文试图从股权角度设计出“供应链＋产权链”相结合的农业金融股权融资模式。该模式的设计，有利于进一步加强城乡资源中的“财”和“物”的有机融合，形成城乡融合发展的长效机制。

（一）农业“供应链＋产权链”金融股权融资模式内涵

1. 政府主导提升核心企业资质

传统供应链金融中的核心企业应该是供应链中规模最大、实力最强的主体，对供应链上的物流和资金流都有把控能力，由于核心农业企业为数不多且普遍“资质”不高，有必要通过政府力量提升核心农业的“资质”。由政府出面对农业企业进行考察，确定其作为核心企业的资质，符合资质的农业企业与政府签订协议。降低核心企业的准入门槛，让一些优

质的中小企业也可以作为核心企业加入供应链金融融资模式中。

2. 农业企业向农户开放股权

农业企业开放股权，接受农户以实物资产入股，入股方式主要有四种：第一，以农户自有资金入股；第二，以“三权分置”中的土地承包权入股；第三，以“三权分置”中的宅基地资格权入股；第四，政府财政资金入股企业，其中，让渡一部分股权给农户，构成农民对企业的股权。

3. 农户利用“供应链+产权链”向金融机构融资

传统供应链金融融资主要是通过预付账款、应收账款质押和存货质押的途径进行融资。农户入股农业企业后，“供应链+产权链”为农户在原有基础上增加了一条融资渠道：农户以持有的农业企业的股权作为抵押，向金融机构申请贷款，金融机构将贷款直接发放给农户。这就要求金融机构对当地的农业产业链有着深刻的了解，对农户的生产经营情况、供应链物流和信息流有全面的把控。随着金融服务乡村振兴战略的提出，金融机构应主动承担起支持乡村振兴的社会责任，协调支农目标与盈利目标，加强金融产品创新，开发出农业“供应链+产权链”金融产品。基本结构如图 11－1 所示。

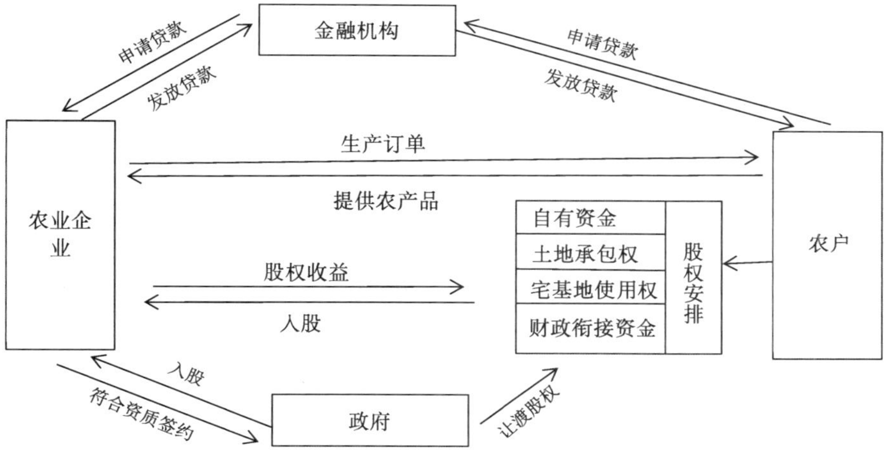

图 11－1　农业“供应链+产权链”金融产品结构

（二）农业“供应链+产权链”股权融资模式的优势

1. “双链”促进城乡资源融合

农业“供应链+产权链”股权融资模式通过股权加强农户与农业企业

的联结，鼓励农户以土地资源入股农业企业，可以将闲置土地资源利用起来，实现土地经营规模化和集群化，一方面推动农业企业的发展，激发农村经济活力，通过延伸产业链融入周边县域经济，加快城乡融合发展；另一方面股权加强农户与农业企业的信用，降低金融机构的贷款成本，缓解农村地区金融排斥和信贷约束，进一步提高了农村金融服务覆盖率、可得性与满意度，激励金融机构持续优化城乡金融要素资源配置，使金融服务下沉农村，为金融支持乡村振兴，促进城乡融合发展提供有力的支撑。

2. 政府保障参与主体利益

农业供应链中由于各方实力差距大，往往发生利益分配不协调的情况，商业银行追求市场利益最大化，农业企业追求自身利益最大化，农户作为供应链上的弱势群体，缺乏议价能力，利润空间往往被侵占。农业“供应链 + 产权链”股权融资模式下，由政府引导商业银行承担支农社会责任，保障农户的利益，核心企业资质由政府审查，符合资质的中小企业与政府签约后作为核心企业加入供应链金融中，促进了对核心企业资质的提升，同时增加了核心企业的数量。

3. 股权连接农户与企业

农业供应链金融依托农业产业链，在传统模式下，上下游参与主体较为分散，主体之间缺失利益连接机制，各主体为了实现自身的最大利润，压缩成本，最终影响产品质量。在“供应链 + 产权链”模式下，农户与农业企业的利益捆绑在一起，农户作为企业股东，企业的生产经营关乎农户自身的利益，而农业企业也必须保障股东权益，股权将农业产业链上的各主体紧密连接起来，将他们之间的竞争转变为合作，使供应链更加稳固并提升产业链整体价值，提高农业生产质量。此外，开放股权有助于企业整合产业链的资源，实现产业规模化、集群化，这样既解决了中小企业资金问题，也解决了资源问题。除此之外，若农户违约，银行会依法处置质押的股权，考虑到这样的结果，企业也会加强对农户的监督，减少偷懒行为的发生。

4. 提升农户参与积极性

现有的农业供应链金融模式中，农户申请贷款后，不能直接获得贷款，而是金融机构将贷款发放至核心企业或农业合作社，由核心企业或农业合作社统一管理贷款，这实际上与真实的供应链金融运作模式相悖。农业“供应链 + 产权链”模式，通过股权增强了农户的融资能力，金融机构直接将贷款发放给农户，真正解决农户融资难和供应链失衡的问题，有效提升农户参与积极性与合作黏性。

5. 打破核心企业“核心”地位

传统模式下核心企业在供应链中占主导地位，“供应链＋产权链”模式由政府对核心企业的资质进行把控，在农业原料采购、生产加工、运输和销售环节有资金需求的中小企业，通过政府资质审查后可以作为核心企业加入农业供应链金融股权融资模式中，这时的核心企业不一定要资产规模最大、实力最雄厚，而只是作为供应链金融产品设计的平台，使更多的产业链主体中小企业加入供应链金融服务中。一方面，农户入股缓解了中小企业自身的资金压力，另一方面，更多企业的加入扩大了供应链金融的辐射范围，惠及更多低风险农户。

五、发展农业“供应链＋产权链”金融股权模式的政策建议

（一）加强农村金融基础设施建设，提高城乡融合发展水平

城乡融合发展离不开金融支持，但城乡金融资源仍存在较大的不均衡，农村地区长期存在着较为严重的金融供给不足，金融限制的缓解需要商业银行的积极作为和政府的参与引导。一方面，加大农村金融基础设施建设投入，通过增设农村营业网点、推动移动支付应用等方式提升农村基础金融服务水平，引导金融要素流向农村；另一方面，鼓励和支持金融机构深入农业供应链中，加大对农村地区的供应链金融服务的提供，突出需求导向，开发针对农业“供应链＋产权链”的股权质押信贷产品，提高信贷产品质量。

（二）健全农村征信体系，改善信息不对称问题

市场经济中信誉或信任是交易的基础。农户受教育程度普遍较低，信用意识淡薄，受传统熟人借贷的影响，农户常常忽视在案记录信用所带来的影响，银行与农户长期存在较为严重的信息不对称问题。因此，应该尽快建立健全农村征信体系，完善相关法律法规，推进农业经营主体信用档案建设，将农户涉及诚信行为的经济活动纳入征信中，引导强化契约意识，营造诚信环境。另外，政府、核心企业与金融机构多方合作，定期在农村举行金融知识宣讲会，或是在与农户交易过程中普及金融知识，加大征信影响力的宣传。

（三）改善供应链环境，强化共同利益导向

农业面临的自然风险与市场风险导致农业供应链上的各主体为了最大化维护自身利益作出不利于供应链整体利益的行为，尤其是相对弱势的农户利益难以保障，影响参与积极性，只有改善农业供应链的运作环境，才能充分调动农户和农业企业积极融入“供应链＋产权链”。首先，要引导核心企业重视农户的主体地位，合理分配剩余索取权；其次，完善农业保险体系，实现多种类、全方位的农业保险覆盖，解决核心企业、农户和金融机构的后顾之忧；最后，充分利用“三权分置”政策，鼓励农户以土地承包权和宅基地资源权入股核心企业，提升农户实力，拓宽农户参与农业供应链金融的有效联结范围，以此强化链条上各主体的共同利益导向。只有真正以利益共同体视角联结各参与主体，才能充分调动农户和农业企业积极融入农业供应链，稳固利益链，扩大农业供应链金融的实际辐射范围。

（四）加大政策扶持力度，降低主体参与门槛

目前农村地区仍是以小农经济为主，多数农户尚未形成规模经营，自身投资实力不足，贫困地区农户更加需要政府政策支持。因此，一方面，政府应该加大对农户的扶持力度，主动通过财政资金加入“供应链＋产权链”中，缓解农户入股资金不足的问题；另一方面，政府在确定核心企业的资质时，适当降低核心企业的参与门槛，放宽对核心企业的资产规模限制，利用政府信用作为支持，吸纳更多涉农中小企业加入。

本章参考文献

［1］宋华，陈思洁．供应链金融的演进与互联网供应链金融：一个理论框架［J］．中国人民大学学报，2016，30（5）：95－104.

［2］范方志，苏国强，王晓彦．供应链金融模式下中小企业信用风险评价及其风险管理研究［J］．中央财经大学学报，2017（12）：34－43.

［3］刘圻，应畅，王春芳．供应链融资模式在农业企业中的应用研究［J］．农业经济问题，2011，32（4）：92－98，112.

［4］张伟斌，刘可．供应链金融发展能降低中小企业融资约束吗？——基于中小上市公司的实证分析［J］．经济科学，2012（3）：108－118.

［5］黄秋萍，赵先德，王志强，梁超杰．供应链管理视角下的企业预

付款融资采纳研究［J］．商业经济与管理，2014（8）：13－25．

［6］郑忠良，包兴．供应链金融应收账款融资的检查率和惩戒机制研究［J］．经济评论，2014（6）：149－158．

［7］谭小芬，张辉．信息不对称下基于回购的供应链金融决策研究［J］．南开经济研究，2018（1）：104－123．

［8］姚余栋，杨涛．共享金融：大变革时代金融理论有了突破点［N］．上海证券报，2015－09－08（009）．

［9］郭捷，谷利月，杨立成．我国农业供应链金融减贫的研究评述及展望［J］．北京交通大学学报（社会科学版），2020，19（1）：106－113．

［10］宋雅楠，赵文，于茂民．农业产业链成长与供应链金融服务创新：机理和案例［J］．农村金融研究，2012（3）：11－18．

［11］李友华，毕家豪．农业供应链金融创新与践行——基于龙江银行农业产业金融创新调研［J］．哈尔滨商业大学学报（社会科学版），2013（6）：54－58．

［12］邵娴．农业供应链金融模式创新——以马王堆蔬菜批发大市场为例［J］．农业经济问题，2013，34（8）：62－68，111．

［13］常玉栋．农业供应链金融的创新机制［J］．社会科学家，2019（8）：42－47．

［14］彭路．农业供应链金融风险的主要特征与风险防范的基本原则［J］．财经理论与实践，2015，36（6）：20－24．

［15］徐鹏．基于结构方程模型的农产品供应链金融风险防范研究［J］．西南政法大学学报，2018，20（6）：128－135．

［16］杨军，房姿含．供应链金融视角下农业中小企业融资模式及信用风险研究［J］．农业技术经济，2017（9）：95－104．

［17］邹建国，李明贤．农业供应链金融视角的农户信用增进研究［J］．财经理论与实践，2019，40（6）：32－38．

［18］胡国晖，郑萌．农业供应链金融的运作模式及收益分配探讨［J］．农村经济，2013（5）：45－49．

［19］申云，张尊帅，贾晋．农业供应链金融扶贫研究展望——金融减贫机制和效应文献综述及启示［J］．西部论坛，2018，28（5）：30－36．

［20］申云，李庆海，杨晶．农业供应链金融信贷的减贫效应研究——基于不同主体领办合作社的实证比较［J］．经济评论，2019（4）：94－107．

［21］冯延成．供应链金融助力乡村振兴［J］．中国金融，2018

(10): 60 - 62.

[22] 徐鹏. 线上农产品供应链金融风险防范研究 [J]. 华南农业大学学报(社会科学版), 2016, 15 (6): 93 - 103.

[23] 宋华. 中国供应链金融的发展趋势 [J]. 中国流通经济, 2019, 33 (3): 3 - 9.

[24] 王力恒. "同业监督"视角下农业供应链外部融资的实现机制研究——基于73家农业企业案例 [J]. 社会科学, 2016 (7): 39 - 47.

[25] Michael Lamoureux. A Supply Chain Finance Prime [J]. Supply Chain Finance, 2007, 4 (5): 38 - 48.

[26] 马九杰, 周向阳, 蒋逸, 张永升. 土地流转、财产权信托与农业供应链金融创新——龙江银行"五里明模式"剖析 [J]. 银行家, 2011 (11): 107 - 109.

[27] 关喜华. "农业供应链金融"模式探索与实践——基于龙江银行农业产业金融创新的调研分析 [J]. 银行家, 2011 (11): 110 - 113, 7.

[28] 苟延杰. 产业互联网视角下农业供应链金融模式创新研究 [J]. 四川轻化工大学学报(社会科学版), 2020, 35 (2): 33 - 52.

[29] 皮上玉. 不同风险分担机制下农业供应链金融利益共享机理研究 [J]. 湖南科技大学学报(社会科学版), 2020, 23 (3): 178 - 184.

第十二章　乡村治理中的共享财务公司模式构建

在乡村振兴战略的城乡资源融合过程中，“财力”资源融合必不可少，各种正式与非正式金融机构被运用到“城乡融合”的进程中。第十一章就农村供应链金融和“供应链+产权链”等农村“共享金融”作了探索，本章将借助共享经济和“共享金融”的理念，借鉴企业集团财务公司和中小企业集群财务公司等现有财务模式，从“非正式金融机构”的视角构建致力于实现城乡“财力”融合的“共享财务模式”，以促进乡村振兴的可持续性发展。

一、共享财务与共享金融理论问题研究

（一）从共享经济到共享金融

1. 共享金融是共享经济的助推器

作为互联网时代的一种新兴经济业态，共享经济是借助互联网平台在不同主体间实现社会闲置资源共享的经济模式。通过对社会闲置资源的再次调配、增进社会福利，共享经济提高了经济发展的规模和效率，成为拉动经济增长的新路径，被列为国家发展战略。而金融作为经济的支撑，共享经济的迅速发展要求金融领域及时配合，共享金融应运而生。在“大智物移云”现代技术的支持下，共享金融突破传统金融模式封闭式发展限制，通过去中介化过程减少金融信息的不对称性，实现金融资源的供求匹配，有效缓解现有金融体系“借短放长”导致的脆弱性，满足共享经济下日益复杂的金融需求。共享金融成为共享经济的重要组成部分，更是共享经济发展的助推器。基于其对社会公众的普惠性，共享金融也有助于增加帮扶人群的金融可获得程度，有效降低融资成本，缓解中小企业和帮扶人群的融资难、融资贵问题，进而推动乡村振兴的进程。

2. 供应链金融是共享金融的单边模式

作为解决中小企业融资问题的重要途径，供应链金融不同于传统的以自身信用条件进行的银行借贷，强调以核心企业为其上下游企业提供信用担保，形成供应链上不同企业间的交易信用传递。借助供应链金融的支撑，原本贷不了款的企业可以利用整体供应链的信用增级而享受贷款权利。就本质而言，共享金融强调互助互利，而供应链金融则强调强者扶助弱者，进一步可理解为供应链金融是共享金融的一部分。借鉴公司治理中的“单边治理”概念，本文提出供应链金融是共享金融的“单边模式”。

在大数据、物联网、区块链等技术的推动下，供应链金融不断拓宽内涵范畴，进一步整合企业的资金流、物流和信息流，为供应链上所有企业提供综合金融服务，最终使得及时、便捷的金融服务嵌入供应链上企业的日常运作中，实现企业间的金融资源共享。

（二）从财务共享到共享财务

1. 企业集团管理下的财务共享

财务共享特指在企业集团化进程加快的背景下，集团内部进行信息汇聚、集中账务处理和财务流程再造的财务转型和组织创新。通过将集团内部分散的财务业务集中于财务共享服务中心进行账务处理，财务共享服务中心模式能为集团成员单位提供统一化和标准化的财务服务，有助于加大管控力度，控制运行成本，满足财务管理趋于集约化的需求，对集团内部产权主体的经营管理效率与效果具有重要意义。

企业集团财务公司是企业集团为实时、便捷地集中管理成员公司的资金，促成改善资金配置、加强风险调控等目的，而创建的集团“内部银行”。作为外部资本市场的有效替代和补充，集团财务公司可视为一个内部资本市场，通过互通成员公司的资金盈余，完成成员公司资金供需的高效匹配，从而增加集团内部有效资金的供给，提高资金利用效率，最终促进集团的快速发展。

上述财务共享服务中心侧重于账务处理和财务服务功能，企业集团财务公司则侧重于资金融通功能。我们可以将两项功能进行进一步融合，形成财务共享下的企业集团财务公司。一方面，集团财务公司被赋予财务共享服务中心职能，统一财务管理；另一方面，作为内部金融平台，集团财务公司可进行集团内部的资金融通，降低交易费用，成员公司能获得较低利率的关系型贷款，进而缓解其融资约束。

2. 企业集群管理下的共享财务

借用财务共享的概念，可以扩大产权主体“共享”的范围，从一个集团内部的共享扩大至不同集团、不同企业之间的共享，我们称之为“共享财务”。“共享财务”这一创新概念与“共享经济”一脉相承，“共享财务”是共享经济的重要组成部分，“共享财务”与“共享金融”相互补充和促进，有利于“共享经济”体系的完整推进。“财务共享”往往存在于企业集群。

企业集群融资是目前中小企业发展的一个重要支持途径，实践中已萌生各种融资形式，理论上学者也对其从融资优势、融资模式、融资机制等方面进行了深入探讨。高连和（2014）从中小企业集群特征切入，提出克解中小企业集群融资“两大矛盾”的有效办法是构建不同类型的、多元化的、有效适用的和完善的中小企业集群融资新模式，其中包括集群财务公司融资模式，是研究中小企业集群融资的代表性理论。该集群财务公司可进行集群内外部的债权和股权投融资，具有“共享财务”的基本特征。通过不同产权主体资源的流动与互补，构建不同企业实体或经济组织共同参与的集群融资平台，成为集群内部的非银行类金融机构，从而创新融资机会的转化机制。

有鉴于此，可以构建一个共享财务下的企业集群融资平台，使得不同主体利益共享。与前述集团内“财务公司”不同，该融资平台是服务各产权主体的“财务公司”，也就是比企业集团更大范围上的“集群内部”的非银行类金融机构，是一个独立的法人。这种共享财务融资模式可以运用到乡村振兴的实践中，企业和村集体凭借供应链整体信用，增加外部融资可得性，同时集群内部资金互动，降低融资成本，借助共享财务带动各主体经济的发展，赋予共享财务服务帮扶的现实意义。

3. 财务共享与共享财务的关系

财务共享聚焦企业集团内部财务资源的共享，产权主体为企业集团；而共享财务则是一个更大的共享服务平台，是不同产权主体之间的产权共享、信息共享和业务共享，能有效地促进资源的流动和互补，实现交易费用和资源配置的整体更优，最终达到不同经济实体间协同利益共享的目的。如图 12－1 所示，共享财务通过产权归属建立起不同企业主体的联结纽带，形成新型产权范式，也是与共享经济、共享金融的主体范畴相匹配的概念。

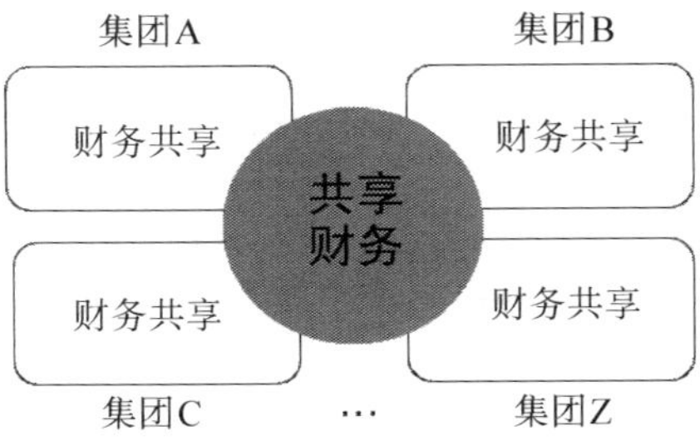

图 12－1　财务共享与共享财务的关系

（三）共享金融与共享财务的融合

1. 共享金融与共享财务的交叉融合

基于以上认识，作为集群内的一个非银行金融机构，一方面，财务公司可为集群内企业提供综合金融服务，是典型意义上的“共享金融”，另一方面，财务公司又具有“共享财务”的所有功能，实现不同产权主体之间的产权共享、信息共享和业务共享；在此，“共享财务”与“共享金融”存在交叉融合。

当然二者还有各自相异的其他功能。因业务性质等原因，共享金融所开展的大多业务具有纯金融、非财务的特性；相应地，共享财务下的财务公司，一方面具有共享“资金融通”的“金融共享”职能，另一方面提供集群内不同企业的账务处理和其他理财服务，充当集群内“财务共享中心”的功能。为方便起见，本文仅对上述共享金融与共享财务的交叉融合领域展开研究。

2. 共享财务的两种模式及递进机理分析

借鉴公司治理中的“单边治理”和“共同治理”理念，本文提出共享财务模式具体包括两种模式，即单边治理模式（农业供应链金融模式）和共同治理模式（共享财务公司模式）。从性质上来说，农业供应链金融模式是链条上的单向的共享（即强帮弱），而共享财务公司模式是一个综合性共享平台，属于网状的共享（即相互间帮助）。从线状到网状、从单边到共同，存在一个递进演变关系。

二、金融帮扶政策的制定和执行

（一）普惠金融

普惠金融是全球范围内广泛运用的一种金融帮扶模式。适用性方面，普惠金融的服务对象覆盖面相对较广，面向全社会所有有金融服务需求的个人和企业，为其提供全方位多元化的金融服务；提供业务方面，普惠金融提供综合性服务，包括存款、汇款、保险、股权和债权融资等金融服务，惠及面广；业务提供者方面，普惠金融的业务提供者包括了银行和非银行金融机构，以及其他零售金融服务提供者（李明贤、叶慧敏，2012）。普惠金融扩大了原有金融体系嫌贫爱富的金融边界，惠及帮扶人群，改善了金融资源配置效率（Hannig 和 Jansen，2010），同时它强调服务对象能力的培训和提升，帮助服务对象完成从被动接受“输血”到主动“造血”的转变。

（二）脱贫人口小额信贷与农户小额贷款

脱贫人口小额信贷是指向脱贫户及监测户（脱贫不稳定户、边缘易致贫户、突发严重困难户）发放5万元（含）以下、3年期（含）以内、免担保免抵押、按人民银行基准利率放贷、财政全额贴息。实践证明，脱贫人口小额信贷引导各地方政府有效缓解了农户贷款难、贷款贵等棘手问题。表12－1是脱贫人口小额信贷的基本特征及相关具体内容。

表12－1　　帮扶小额信贷基本特征

基本特征	内容
贷款对象	管辖范围内有贷款意愿、具备就业创业潜质、技能素质、一定还款能力和守信用的农户
	部分省市还囊括帮扶企业、专业大户和家庭农场等，如广东省的河源市和平县
贷款用途	用于生产经营项目和创收增收项目，不能用于子女上学、自建房屋等非生产经营项目和违法活动
贷款方式	信用发放的方式，免抵押免担保，一次授信，随用随贷，随时归还，实现资金的循环使用
贷款额度和期限	5万元以内，期限不超过3年
	部分省市有所出入，如湖北省的贷款额度为10万元，广东省购买小额信贷保证保险的提升为10万元，涉及帮扶企业的另行规定额度
贷款利率和贴息	同档贷款的基准利率，同时给予财政贴息3年
	部分省市实行3年全额贴息，部分设定某一贴息率

续表

基本特征	内容
风险补偿	县级建立风险补偿基金，根据每年帮扶小额信贷实际投入情况和补偿情况，动态地进行风险补偿基金规模的调整
	认定收不回来的贷款，由政府、承贷银行（如农商行、农行和邮储银行）、担保和保险机构（如有担保或购买保险）按照一定比例承担损失

农户小额贷款是农村信用社或农村商业银行为扶农支农，基于农户个人信用发放的免抵押、免担保的小额信用贷款。农户小额贷款在一定程度上满足了农户个体对种植业和养殖业的生产经营，以及小额生活消费的需求，是目前农村地区一种重要的金融帮扶模式。

如表12－2所示，一方面，从两种金融帮扶模式的联系来看，脱贫人口小额信贷和农户小额贷款的帮扶目标使得它们没有遵循金融运行规律，即非市场导向，机构主体的财务可持续性不够，全靠政府源源不断的财政支持。另一方面，从两者的区别来看，农户小额贷款由农村信用社或农村商业银行自主经营，风险承担主体单一，配套机制建设也不甚完善。相比而言，脱贫人口小额信贷经过更长时间的探索，已经形成较为完善的运行机制，参与主体包括政府、银行、保险和担保机构等，受重视程度和社会参与度更高，事前、事中、事后全程的宣传、引导、风险控制与防范等机制更加健全，满足农民贷款需求。从受益对象角度来说，脱贫人口小额信贷专门针对监测户和脱贫户，精准瞄准性更强，且普遍有3年的全额贴息优惠，借款成本更低，对农户更为有益。从贷款用途来说，脱贫人口小额信贷限定仅能用于生产经营项目和创收增收项目，为农户发展可持续性收入提供了坚实后盾；而农户小额信贷则主要用于种植业和养殖业，由于农业产品受自然因素和市场因素影响较大，因此农户收益和还款的风险也相应较大。

表12－2　　脱贫人口小额信贷和农户小额贷款的比较

项目	内容
联系	都提供小额的无抵押无担保的贷款业务，采取信用发放方式，降低贷款门槛
	都带帮扶性质，不强调盈利和机构财务上的可持续性，属于政府导向性直接“输血”帮扶

续表

项目	内容
区别	农户小额信贷的承贷银行是农村信用社或农村商业银行，脱贫人口小额信贷的承贷银行主要为农村信用社、农村商业银行、农业银行、邮政储蓄银行，配套机制更加完善
	脱贫人口小额信贷普遍有3年的全额贴息，借款利率更低；农户小额信贷一般在1年以内，利率较高
	农户小额贷款用于农户种植业和养殖业的生产经营，以及小额生活消费，而脱贫人口小额信贷面向符合条件的监测户和脱贫户，只能用于生产经营项目和创收增收项目

（三）社区发展基金

作为服务农村居民的一种新型金融帮扶模式，社区发展基金在全国各地的试点中效果显著。在社区自组织基础上，由社区农户自筹或借助政府、非政府组织帮扶形成社区发展基金，向有资金需求和贷款意愿的农户发放小额贷款，帮助农户提升能力，同时结合社区综合发展项目以促进农户和社区的可持续发展（王曙光、胡维金，2012）。借款人仅需获得其所在的5—7户农户组成的联保小组的担保，不需要其他抵押物和担保人。社区发展基金是社区农户所共有的，其运行管理也由农户负责。在这种赋权和参与式帮扶模式下，参与主体逐渐从单一的政府主导向多主体转变，农户的权利意识和发展意识得以激发，从而增加内生脱贫动力，达到从思想观念上改变和方法上教导农户的目的。

（四）内置金融合作社

在实践中，早已有在土地集体所有制下对承包地、宅基地和林地等抵押贷款的较为成熟的经验，但没有银行愿意接受这些抵押物。学者李昌平创造性地提出村社内置金融模式，即受政府资助、专业机构引导、在村社内部由村两委、乡贤和长者建立的资金互助平台——内置金融合作社，允许农民将承包地、林地等资源作为抵押品，获得抵押贷款或变现。2009年河南信阳郝堂村首次试点实验，此后逐步扩大试点范围，目前已取得了诸多可喜成绩。在政策支持方面，2014年文件正式提出农村土地“三权分置”，2016年中央一号文件要求完善土地三权分置，2017年中央一号文件提出落实土地三权分置，2018年中央一号文件提出宅基地三权分置，更是进一步确保了村社内置金融模式的推进。

村社内置金融模式是目前解决农村金融限制问题较为理想的模式。作为政府农村工作的主要抓手，获得了政策性银行的引导资金。利用农村已有的村社组织，如村两委和供销社，村社内置合作金融模式赋予他们再组织农民的新职能，使其充分发挥为农民服务的作用，增加了村社组织的主体性。同时，土地承包经营权和集体所有权可作为有效抵押物实现了产权金融市场化，解决了农户的贷款融资问题。通过“把农民组织起来、把资源资产资金集约经营起来、把产权交易起来”，农村基层组织得以更好地服务农民，农户土地承包权、集体所有权和宅基地等资源被成功放活，有效解决了农村地区金融供给无效和组织供给无效的两大问题（李昌平，2017）。

（五）调研地帮扶政策的执行情况与存在问题

为深入了解农村帮扶，本调研队于2021年12月前往益阳市安化县、怀化市溆浦县以及吉首市凤凰县进行了实地调研，调研形式以问卷调查和走访调查并重。本次调研共计发放问卷200份，回收有效问卷192份，有效率达96%。调研涉及的三个县均为帮扶县，其对乡村振兴共享财务公司的构建具有重要参考意义。

经调研发现，目前三个帮扶县的政策性贷款主要为脱贫人口小额信贷、普惠金融政策和农户小额贷款。参与调研的安化县、凤凰县、溆浦县发放贷款的银行均已建立农户的信用评价指标体系，主要评价指标包括农户信用和农户素质等内容。针对脱贫人口小额信贷，安化县农村商业银行表示，由总行制定年贷额的总体指标，对各农商行发放农户数无具体要求，坚持自主承贷的投放思路和“谁贷谁用”原则。只要农户无不良记录，用于符合产业发展的项目，达到“四有两好一项目”评级授信标准就可发放最高5万元贷款，利率按基准利率执行。而从受惠对象角度来看，通过对部分乡镇干部和农户代表等问卷调查，如表12-3所示，我们发现78.13%的被调查对象都知道或了解脱贫人口小额信贷，普惠金融政策也有40.63%的被调查对象知晓，而农户小额贷款则有21.88%的被调查对象知晓。调研结果表明脱贫人口小额信贷金融帮扶模式的覆盖面相对更广，而其他几种金融帮扶模式在农户间的知识普及程度不高。可能的原因是在农村地区，农村信用社或农村商业银行、邮政储蓄银行等与其他商业银行相比占绝对优势地位，部分信用社工作人员存在坐等农户上门贷款的思想，服务不积极主动，缺乏竞争意识，最终导致宣传工作的失职。

表 12－3　农户所知的其所在地政策性贷款政策

选项	比例
脱贫人口小额信贷	78.13%
普惠金融政策	40.63%
农户小额信贷	21.88%
其他	31.26%

帮扶政策的落实工作也存在不少问题，溆浦县伍家湾村农商行负责人在谈及目前脱贫人口小额信贷的落实工作中遇到的困境尤为感触。(1) 帮扶政策安排与农村实际存在不匹配之处。目前，驻留农村的多为老人和留守儿童，符合“四有两好一项目”条件，同时又有资金需求的农户并不多，而帮扶政策指定了授信率和帮扶金额发放指标，使得贷款实际发放工作面临一定程度的障碍。(2) 政策宣传工作不到位，部分农户仍抱有坐等救济金的错误观念，对脱贫人口小额信贷定位不准，帮扶资金发放信用环境还需改善。(3) 部分农户限于自身的知识储备与判断能力，其投入产业的资金投资回报率并不高，甚至失败的风险比普通投资者更大，难以偿还贷款本金，有悖于帮扶资金的初衷。

农户小额信贷方面，从表 12－3 来看，部分农村地区对农户小额信贷的知识普及程度不高，从源头上制约了其对农户的金融扶持作用，反映出承贷机构宣传意识的淡薄和支农工作的不到位。此外，贷款资金多用于非生产经营性项目，并未形成可持续性的收入，一旦帮扶资金断源，农户也就再次陷入贫困，完全属于直接输血式金融帮扶。这种帮扶模式并未真正松动农户贫困的土壤，同时也使得商业银行等金融机构缺乏帮扶的内生动力。

普惠金融方面，受限于贫困户的经济机会和禀赋差异，简单提高其金融可获得性并不能显著发挥减贫作用，且金融知识的匮乏也使得贫困人群无法有效利用金融服务。

本次调研地并未采用社区发展基金和村社内置金融模式，但从收集资料来看，这两种模式也存在较大问题。

社区发展基金方面，由于这种模式下启动资金多来自非政府组织，政府资助资金占比小，社区自身积累不足，资本量的不足导致社区发展基金的规模较小，能提供的贷款额度也就较小，难以完全满足农户贷款需求。此外，村民能自主运行管理社区发展基金，但涉及生计发展的综合项目主要由非政府组织推动，一旦非政府组织撤出，社区发展基金的可持续性会受到影响。另外，青壮劳动力多外出务工，从剩余农村居民中选出的管理小组成员大多受教育程度低，组织管理能力不强，对其的培训成本较大。

内置金融合作社方面，尽管其具有理论上的优越性，但在现实探索中仍存在两个显著问题：一是内置金融合作社易被某些单位当作非法集资而受到抵制，从而限制了村社内置合作金融模式的发展；二是村民的互助金超过了贷款需求量，多的互助金只有返还给村民。不解决这两个问题，资源资产资金的利用效率难以提升，村社内置金融模式的帮扶减贫效果难以扩大。

三、农村产业振兴共享财务公司模式推行的必要性与可行性

（一）农村产业振兴共享财务公司模式推行的必要性

从调研结果可以看出，目前农村地区金融帮扶模式的效果不太理想，对建档立卡户和其他类型农民积极利用帮扶政策的引导尚且不足，金融限制问题仍然存在。具体而言，如表 12－4 所示，当农户有资金需求时，大部分选择使用自有资金、私人借贷和非帮扶性质银行贷款，占比分别为 50%、34.38% 和 9.38%，而利用帮扶贷款的只占被调查对象的 6.25%。这直接显示出了目前农户对相关帮扶政策的了解和利用程度过低，有关政府部门和银行机构的宣传工作也不到位，帮扶政策所达到的切实效果不足。

表 12－4　　　　农户倾向选择的筹资来源

选项	比例
自有资金	50%
私人间借贷	34.38%
非帮扶性质银行贷款	9.38%
帮扶贷款	6.25%

在帮扶资金的使用用途方面，如表 12－5 所示，农户主要利用帮扶资金来满足生活消费、子女上学和自主创业的需要。前两项用途仅仅把帮扶资金当作货币性资金，并未形成可持续性的收入，一旦帮扶资金断源，农户也就再次陷入贫困，完全属于直接输血式金融帮扶。这种帮扶模式并未真正松动农户贫困的土壤，同时也使得商业银行等金融机构缺乏帮扶的内

生动力。要成功实现脱贫并有效防止返贫，创造可增值的可持续性收入是必不可少的，而目前在自主创业这一用途的比重仅为14.29%，还需进一步增加。

表12－5　帮扶资金的使用用途

选项	比例
生活消费	57.14%
子女上学	28.57%
自主创业	14.29%

因此，需要构建一个具有帮扶性质和优惠政策的新型金融机构——农村产业帮扶共享财务公司来解决农业企业和农户的贷款需求，引导其充分利用帮扶政策。一方面，共享财务公司可以进一步满足农户投资贷款的需求，使农户更好地利用国家给予的政策优惠，同时获得可持续的财产性收入，防止隐形贫困。另一方面，可以解决农业企业的投融资问题。借鉴企业集群原理，该共享财务公司可以周转企业盈余资金，化解借贷差价问题，企业间借贷仅用付内部资金拆借差价。

（二）农村产业振兴共享财务公司模式推行的可行性

1. 农户调研结果

从调研结果来看，如表12－6所示，有68.75%的农户表示愿意投资入股一家很有前景的企业，15.63%的农户不愿意投资，剩下15.63%的农户视情况而定。在使用帮扶政策贷款筹集资金方面，59.38%的农户表示愿意使用，不愿意和不清楚的农户则分别占比25%和15.63%。而在将自有闲置资金和帮扶贷款资金放于公司统筹管理方面，则分别有46.88%和59.38%的农户表示愿意。结果表明农户对投资入股企业这一做法接纳度较高，理财意识比较强，存在引导其利用帮扶资金和自有资金投资本文拟构建的农村产业帮扶共享财务公司的可能。

表12－6　农户对投资企业的相关意愿

项目	选项	比例	项目	选项	比例
投资很有前景企业的意愿	愿意	68.75%	使用帮扶贷款政策筹集资金意愿	愿意	59.38%
	不愿意	15.63%		不愿意	25.00%
	不清楚	15.63%		不清楚	15.63%

续表

项目	选项	比例	项目	选项	比例
将自有闲置资金放于公司统筹管理意愿	愿意	46.88%	将帮扶贷款资金放于公司统筹管理意愿	愿意	59.38%
	不愿意	28.13%		不愿意	21.88%
	不清楚	25.00%		不清楚	18.75%

如表12－7所示，农户在作出投资决策时，主要考虑预期投资收益高低、自有资金规模、村委干部和同村人的建议，其中预期收益和自有资金规模的重要性达半数及以上。此外，还有9.38%的农户会选择入股自己所在的公司。结果说明，农户会在利益驱动下进行投资，同时参考村委干部和同村人的建议。由于农户的致富意愿和自身发展能力尚且不足，需要必要的引导，以避免其误投滥投，低效利用帮扶资金。

表12－7　　　　农户投资决策时的考虑因素

选项	比例
预期投资收益高低	68.75%
自有资金规模	50.00%
村委干部和同村人的建议	40.63%
作为企业员工入股	9.38%
其他	3.13%

另外，未列表调研结果显示，在股权投资时，84.38%的农户要求股息预期收益要高于银行利率；93.75%的被调查对象倾向于每年分红，21.88%的农户在当年分红较少时会选择撤资。

如表12－8所示，农户不愿意投资的原因主要有三个，其中，认为投资风险较大，对财务公司信心不足是主要看法，占比65.63%，46.88%的农户因为不了解投资程序而拒绝投资入股，43.75%的农户会更愿意把钱掌握在自己手中。对于前两种心理，加大对农户的宣传力度，让农户尽可能理解投资程序的风险和收益，了解共享财务公司可在政策性担保下为其带来持续经济利益，那么农户参与共享财务公司的可能性是较大的。

表12－8　　　　农户不愿意投资入股的原因

选项	比例
认为投资风险较大，对财务公司信心不足	65.63%
不了解投资程序	46.88%
更愿意把钱掌握在自己手中	43.75%

2. 企业调研结果

从表 12 -9 所示的企业调研结果来看，大部分企业是愿意参与到农村产业帮扶共享财务公司这个帮扶平台的。债权方面，80.95% 的受调查企业均表示愿意接受向某一帮扶平台贷款以解决资金需求，同时在企业资金有盈余时贷给帮扶平台，而 19.05% 的受调查企业表示仅愿意向该金融机构借钱；股权方面，14.29% 的受调查企业表示仅愿意接受帮扶平台的入股，9.52% 的企业仅愿意入股帮扶平台，而有 76.19% 的企业表示两者都可接受。结果表明通过帮扶平台来实现各企业资金的融通是切实可行的。

表 12 -9　　企业是否愿意参与帮扶平台

项目	选项	比例
债权方面	都愿意	80.95%
	仅愿意向该金融机构借钱	19.05%
股权方面	都愿意	76.19%
	仅接受金融机构的入股	14.29%
	仅愿意入股金融机构	9.52%

企业通过借款/入股财务公司或接受财务公司的借款/入股，积极参与乡村振兴大业中，承担了一定的社会责任，树立了企业的良好形象，有利于更好地发展企业产业。但同时，考虑到自身财力、精力有限和风险因素，大部分企业也要求有政府背书和保险公司担保、共享财务公司投资的市场项目要有前景符合产业政策，部分企业还具体要求了产业项目带头人无不良信用记录、个人负债率低于某一数值。

小部分企业提出不太愿意参与该帮扶平台。凤凰县的周生堂生物科技有限公司董事长周祖辉认为，产业经营应完全遵循市场导向，而该帮扶平台有政府力量参与，在一定程度上影响甚至是妨碍企业的自主经营和积极进取，因此拒绝农户和共享财务公司的贷款或入股。但在调查结果中，大部分不太愿意参与的公司代表持有相对中立的观点。由于农户多目光短浅，能力有限，会妨碍管理，反对企业一些长期见效的措施。如果在坚持公司自己的控制权前提下，可以接受村集体入股，但不接受农户个人入股。按照这种观点，以财务公司入股或贷款的做法也是可行的。

针对共享财务公司的土地入股方式，溆浦县的湖南万木春油茶发展有限公司的负责人表示，可接受租赁农户的荒地、优先为其提供劳动机会。这表明了土地入股形式参与到帮扶平台中的现实性。

四、农村产业振兴共享财务公司模式构建

（一）基本框架与内涵

充分借鉴企业集团财务公司和企业集群财务公司，结合产业帮扶的特定研究内容，构建农村产业振兴共享财务公司模式。具体内容如图 12－2 所示。

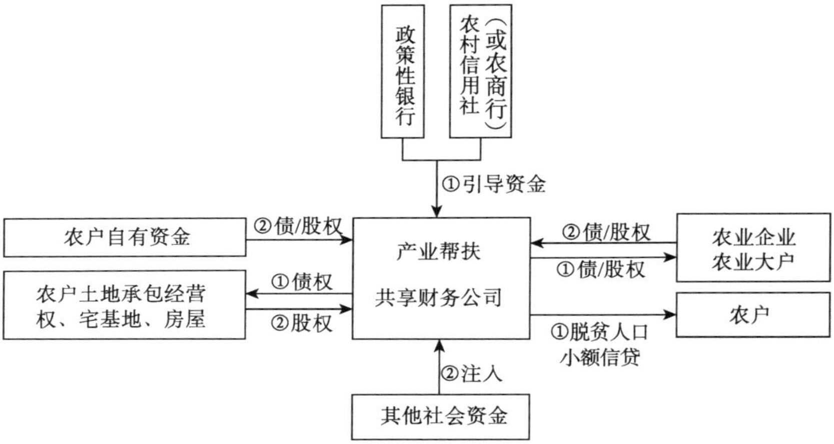

注：①表示帮扶模式的资金运动　②表示商业模式的资金运动。

图 12－2　农村产业帮扶共享财务公司模式基本框架

第一，政策性银行和农村信用社或农商行在政府授权示意下合资形成一笔“种子资金”，作为控股股东引导县域内创建产业帮扶共享财务公司。第二，鼓励农户积极参与产业帮扶共享财务公司模式。一种方式是将自有资金以债权或股权方式投入共享财务公司，获得利息或股息；另一种方式是以农户土地承包经营权、宅基地和房屋作为抵押物，向共享财务公司贷款，或作为资本入股共享财务公司。第三，共享财务公司将筹集的资金汇聚为一个资金池，贷给或入股当地带动力强、在产业链中处于优势地位或具有强劲发展潜力的农业企业和农业大户；农业企业和农业大户也可将盈余资金反向借款或入股共享财务公司，促进资金融通。第四，可将脱贫人口小额信贷和农户小额信贷整合为脱贫人口小额信贷，并统一由共享财务公司放贷给有需要的农户。第五，随着共享财务公司的发展壮大，可引入其他社会资金。

共享财务公司并非民间非正式金融组织，而是专业正规的、有政府力量参与的区域金融创新形式。较强的政策性使得共享财务公司不会受到商业利益的驱使而出现“精英捕获”现象，始终以帮扶为目标。作为一个内部金融市场，共享财务公司汇聚了政策性银行、农信社或农商行、农户、农业企业和农业大户的资金，广泛的资金来源渠道保证了共享财务公司充足的资本量。在村社内置模式的成功经验下，将农户土地承包经营权、宅基地和房屋纳入共享财务公司模式也是没有政策障碍的。

农户可将资金投入共享财务公司，提高资金利用效率，避免个人对资金的有偏和低效利用。从产业股权化视角来看，农户与共享财务公司建立起长期产权关系，增强了农户的信心，有助于缓解内生脱贫动力不足问题。同时，鉴于帮扶地区企业的现金少、资产少、风险大等天然劣势、银行金融机构对其的规模限制和所有制歧视等其他因素，企业信贷门槛很高，通过银行信贷等外源融资途径很难满足内部发展的资金需求。而共享财务公司可作为一个有效的组织载体，发挥内部融资机构职能，便捷、高效匹配各集群成员的资金供需，提高资金的灵活性和针对性，增加整体资金的边际收益，从而增创区域性收入。

我们认为，可将两项小额信贷合并为脱贫人口小额信贷，所有农户均可享受，同时把帮扶信贷政策优惠从农信社、农商行、农行等银行机构中剥离出来，由共享财务公司执行，继续支持农民整体可持续发展。农户获得贷款后可以用于生产经营性项目，也可转化为自有资金进行价值型投资，促进农户创收增收的可持续性。

随着共享财务公司的发展壮大，可以进一步扩大资金来源，引入其他社会资金。参与方式按市场模式，而非强制要求社会资本帮扶，完全与政策性帮扶分隔开。财政贴息等政策优惠完全由政府承担，共享财务公司内部资金调度可以整合，但财务处理是区分帮扶资金和商业资金的。如此，在保持帮扶目标的同时，共享财务公司可兼具商业盈利性。

（二）营运目标与经营模式

不同于一般的企业集团财务公司和企业集群财务公司，共享财务公司的营运目标具有多元化性质。一方面，从构建初衷出发，共享财务公司是为帮扶目标所服务的，希望借此平台引导农户投资共享财务公司而获得财产性收入，同时实现农业企业和农业大户的资金融通，满足资金需求。另一方面，现代金融的核心是商业性，共享财务公司作为现代企业的一部分，也应关注自身收益目标。

共享财务公司的经营模式兼具帮扶资金与商业资金的运作，同时两条资金链间有隔火墙。将政策帮扶功能与商业盈利功能分开，在涉及政策优惠时仅由政策性资金链负担，执行帮扶功能，包括的资金运作在图 12－2 中用①标注；而涉及农户、农业企业、农业大户和外部资本债权或股权投资时，以盈利为目标，执行商业盈利功能，包括的资金运作在图 12－2 中用②标注。两条资金链可进行资金融通，但需进行财务划分。只有保持组织的商业可持续发展，找到政府引导与市场运作的平衡点，而不仅仅依靠政府的财政支持，才能实现整个共享财务公司的安全平稳运行与可持续发展，达到主动“造血”的目的。

（三）对现有金融帮扶模式的推进

相比于现有模式，本文拟构建的农村产业帮扶共享财务公司模式在以下方面推进了现有模式。

第一，整合了脱贫人口小额信贷和农户小额信贷。由共享财务公司接替原承贷银行的帮扶工作，将脱贫人口小额信贷和农户小额信贷整合为一项小额信贷，并继续执行脱贫人口小额信贷的功能，对帮扶贷款政策提出了创新性建议。通过这种整合，信用贷款可由同一家金融机构负责，统一了放贷标准，有利于信贷发放工作的执行和效率的提高。

第二，超越了社区发展基金和村社内置金融模式。首先，政策性和权威性更强。村社内置金融模式易被当作非法集资，而共享财务公司模式的政府色彩更加强烈，直接由政策性银行和农村信用社控股，同时结合了帮扶惠民政策，被误认为非法集资的可能性较小。其次，主体范围更大，可抵押物更多。共享财务公司模式的主体还融合了农业企业和农业大户，社会参与度更高，且是全方位的共享，可抵押范围更大，包括所处供应链的增级信用。再次，资金调动更广。社区发展基金规模小，村社内置金融模式资金进出的途径也比较少，当筹集互助金超过贷款规模时，多出部分只能返还村民。而共享财务公司可全方位调动资金，资金来源更广，服务对象更多，是一个提供更综合金融服务的平台。最后，共享财务公司兼具帮扶和盈利目标，但两者又是分割的，解决了完全市场导向型企业被迫参与帮扶之忧，商业可持续性更强，有利于人才引进。

第三，融入了产业集群融资优势和资源资产资金的股权化利用。产业集群财务公司通过集群内部企业互通资金盈余，减少交易费用从而提高融资效率，但并未与帮扶相结合。而共享财务公司兼具帮扶意义和投融资效率。投融资效率的提高促进了区域经济的发展，农户入股共享财务公司获得的收益也就更多，即农民通过对其资源资产资金的股权化利用实现了减贫。

因此，与现有金融帮扶模式相比，农村产业帮扶共享财务公司模式不仅整合了脱贫人口小额信贷和农户小额信贷，而且融入了前述金融帮扶模式的优势，加强了帮扶功能，实现了金融帮扶模式的创新和超越。

本章参考文献

［1］庄天慧，陈光燕，蓝红星. 精准扶贫主体行为逻辑与作用机制研究［J］. 广西民族研究，2015（6）：138－146.

［2］郑联盛. 共享经济：本质、机制、模式与风险［J］. 国际经济评论，2017（6）：45－69，5.

［3］蔡朝林. 共享经济的兴起与政府监管创新［J］. 南方经济，2017（3）：99－105.

［4］董啸天，张梦冉. 共享金融：国内外述评、发展演变与最新进展［J］. 理论学刊，2016（6）：81－85.

［5］潘锡泉. 共享金融支持精准扶贫的创新机制研究［J］. 农村金融研究，2018（2）：61－64.

［6］Wandfluh，M.，Hofmann，E. and Schoensleben，P.，Financing Buyer－Supplier Dyads：An Empirical Analysison Financial Collaboration in the Supply Chain［J］. International Journal of Logistics Research and Applications，2016，19：200－217.

［7］姚余栋，杨涛. 共享金融：大变革时代金融理论有了突破点［N］. 上海证券报，2015－09－08（009）.

［8］何瑛，周访. 我国企业集团实施财务共享服务的关键因素的实证研究［J］. 会计研究，2013（10）：59－66，97.

［9］袁琳，张伟华. 集团管理控制与财务公司风险管理——基于10家企业集团的多案例分析［J］. 会计研究，2015（5）：35－41，94.

［10］吴秋生，黄贤环. 财务公司职能配置与集团成员上市公司投资效率［J］. 经济问题，2017（7）：103－112.

［11］高连和. 中小企业集群融资新模式论［M］. 北京：中国金融出版社，2014：50－55.

［12］李明贤，叶慧敏. 普惠金融与小额信贷的比较研究［J］. 农业经济问题，2012，33（9）：44－49，111.

［13］王曙光，胡维金. 社区发展基金与金融反贫困［J］. 农村经济，

2012（2）：10－14.

［14］李昌平．中国乡村复兴的背景、意义与方法——来自行动者的思考和实践［J］．探索与争鸣，2017（12）：63－70.

［15］申云，张尊帅，贾晋．农业供应链金融扶贫研究展望——金融减贫机制和效应文献综述及启示［J］．西部论坛，2018，28（5）：30－36.

［16］范方志，苏国强，王晓彦．供应链金融模式下中小企业信用风险评价及其风险管理研究［J］．中央财经大学学报，2017（12）：34－43.

第十三章　基于乡村振兴的财务共享治理研究

经济全球化和大数据技术高速发展的背景下，财务战略转型势在必行。20 世纪 80 年代欧美企业五百强开始财务转型成立共享服务中心，中国大型企业集团也随之转型，推动了中国企业财务共享服务的高速发展。财务共享中心较于传统财务运作有着不可比拟的优势，如大幅度节约财务成本、提高管理效率、增加信息透明度等。同时，政府财政资金管理面临层层困难和挑战。其中，乡村振兴项目的资金管理问题突出，如虚报、冒领、截留、挤占、挪用财政专项扶贫资金现象频发，“到处都缺钱”和“资金睡大觉”的矛盾屡现。其重要原因在于缺少有效的基层财政财务管理平台与机制，从而导致资金管理权界定不清、资金使用信息不透明，效率不高、监督不够。恰逢乡村振兴战略发展之际，若能借鉴企业在共享中心构建方面的成熟经验，搭建乡村财务共享中心平台，不仅能实现政府财务战略转型，更是创造性地开启政府财务管理新篇章。

一、乡村财务共享模式应用的重要性

乡村集体资产来源包括了村集体资产、上级专项资金及补助收入、社会捐赠资金、集体资产处置收入、经营性收入、一事一议资金等，其中政府拨款为主要渠道。由于农村集体资产管理的社区性及成员关系的复杂性，主要委托村干部代理记账，随着我国“三农”资金投入的增加，现实中涉农资金的发放、使用、核算与管理已难以满足农村发展的需求。涉农资金、扶贫资金等专项资金资出多门、投向分散，难以形成连片开发效应（吕翠丽，2018）；收入体外循环、账外账和小金库现象严重（李叶，2021）；资金使用与管理过程报账流程不规范（杨光勇，2018）；资金虚报、冒领、截留、挤占、挪用现象频发（谢艳云，2018；李斌等，2019）；村级政府“到处都缺钱”和“资金睡大觉”的矛盾屡现（宋美喆，

2018）。以财政衔接推进乡村振兴补助资金管理为例，目前我国财政衔接资金由各级财政专项拨付，实行归口管理，最终下拨至贫困村村级账户或农村会计代理中心代管资金专户，村居（社区）委员会拥有资金使用权，村会计负责记账报账，乡村振兴局、农业、林业、财政、审计等部门负责监管和审计，并通过政府门户网站、政务服务平台等载体进行公开公示。在层层监管下，村级财政衔接资金管理仍存在较大漏洞，以郴州市宜章县为例，2017—2019 年全县 246 个村实施扶贫项目 1257 个，共安排项目资金 429370744.8 元。截至 2020 年 5 月 22 日，已完工项目 1163 个，已使用项目资金 414047791.8 元；审计发现问题共 1699 个，涉及问题资金 100396775.34 元，占已使用项目资金的 24.2%。其重要原因在于基层缺少有效的财政资金财务管理平台与机制，集体资产管理及资金使用信息传递与沟通不畅，导致资金管理权界定不清、资金使用信息不透明，效率不高、监督不够，因此构建一个数据共享的财务信息管理平台就尤为重要。

面对基层财政财务管理不规范的问题，需要立足于当前云计算、大数据和区块链等新一代信息技术发展，建立实质性的财务公开机制，通过强有力的内外部监督，规范涉农资金和集体资产的管理与使用。针对目前不同乡镇财政财务信息管理系统不健全不统一的现实，可参考企业集团财务共享服务模式，在股权共享综合平台——这一新型乡村财务主体建立乡村财政资金共享中心，以提高财政资金和村集体资产使用效率，解决涉农资金管理信息不透明、腐败和非常损耗严重等问题，其优越性主要体现为以下三点：

第一，解放基层会计劳动力，降低人工成本。将原本分散的、重复的基础性会计核算业务转移到共享中心完成，提高简单业务的处理效率，同时也有效避免了重复投入政府会计信息系统的建设成本，压缩了低素质财务人员的数量，从而不断降低人工成本，提高管理效率。

第二，提高乡村财政资金的使用效率。乡村财务共享以产业扶贫共享为例，构建以县级为单位的产业扶贫共享中心通过费用报销自动支付化流程（邵新智，2016），能够有效盘活闲置资金，提高财政资金的使用效率、缩减手动输入报账单的时间、解决部分实物票据异地管理难的问题，同时也做到了全透明、可审查，实现了“让信息多跑路、群众少跑腿”。

第三，加强对乡村财政资金的集中管理。将乡村财政与财务共享中心相结合，在一定程度上能够推动内部控制建设的成效，增强资金的集中管控能力。财务共享中心通过构建资金与核算的集中管控形式，集中了报销和核算，从而实现资金收支全流程监管、强化财务信息准确性和资金支付安全性、提高财政资金使用的高效性。

综上可知，乡村财务共享中心的构建具有坚实的现实基础和理论基础。一方面，当前我国企业财务共享服务模式发展日趋成熟，已经取得了不少显著成就，通过研究现有业务构建流程和风险管控等为乡村财务共享中心提供了坚实有力的基础。另一方面，我国乡村财务共享机制的建设具有强大的政策和技术基础。2021 年农村地区互联网普及率为 57.6%，大部分乡镇政府人员具备电脑操作能力，实现线上资产管理系统、财务核算系统和财务监管系统的应用。2022 年 2 月 23 日，财政部等部委联合组织召开电子凭证会计数据标准试点启动会，旨在通过智能化电子凭证系统，实现政府机关、交通系统、银行及企业之间的对接直联，切实解决企事业单位电子凭证电子化报销、入账、归档难等问题，助力国家数字经济发展。这为我国实现行政事业单位基于交易性平台的购销业务、费用报销业务等全流程业财税票档全流程电子化、无纸化、智能化处理提供了政策支持，为我国乡村财务共享平台构建打下了扎实的技术基础。

二、乡村财务共享服务中心的职能定位

财务共享服务是指分支机构较多的集团性组织将分散在各成员单元的同质化、重复性和易于标准化的财务工作剥离出来进行集中处理，为成员单位提供财务相关服务。其最初的功能即为一个集成化的报账和核算中心，主要是依托信息技术，以财务业务流程处理为基础，以优化组织结构、规范工作流程、提升管理效率、降低运营成本和创造服务价值为目的，将不同地域、不同法人、同一时间范围内的会计业务拿到一个平台来统一报账、统一核算和报告，从而保证会计记录和报告的标准规范和结构统一。

具体做法如图 13 - 1 所示，在集团性组织内部成立一个财务共享服务中心（FSSC），将财务数据采集、处理、应用的责任清晰区分归属到三类组织。一是业务部分的数据采集职能。通过业财系统集成与报账实现，源数据的质量责任归属采集它的业务发生部门。二是财务共享服务中心的会计处理系统。通过原始凭证的扫描和双屏稽核，由财务共享服务中心审核、自动记账、形成定制财务报告，并对这些财务数据的质量负责。三是财务管理岗位的数据应用职能。具有相关权限的财务管理岗在财务决策分析中调用各类数据（包括财务共享服务中心提供的数据），并对其分析结论负责。

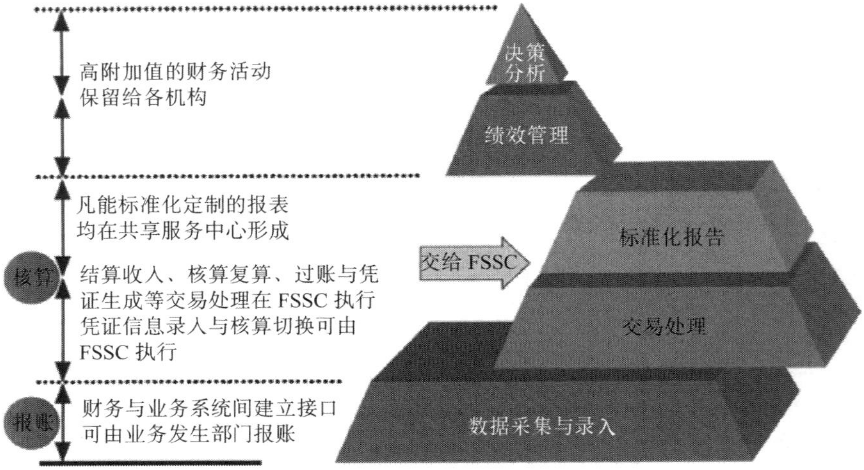

图 13-1　核算型财务共享服务模式职能分层

具体到乡村财政资金管理领域，可参考企业集团财务共享模式应用，以县级为集团单位，将各乡镇作为县财政资金管理的分支机构，统筹财政专项资金使用与核算，建立乡村财政资金财务共享中心。为实现财务共享中心的有效运作，需要清晰区分乡村财政资金财务共享中心、村级会计及县（市）级财政部门涉农资金管理的职能。一是乡村财政资金财务共享中心的职能，可界定为制定乡村财务管理制度、会计制度、财务共享中心相关制度，执行统一的财务政策和业务处理流程；为村级财政和乡镇财政提供费用报销、收付款报账、政府采购和合同管理的报账支持；原始单据处理：接收、整理、分发原始单据；负责涉农财政资金收支核算并负责编制会计报表，办理涉农财政资金的接收与支付业务，会计档案整理、归档和保管；提供财务会计政策的培训与指导，对交易处理人员进行监督和考核，进行核算相关系统的日常维护工作等。二是村级会计的工作职能，可界定为按规定扫描原始单据；将原始单据与影像单据匹配，审核审核单据的真实、完整、合规性；保管原始单据。财政部门则具有财政预决算管理、风险控制、资产管理、财政资金归口下放至财务共享中心等总部财务职能。三是县（市）级财政部门的职能，主要负责财政预算收支管理、财务分析、风险控制、资产管理、资金管理的总部财务职能，并对财务共享服务中心提供指导及风险控制。

三、乡村财务共享服务中心的模式设计

关于乡村财政资金共享的具体运作，有三种模式可供选择：模式一是财务共享中心统筹财政资金管理与核算。所有财政资金均由财务共享中心统筹管理，不再经乡镇或村级会计。财务共享中心可分设资金结算和业务核算两个子部门。资金结算部门按照村级会计或相关人员提出的业务申请，主要负责与供应商交易和费用报销等的结算支付办理、银行转账付款等流程。业务核算部门对已经扫描的审核无误后的原始凭证按照会计电算化模式进行分类、按要求填制会计凭证、编制项目资金预算报表、资金使用状况表等相关财务报表，再将这些报表上传政府平台进行公开公示，由财政部门和审计部门进行监督。这种模式直接连接第三方账户和财政资金账户，村级政府对财政资金不具支配权，有效避开了基层财务人员的贪腐、挪用等问题。模式二是财务共享中心只负责财政资金的会计核算。财务中心只负责会计核算，财政资金的使用决策权还是按照原有制度，实行归口管理，最终下拨至村级政府。这种方式能大大降低基层会计人员的需求，降低基层会计管理成本、提高财务核算效率，但对财政资金的使用效率与效果的提高益处不大。模式三是财政资金的核算与使用权实行两条线管理。将涉农财政资金分级分类管理，产业发展、精准扶贫、农业基础建设等大额专项资金划入财务共享中心管理范畴，由平台按照申请进行统采统配，与供应商直接对接，参照模式一的方式；财政经常性支出或小额支出的使用权则可参照模式二执行，这样既能在确保基层干部一定的财政资金使用自主权和积极性的同时，又能有效防控资金贪腐风险，提高专项资金的使用效率。

财政资金共享中心的设立将打破各级政府部门的传统利益格局，可能损害相关部门和人员的既有权益，从而带来改革和转型的重重阻碍。若现实尚不具备成立县级财政资金财务共享中心的条件，也可基于当前云计算、大数据和区块链等新技术，将产业集群理念引入基层财政财务管理领域，建立不同乡镇的财政资金共享机制。这种方式不涉及机构调整，不进行财政资金管理领域现有利益格局的重大调整，仅以县级为单位构建统一的涉农财政资金管理与共享平台，在不同乡镇之间实现基层涉农财政资金项目管理、财务管理等信息共享，有效整合涉农资源，实现农村与农业企业、金融机构、电商企业的产权共享、信息共享、会计业务共享、利益共享，最大化财政资金使用效果与效率。

四、乡村财政资金共享的业务流程设计

乡村财务共享服务中心的核心业务即为乡村财政资金共享，因此笔者对此进行了细致的业务流程设计。乡村财政资金共享流程设计应坚持“考虑同质性、兼顾特殊性”的原则，既能满足相同业务流程的流转，又能使特殊业务也纳入共享中心集中处理。乡村财政资金共享可分为资金结算共享和资金核算共享。资金结算共享主要包含与乡村振兴相关的各农产品供应商交易和费用报销等的结算支付办理、银行转账付款等流程；资金核算共享主要包含处理资金结算业务的会计审核工作流程，准确审核每笔资金结算业务的金额，与资金结算业务核对余额，处理未了事项等。

有了乡村财务共享服务中心后，所有乡镇涉农资金的结算与核算都不经过农业部门、林业部门以及水利局等相关部门，资金的结算与核算都可在乡村财务共享服务中心完成，共享中心在银行有一个专门的独立的账户，所有涉农资金都只从该账户进出，而农林业部门、水利局等仅负责乡村振兴项目的开发与审核，财政部门负责资金的审批与监督，乡村振兴局则负责相关项目资金使用的申请与报账等工作。

1. 资金结算共享

资金结算可按项目类型、项目主管部门以及支出金额分为三种结算流程。第一种是与农林业部门相关的乡村振兴项目大额支出（见图 13－2），如购买树苗、化肥、种子、农业设备、牲畜幼崽等，先由各乡镇乡村振兴办公室项目负责人填制采购单经农林业部门签字批准，通过县级乡村财务共享中心的采购平台采购所需树苗、化肥等，并将供应商提供的发票、收货单等有效原始票据上传至乡村财务共享中心，由共享中心工作人员审核无误后，每周五由资金结算中心统一与银行对接，银行直接将货款打入供应商账户，并向资金结算中心发送付款凭证。第二种是与水利局相关的大型支出（见图 13－3），如支付工程队工程费用以及购买大型设备等。关于支付工程费用先由乡镇乡村振兴办公室相关人员填制预算单，交由水利部门审批，审批通过后再填制《资金支付申请表》预先支付工程队 70% 的工程费用，经财政部门批准后，由乡村财务共享中心通知银行将资金直接打入工程队指定账户，剩余的 30% 等该项目完工后由水利局验收无误后再由乡村财务共享中心通知银行转账。第三种是小额的日常开支（见图 13－4），如差旅费等先由工作人员自行垫付，再由经办人员填制报销单，

每月固定日期由村委会统一审核无误后，汇总该月小额支出原始凭证，统一扫描上传至乡村财务共享的结算中心，审核无误后自动生成日常开支汇总单，由资金结算中心通知银行，统一打到村委会银行账户，再由村委会发放。为了避免下级部门乱报乱销，如果报销金额超过限定金额，乡村财务共享系统会自动提示，不符合规定的无法提交审批单。

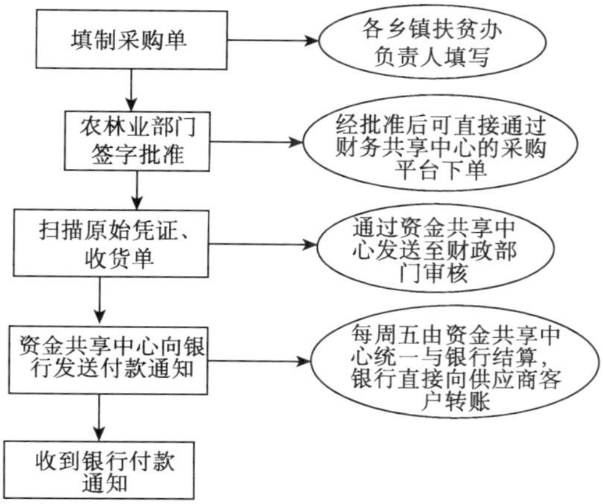

图 13－2　农林业部门资金结算共享流程图

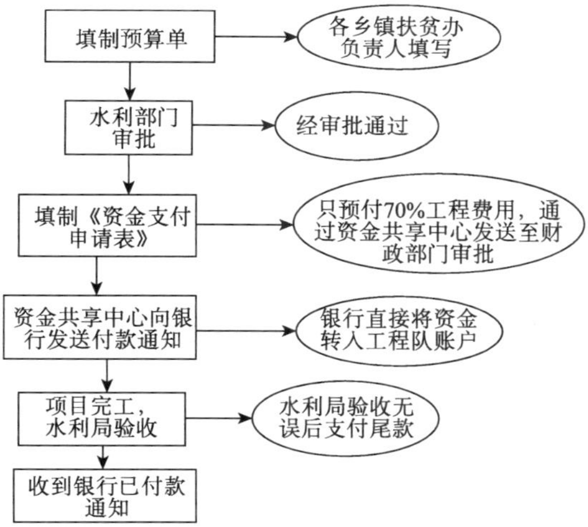

图 13－3　水利局资金结算共享流程图

为了解决资金“睡大觉”的问题，乡镇内部的财政衔接资金可以进行适当的资金调度，考虑到职责分离，资金调度审批权归财务共享中心，各乡镇负责人不可参与，且各乡镇之间不可进行资金调度，资金调度只能发生的同一个乡镇的不同项目之间。具体操作流程为：各乡镇乡村振兴办公

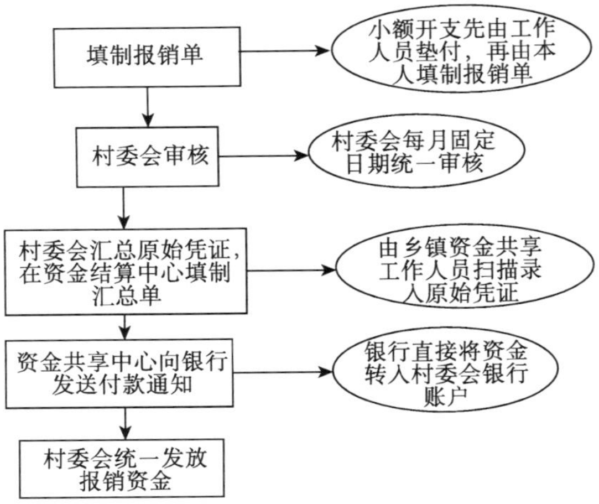

图 13－4　小额开支资金结算流程图

室根据需要填写资金调度审批单，在规定资金调度限额内填写调度金额、用途等基本信息，通过财务共享中心上传至农林业局等项目相关单位签字审批，经相关部门批准后再送至财政部门二次审批，审批无误后由资金共享中心通知银行转账。在资金共享模式下，所有的支付权限都归县级乡村财务共享服务中心，各乡镇只有查询权限并共享台账。

2. 资金核算共享

资金核算分为乡镇级资金核算和县级资金核算，资金核算的工作人员不能与负责资金结算的为同一人。首先由村级会计对原始凭证按照会计电算化模式进行分类、按要求填制报销单，经水利局、农林业局等相关部门审核无误后上传至县级乡村财务共享中心审核签字；县级乡村财务共享核算中心由原农林业局水利局财务部门工作人员抽调组成，按项目类型分别审核村级会计上传的原始凭证反映的经济内容是否合法规范，审核复核完毕后平台将自动生成会计凭证并编制项目资金预算报表、资金使用状况表等相关报表，再由共享中心档案管理岗统一对系统自动生成的记账凭证和相关报表进行审核，接受村级会计邮寄过来的纸质原始凭证，并将所有资料送至县级财政部门审核签字。

3. 资金共享业务流程的标准化处理

流程的标准化和科学化是财务共享中心得以高效运作的基础，也是实现信息化的前提。同时，业务流程也是制度管理、标准化管理等政府资金管理制度的根基，它一方面影响着资金管理的实施，一方面又被资金管理手段所支撑。资金共享业务流程的标准化处理可分为业务标准化、流程标准化和人员管理标准化三个部分。

乡村财务共享中心的建设首先可以通过对政府工作人员的工作步骤进行梳理，以流程视角，规范工作步骤，标准工作接口，通过调研查资料等方法从扶贫工作资金管理流程出发，确保资金审批、费用的报销以及资金核算等每一步骤都符合实际情况且能顺利操作，每一个环节都有详细的流程说明图及解释，以减少资金使用不规范的问题和防止资金使用不透明、减少舞弊风险等；其次通过梳理报表要素，层层分析总结，确定统一的会计科目、建立统一的会计核算标准，制定会计核算手册，乡村财务共享中心日常会计业务处理以该手册为标准以解决资金管理制度缺乏严谨性的问题；最后要制定人员培训计划、引入质量管理体系和绩效评价制度，定期统一培训，加强绩效考核，严格日常管理，以此提高财务共享中心人员的业务素质和综合能力，提高政府工作效率及成本效益。所以乡村财务共享业务流程的标准化处理可以实现流程的高效、质量、防止贪污滥用和节约管理成本目标。

五、乡村财务共享服务中心的风险控制

（一）乡村财务共享服务模式下的风险类型

1. 涉农资金管理风险

乡村涉农财政资金管理往往受到空间、时间和资源等方面的种种约束，导致规范风险、贪腐风险、资金滞留、效率低下等。而财务共享模式实现了从申请审批到报账监管的财政财务业务线上全过程办理，不仅很好地解决了村级会计专业素质低下或专业人员缺乏问题，更是大大提高了地方的财务信息质量水平，同时在很大程度上压缩了贪污的空间，提供一个更加公正廉洁的办公环境。但建立乡村财务共享中心后，会计核算、资金结算、会计档案管理、会计检查等工作方法会随着会计信息化环境的改变而变化，乡村财务共享模式也面临着一些未知的风险与挑战。

一是错报风险。政府财务人员需要从传统的做账方式转移到全新的财务共享中心线上操作，转变过程中可能会遇到处理不当、处理错误等问题，从而导致不恰当的会计核算。二是集中风险。预算管控、账户管理及使用、资金管理、资金收支等多功能集于一体，一方面提高了资金使用率，加强了乡村财政资金的监管；另一方面也代表了权力的集中，而权力集中之地就会有潜在的腐败风险，如县级财务管控人员私自篡改账户信

息，导致相关资金流失等。三是监管风险。部分乡村地区地理位置偏远，受到很多实际情况的制约难以满足财务规范化的要求，若资金预算管理、资金结算管理未能形成有效的监管机制，对乡村振兴项目和相关资金存量、流量和流向就难以把握和监控，资金预算和资金结算管理可能就流于形式，形同虚设。四是网络安全风险。全面实行线上扶贫项目预算、申请、审批、核算、结算及资金监管，涉及的操作系统和操作人员众多。操作系统硬件配置不符合标准、软件不支持以及安全措施不到位，或资金数据被无痕迹篡改、截取和泄露，或操作人员安全意识薄弱等网络安全问题不容忽视。

2. 乡村财务共享中心建设风险

一是组织管理变革风险。组织管理变革是实施财务共享中心引发的组织层面的变革。具体包括：第一，重新定义组织制度风险，如财政衔接推进乡镇振兴补助资金管理办法的要求和相关程序步骤在线上业务办理面前可能面临失效的风险；第二，重新调整组织结构风险，财务共享中心的建立会大量释放村级会计的劳动力，减少基础财务人员需求，被解放的村级会计则需要进行职能转变，若其工作安排不合理可能会引发基层人员的不满，进而影响乡村治理工作的推进；第三，重新划分职能权限风险，过去各司其职，主任和党委书记管审批，扶贫工作办承上启下，扶贫工作队办事情，报账人员管报账，纪委监管……但是财务共享把一切活动从线下转移到了线上，职能会发生相应的变动以适应财务方式的改变。

二是业务流程变革风险。第一，采购流程变革风险，过去采购流程层层拨款，舞弊空间大，而财务共享模式则交给信息化平台进行统一预算控制和集中采购，减少了很多中间环节。这种采购流程的变革所牵涉的层级多、范围广，变革阻力大，同时新旧流程的衔接风险也比较高。第二，报销流程变革风险，过去虚假报账风气盛行，而在线上进行报账也无法完全避免虚假报账行为；资金管理流程风险，任务交办、督察、考核、评比从纸上转移到了网上，为审计和纪委提供无距离监管平台，有效提高监管质量。但同时会衍生出一些新的如代理监管之类的线上资金监管问题。

三是信息安全风险。财务共享中心信息数据高度集中，信息量大，牵涉范围广，相关的利益群体也多，如第三方软件支持者、ERP 系统的供应商、扶贫资料库以及政府人员信息库等，因此其信息安全风险偏高，需要政府特别加以注意和警惕，以防数据被泄露、盗取和篡改。信息泄露、被盗取风险，政府相关工作人员将有用的政府信息卖给相关供应商牟取蝇头小利或者黑客闯入系统，获取国家重要文件和数据。数据丢失风险，可能是人为因素，如手动删除某些重要数据以防被查，也可能是客观因素，毫无征兆的洪水、地震导致设备受损、数据丢失。

（二）乡村财务共享服务模式的风险识别和评估

乡村财务共享服务模式是为满足乡村振兴资金管理需求而在高新技术支持下集财政涉农资金结算、核算、审批、拨付、监管、分析等功能为一体的综合新型财务线上服务。虽然借鉴企业财务共享模式建设相关经验，但它却有着鲜明的政府特色，审批流程、资金监管等都会严格按照政府要求进行，与企业共享模式区分开来。目前财务共享服务模型风险识别的方法众多，如专家意见法、故障树法和流程图分析法等皆可运用在乡村财务共享风险识别上。

1. 风险识别

在乡村财务共享中心的制度建设层面，财政局作为主导者可以邀请有财务共享中心建设经验的专家和扶贫资金管理的相关政府人员等，举办专业座谈会，积极探讨新模式下财政资金共享管理的问题与难题，区别传统模式，突出线上特点，罗列出资金管理新风险点并针对新风险点提议制定相关政策。

在财政资金结算共享层面，按照结算金额的大小，将大额采购支出和小额费用报销采取不同的风险控制策略。一方面，大额采购支出通常涉及重大乡村振兴项目，如安置房建设、基础设施建设等，是乡村振兴进程的重要环节，同时也是风险监测重点。风控人员可借助流程分析法，根据线上申请、审批、采购、支付首款和验收后支付尾款的过程，分点识别潜在风险，同时又因为过程的全员参与性，每个人不仅仅是流程的参与者，还是某环节的风险管控人。申请人在线填报采购申请表环节，负责审批的上级作为这个环节的主要风险把控人，应重点查实采购信息是否真实、是否存在多报虚报等问题，确保申请表与实际情况相符之后，再予以线上审批；经审批的申请表提交至平台，由项目负责人在线上进行选购所需商品环节，乡村财务共享平台审核员需注意项目负责人所选的商品采购价格是否正常、采购物品与申请表内容、数量和质量是否一致等问题；确认采购单后支付首款环节，按照统一采购原则，有统一采购价格的走合作商家，没有统一采购价格的走合同。项目负责人选择供应商后确定细节、签订线上合同，合同应合法有效、内容真实、双方责任明确。审核员在做好相关资料审核后再按照合同条款支付；相关凭单审核无误后支付尾款环节，重心在于项目的验收人员，验收人员是该环节的关键风控者，验收质量的好坏不仅关乎乡村振兴项目实施效果，而且决定了财政衔接资金最终进了谁的口袋，是真的造福农民，还是被中饱私囊。是否有实物、实物是否达质达标等风险需要由县财务局、审计局和项目相关部门共同把关，最后审核员在线上传相应审核材料后支付尾款，与项目相关的支出等资料整合到数据库，供后续查证和参考。另一方面，除大额采购支付以外的其他日常和意外支出费用报销，通常由报销人提供原始凭证，通过扫描设备上传到财务共享中心，经审核无误后，再由资金结算人员将款项打到对应账户，审核人员需注意报销金额大小、金额用途等是否符合政策规定等风险。

在财政资金核算共享层面，业务核算部门操作员是否财务独立、是否熟悉财务共享中心的各种系统、是否能通过系统操作将原始凭证转换为有效的财务信息等直接影响到核算效率与质量。

2. 风险评估

不难发现，无论从制度、结算和核算的哪个层面，乡村财务共享服务模式下的财政资金管理风险识别都离不开制度和相关人员的监督与审核，即线上政府审计。线上政府审计通过互联网技术设定相关权限、账户限额等手段实现乡村财务共享服务中心管理制度与线上资金申请、审批、付款等过程相互融合。如果将互联网技术设定相关权限、账户限额等手段统称为线上政府审计制度，那么线上政府审计制度的完整有效是共享扶贫资金风险识别和评估的重要基础。

如图 13 –5 所示，财政局风控人员可借鉴财政专项资金廉政风险识别和评估图，依次按照线上审计制度—线上审计流程—执行情况的顺序进行评估，首先根据线上审计制度是否健全、审计流程是否完整或者执行情况是否真实进行风险源头程序，抓出风险点，如领导审批金额超过规定、多头审批、权限不对、支付金额记录程序被破坏等；其次辨析风险因素，审批金额超过规定是人为篡改还是系统障碍、权限变化是政策变化还是有人操纵；再次按照一定的界定标准确定风险类型和借助数据统计模型评估出风险大小，将风险定性和量化，是错报风险还是贪腐风险，被篡改的金额大不大、影响大不大；最后通过风险分布图确定上述各风险的大小和影响，如果是影响恶劣的权利滥用风险和贪腐风险，可利用线上政府审计将情况实时反馈至审计局和检察院，引起第三方监管的重视。

（三）乡村财务共享服务模式的风险控制策略

1. 加强财务共享相关人员的职能培训

以县级为单位建设乡村财务共享中心后，传统财政衔接资金流程被颠

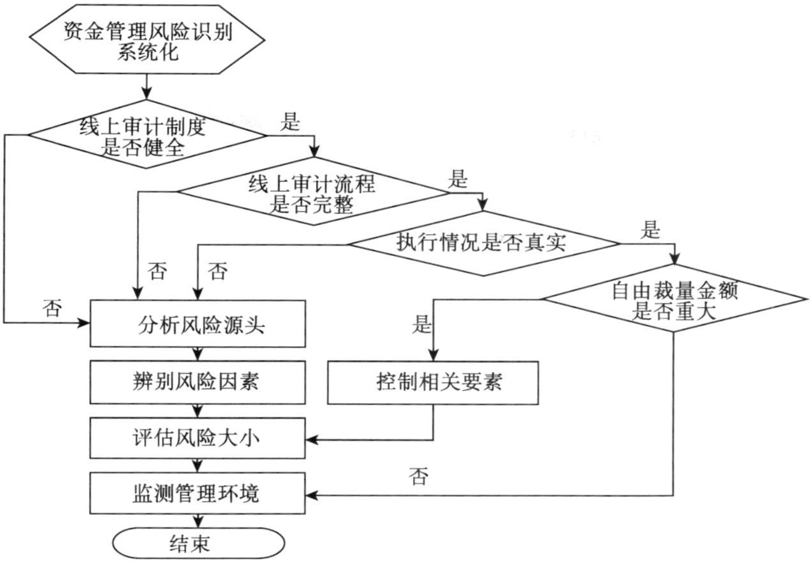

图 13－5　资金管理风险识别系统流程图

覆，新的财务共享制度出来后，县乡村振兴局、财政局、审计局、农业局、水利局等相关工作人员将面临着职能转型。职能转型的好坏将直接影响到扶贫效率与质量，因此需要对财务共享模式的相关人员进行必要的职能培训。

职能培训又分两种，岗前培训和在职培训。岗前培训对象除了共享中心人员，还应包括县乡村振兴局及各乡镇乡村振兴办公室；培训内容具体包括：一是对乡村财务共享模式的宏观认知，知道它是什么、有什么用、怎么运作，目的是消除大家对新事物新模式的陌生感和恐惧感，二是要保证相关岗位人员明确新职责，熟悉新工作内容和操作流程，尤其是职能变动较大的岗位，如核算和结算方式、内容、范围有较大改变的财务共享中心核算岗、结算岗；培训方法上，可针对不同岗位设置培训课程和考核要求，采用现在流行的线上学习，低成本高效率地达到培训目的。在职培训是指为了跟上新政策、新技术的继续学习，各局可根据具体情况自主安排。加强乡村财务共享模式相关人员的职能培训会增加工作熟练度，提高财政衔接资金使用效率和质量，对于降低错报风险起着关键性作用。

2. 建立乡村财务共享风险防控体系

以县级乡村振兴项目为单元，可以借鉴 COSO 内部控制框架中的 COSO 五要素（控制环境、风险评估、控制活动、信息沟通、监督），结合我国行政事业单位内部控制规范的要求，需要针对各省市不同县级乡村财务共享中心各环节的特点，从审批程序、预算管理、会计核算、会计结算和资金监管五个方面分析乡村财务共享的风险管理途径。

乡村财务共享模式下的预算管理不仅关系到各乡镇资金分配的多与少，而且直接关系到乡村振兴效果的好与坏。县财政局在年初规划时应借助大数据挖掘和分析等技术了解各地区往年扶贫情况和发展，分析各地财政衔接资金浪费、结余等问题，然后再结合乡村振兴目标，对财政衔接资金进行合理分配。这样的实时数据分析可以摆脱过去的乱上报、虚上报预算扶贫资金的行为，做到精准预算。

审批程序作为乡村财务共享模式的重要监督方式，重在职责分离。各职能部门应各司其职、恪守纪律，如乡村振兴局负责项目资金使用的申请与报账、林业局和水利局等负责项目开发与进程的跟进、财务共享中心负责资金的结算和核算、财政部门负责项目资金的审核与监督。各职位人员应明确自己的权利与责任，做到谨慎行权、牢记责任，尤其是有审批权利的职员无论审批权限的大小，应以实际情况为准、确保乡村振兴项目真实有效再予以审批和警惕、严惩虚假项目。

乡村财务共享模式告别了过去层层拨付的方式，让基础业务经办人员虽掌权但不管钱，进一步降低了资金贪腐损耗风险。财务共享中心内部应进行进一步的职能分工，将审核权和支付权分开，避免出现项目采购不符合审核标准但资金流出的现象。同时落实实名账号责任制，实名账号的所有人对账号所完成的审核内容或支付事实负有法律责任。通过全面推行乡村振兴项目和财政衔接资金线上公告、公示制，健全相应线上投诉机制，提高项目资金流向的曝光度，让广大群众一起监督，切实保障广大民众权益。

3. 建立基于财务共享模式的 IT 审计

党的十八大以来，随着对财政资金不断加大投入，其对资金的监管力度和反腐力度也应不断加强。审计作为资金监督的重要一环，应该将重点放在国家乡村振兴项目的执行情况、专项资金管理和使用效益情况三方面，充分利用专业优势发现问题，提出整改意见和解决问题的方法，规范其业务行为；同时争取实现与纪检监察的有效融合，充分认识联合办公的必要性和重要性，及时取证移送和通报情况至纪检，接受纪检反馈信息，实现资源和力量上的互补，使得审计监督和纪检监督效能最大化。财务模式下 IT 审计应充分利用大数据等新技术实现上述传统审计目标。

COBIT（Control Objectives for Information and related Technology）即信息及相关技术控制目标，是一种服务“IT 审计”的知识体系。目前，CO-

BIT 已成为众多国家的政府部门、企业对 IT 的计划与组织、采购与实施、服务提供与服务支持、监督与控制等进行全面考核与认可的业界标准。财务共享服务模式下的 IT 审计应以此为基础构建 IT 审计流程框架，确定 IT 审计指南和审计流程。其中 IT 指南作为审计标准，对 IT 审计过程起着指导作用，包含关键审计因素、风险控制模型、IT 技术可信评估和 IT 审计共享数据库等内容。IT 审计流程是具体措施，包含制定审计目标、风险评估、制定审计计划、设计审计程序、执行审计程序和出具审计报告六个流程。

IT 审计程序是 IT 审计的重要环节，大数据技术也在此发挥关键性作用。其包括 IT 组织层面、IT 一般控制层面和 IT 应用层面三部分。审计人员遵从数据收集、数据挖掘、数据分析等流程，应用数据驱动测试、数据挖掘、数据多维分析等技术提取整合财务共享数据中心库的大数据，然后将其得到的有效信息与实地调查数据进行匹配和分析风险。同时，审计人员也可以使用 IT 审计知识库比对其他财务共享 IT 审计项目，辅助确定 IT 审计中的主要风险点。最后出具的审计报告可以上传至 IT 审计共享数据库，供后续参考。

六、小结

乡村涉农资金管理过程存在管理混乱、审批烦琐、资金闲置、以权谋私、基层会计人才队伍薄弱等问题，可以借鉴企业财务共享服务模式，从财务共享运营模式构建、业务流程设计、风险管控等方面着手构建以县级为单位的乡村财务共享服务中心，从而提高基层财政资金使用效率，实现财政财务信息公开透明。

为有效构建乡村财务共享服务模式，有几个方面需要深入考虑：一是明确职能分工是构建乡村财务共享模式的基础。由于当前涉农资金管理涉及的政府职能众多，如财政局、乡村振兴局、农业局等，容易造成职责交叉、界限不明等问题。构建乡村财务共享服务中心势必会对当前相关部门的职能提出转型要求。二是资金共享模式流程设计工作细节众多，财务共享流程要求对目前乡村振兴的工作流程研究透彻，同时要逻辑缜密、条理清晰，每一步流程每一个工作岗位的职能设定都需要仔细研究，谨慎构思。三是关注模式转型过程的风险。财务共享模式下的风险包含特有的错报、集中、监管和网络安全风险，需要以财政资金共享流程为基础识别风险、构建线上政府审计评估风险，四是针对性地提出加强职能培训、建立COSO框架风险防控体系和构建扶贫财务共享模式IT审计的建议，以保证产业扶贫资金的安全高效使用和产业扶贫财务共享中心的正常运营。

综上，当前乡村财务管理存在诸多问题，若能将财务共享服务模式应用至乡村财务领域，必然会引起乡村现行财务管理模式的大变革，需要采取渐进式变革方式，减少风险，顺利实现乡村传统财务模式的数字化转型。

本章参考文献

[1] 保罗·萨缪尔森. 微观经济学（第十六版）[M]. 北京：华夏出版社，1999.

[2] 钱忠好. 中国农村土地制度变迁和创新研究 [M]. 北京：社会科学文献出版社，2005.

[3] 郭忠兴，汪险生，曲福田. 产权管制下的农地抵押贷款机制设计研究 [J]. 管理世界，2014（9）：48－57.

[4] 崔也光，周畅. 京津冀区域碳排放权交易与碳会计现状研究 [J]. 会计研究，2017（7）：3－10.

[5] SG Jeanneney，K Kpodar. Financial development and poverty reduction：Can there be a benefit without a cost？[J]. *The Journal of Development Studies*，2011（1）：79－95.

[6] 陈虎. 基于共享服务的财务转型 [J]. 财务与会计，2016（21）：23－26.

[7] 黄庆华，杜舟，段万春，杨鑫. 财务共享服务中心模式探究 [J]. 经济问题，2014（7）：108－112.

[8] 徐剑. 浅谈财务共享服务中心建设 [J]. 上海船舶运输科学研究所学报，2014，37（4）：62－67.

[9] 孙彦丛. 共享服务启动税务职能转型 [Z]. 2016.

[10] 郭奕. 财务共享服务中心应用前景RPA的前景和展望 [Z]. 2018.

[11] 石磊. 关于财务共享服务中心建设的几点体会 [J]. 财务与会计，2016（21）：31－33.

[12] 邵新智. 互联网时代的海尔财务共享之路 [J]. 财务与会计，2016（21）：26－30.

[13] 陈虎，赵旖旎，党梅梅. 中兴通讯全球财务共享的信息化实践 [J]. 财务与会计，2015（15）：24－26.

[14] 韩飞，宋玥．子集团财务共享服务中心建设研究［J］．价值工程，2019，38（1）：26－28.

[15] 马俊霞，韦秀长，王顺领．财务共享服务在河北联通的应用［J］．财务与会计，2015（5）：24－25.

[16] 刘俊勇，韩琦，杨笑玉．DD集团建立财务共享服务中心的实践与启示［J］．财务与会计，2015（6）：32－35.

[17] 冷兆立．财务共享模式下的内部控制问题探讨［J］．企业改革与管理，2018（15）：169－170.

[18] 陈鑫子．“互联网＋”时代财务共享服务中心的应用——以W集团公司为例［J］．商业会计，2019（3）：107－109.

[19] 孙玉民．公司财务共享服务模式存在的问题及对策［J］．现代商业，2018（26）：150－151.

[20] 张婷婷．财务共享服务中心应用效果和对策研究——基于灰色关联度法［J］．市场周刊，2019（1）：69－71.

[21] 朱孔东．大数据时代企业集团财务共享问题探究［J］．中国管理信息化，2018，21（7）：62－64.

[22] 魏明，黄锦鸽．信息技术驱动下制造业企业财务共享服务模式探析［J］．财会月刊，2018（9）：56－60.

[23] 邵新智．互联网时代的海尔财务共享之路［J］．财务与会计，2016（21）：26－30.

[24] 陈虎．基于共享服务的财务转型［J］．财务与会计，2016（21）：23－26.

[25] 华红，孙罂君．构建财务共享服务中心 提升企业财务管理水平——基于蒙牛集团的案例分析［J］．财务与会计，2016（12）：28－29.

[26] 彭嘉．财务共享中心的流程构建［J］．对外经贸，2015（5）：155－157.

[27] 高艳君．嵌入云计算的企业财务流程再造研究［J］．会计之友，2014（3）：40－42.

[28] 呼桂霞．基于财务共享中心的财务业务流程再造研究——以信地集团为例［J］．财会通讯，2018（29）：68－72.

[29] 黄永刚，马凌志．浅谈财务共享对业财融合的影响［J］．现代商业，2018（30）：151－152.

[30] 刘红玲．浅谈蒙牛集团财务共享服务中心建设与运营［J］．内蒙古煤炭经济，2018（3）：71－73.

［31］苑方琦. COSO 框架下财务共享中心内控［J］. 企业管理，2018（10）：91－92.

［32］李闻一，朱媛媛，刘梅玲. 财务共享服务中心服务质量研究［J］. 会计研究，2017（4）：59－96.

［33］翟新生. COSO 报告与建立我国企业内部控制框架结构的思考［J］. 经济经纬，2005（3）：76－78.

［34］金彧昉，李若山，徐明磊. COSO 报告下的内部控制新发展——从中航油事件看企业风险管理［J］. 会计研究，2005（2）：32－94.

［35］吕阳，张向达. 省级财政国库管理流程风险评估——基于COSO内控框架的分析［J］. 吉林大学社会科学学报，2013，53（7）：93－101.

［36］毕秀玲，刘洁等. 审计机关廉政风险防控关键路径研究［J］. 审计研究，2016（6）：42－48.

［37］王金利. 基层单位廉政风险协同防控机制的构建研究［J］. 理论学刊，2014（4）：39－42.

［38］李景华. 财政专项资金廉政风险防控研究［J］. 探索，2013（4）：72－77.

［39］张亦工，胡振虎. 财政支农资金风险：一个分析框架［J］. 财政研究，2009（1）：54－56.

［40］刘宁. 会计电算化风险及防范［J］. 人口与经济，2012，139－140.

［41］王会金，刘国城. 大数据时代政务云安全风险估计及其审计运行研究［J］. 审计与经济研究. 2018（5）：1－11.

［42］杜海燕. 中国经济转型期腐败治理宏观环境的 PEST 分析——基于 1990—2012 年面板数据分析［J］. 华东经济管理，2014，28（8）：132－137.

［43］贾海薇. 构建地方治理中防控社会风险的"优策略"体系——基于一个精炼测算模型的分析［J］. 中国行政管理，2016（11）：120－125.

［44］唐曼萍，王海兵. 企业自然灾害财务风险机理及其控制研究［J］. 软科学，2010，24（4）：115－119.

［45］Martin，W. Critical Success Factors of Shared Service Projects－Results of an Empirical Study［J］. Advances in Management，2011，14（5）：21－26.

［46］Jeston，A，and K John. What Managers Need to Know about the Management of Business Process in Edition，New York，NY：Meghan—Kifer Preas，2009，68－79.

后　记

本书是国家社科基金后期资助项目《产权保护导向的乡村共享治理与反相对贫困长效机制研究》（21FGLB087）的主要成果，与《乡村振兴产权财务问题研究》一书互为姊妹篇，侧重于相关的理论研究成果。

本书以产权理论和产权保护理念为导向展开城乡资源融合共享治理体系研究，主要包括产权理论与共享发展、国家治理下的乡村治理体系、乡村股权共享治理模式、乡村金融与财务共享治理模式研究等四个部分，以期为新时期乡村产业振兴提供产权财务和共享治理理论支持。

本书由伍中信、祝子丽、李雅雄合著，还凝聚了彭屹松、雷沁、唐毅豪、邓月、陈玥等同志的共同成果。在申报课题和出版过程中，得到了中国财政经济出版社樊清玉老师的全程协调与帮助，在此一并表示感谢！

作者

2023年春于海大东坡西岸

图书在版编目（CIP）数据

城乡产权融合共享治理研究／伍中信等著. —北京：中国财政经济出版社，2023.9

ISBN 978-7-5223-2196-7

Ⅰ.①城… Ⅱ.①伍… Ⅲ.①城乡一体化-产权-研究 Ⅳ.①F291.3

中国国家版本馆 CIP 数据核字（2023）第 073587 号

责任编辑：樊清玉　马　真　　　　责任校对：张　凡
封面设计：陈宇琰　　　　　　　　责任印制：党　辉

城乡产权融合共享治理研究

CHENGXIANG CHANQUAN RONGHE GONGXIANG ZHILI YANJIU

中国财政经济出版社 出版

URL：http：//www.cfeph.cn

E-mail：cfeph@cfeph.cn

社址：北京市海淀区阜成路甲 28 号　邮政编码：100142

营销中心电话：010-88191522

天猫网店：中国财政经济出版社旗舰店

网址：https：//zgczjjcbs.tmall.com

北京财经印刷厂印刷　各地新华书店经销

成品尺寸：165mm×238mm　16 开　17 印张　287 000 字

2023 年 9 月第 1 版　2023 年 9 月北京第 1 次印刷

定价：78.00 元

ISBN 978-7-5223-2196-7

（图书出现印装问题，本社负责调换，电话：010-88190548）

本社质量投诉电话：010-88190744

打击盗版举报热线：010-88191661　QQ：2242791300